高等职业教育财经商贸类新编系列教材·连锁经营管理专业

U0879943

连锁企业促销技巧

（第3版）

张启杰　张秀芳　主　编

電子工業出版社
Publishing House of Electronics Industry
北京·BEIJING

内 容 简 介

上战场的将军需要一件称手的兵器，上课堂的教师需要一本满意的教材，本书就是为了让教师满意而编写的教材。工学结合、任务驱动等高职教育教学理念在本书中得到了充分体现。本书按工作过程设置3个教学项目：认识促销、实施促销、促销应用；在教学项目下以不同的工作任务为教学目标，共设26个教学任务，系统介绍19种促销工具及其应用。

本书既可作为高等院校，尤其是高等职业院校连锁经营管理专业的教材，也可作为经管类其他相关专业的教材，还可作为连锁企业管理人员的参考用书和企业培训教材。

图书在版编目（CIP）数据

连锁企业促销技巧 / 张启杰，张秀芳主编. —3版. —北京：电子工业出版社，2019.4

ISBN 978-7-121-35511-0

Ⅰ. ①连… Ⅱ. ①张… ②张… Ⅲ. ①连锁企业—促销策略—高等职业教育—教材 Ⅳ. ①F717.6

中国版本图书馆CIP数据核字（2018）第252496号

责任编辑：朱干支
印　　刷：北京捷迅佳彩印刷有限公司
装　　订：北京捷迅佳彩印刷有限公司
出版发行：电子工业出版社
　　　　　北京市海淀区万寿路173信箱　邮编　100036
开　　本：787×1 092　1/16　印张：12　字数：307.2千字
版　　次：2007年9月第1版
　　　　　2019年4月第3版
印　　次：2025年1月第10次印刷
定　　价：38.00元

凡所购买电子工业出版社图书有缺损问题，请向购买书店调换。若书店售缺，请与本社发行部联系，联系及邮购电话：（010）88254888，88258888。

质量投诉请发邮件至zlts@phei.com.cn，盗版侵权举报请发邮件至dbqq@phei.com.cn。

本书咨询联系方式：（010）88254573，zgz@phei.com.cn。

前　　言

打折，打折，还是打折，打折成了众多企业在争夺市场份额、争夺顾客时使用的手段，难道我们就没有其他的出路了吗？有，打折不是唯一方法。如何做好促销和如何让促销发挥更大的作用，达到“提升销量，立竿见影”之功效，是连锁企业普遍面临的问题。

本书强调把连锁企业的促销行为纳入整体营销行为之中，在企业整体的营销战略指导下，从策略层面和操作层面做好促销计划与管理工作，不仅能迅速提升连锁企业的销售量，而且还能提升连锁企业的品牌形象。

因此，在本书的编写过程中，全面贯彻落实“工学结合”的职业教育教学理念，基于工作过程教学模式的要求，形成了本书“项目引领、任务驱动”的特点。本书按工作过程设置 3 个教学项目：认识促销、实施促销、促销应用；在教学项目下以不同的工作任务为教学目标，共设 26 个教学任务，系统介绍了 19 种促销工具及其应用。为了方便教学，在每个教学项目中设置了项目目标、项目描述、项目结构、项目测试 4 个模块；在每个教学任务中设置了任务导入、任务实施、任务小结、任务训练 4 个环节。“提升销量，立竿见影”，这既是对促销的经典描述，也是对本书价值的准确表达。

本书由唐山职业技术学院张启杰、张秀芳任主编，张启杰负责全书的体系设计和统稿工作。唐山鹏润国美电器有限公司店长赵来望，在编写过程中对各个项目和任务进行了逐一审阅，提出了许多有价值的意见，并提供了资源支持。参加本书编写的有唐山职业技术学院张启杰、张秀芳，齐齐哈尔大学田玉来，广东海洋大学陈文汉，广东工业大学石冬冬，辽宁商贸职业学院关博，山东商务职业学院王波涛。其中，张启杰负责编写项目 1、项目 2 的任务 2.1 和任务 2.2；田玉来负责编写项目 2 的任务 2.18 和任务 2.19、项目 3；陈文汉负责编写项目 2 的任务 2.7；石冬冬负责编写项目 2 的任务 2.3、任务 2.4、任务 2.10；关博、王波涛负责编写项目 2 的任务 2.5、任务 2.6；张秀芳负责编写项目 2 的任务 2.8～2.9 和任务 2.11～2.17。

在本书的构思与编写过程中，浙江丽水职业技术学院胡德华，唐山职业技术学院钟立群，贺州学院旅游与体育健康学院臧良运，吉林农业科技学院代海涛，湖南科技职业学院范征，辽宁商贸职业学院张凤珍等，为本书提出了很多宝贵意见和建议，在此一并表示感谢。同时，本书参考和引用了大量文献，在此向原作译者致以诚挚的谢意。

本书配有电子教案、习题解答等教学资源，读者可登录华信教育资源网（www.hxedu.com.cn）免费注册下载。另外，本书以二维码的形式提供阅读材料，帮助读者拓展知识，读者可以扫描阅读。

由于编者水平有限，书中难免有不当之处，敬请读者批评指正。

编者联系方式：641496742@qq.com。

编　者

目　录

项目 1　认识促销······1

任务 1.1　初识促销······2

1.1.1　定义促销······2

1.1.2　企业促销特点······4

1.1.3　企业促销的作用······5

1.1.4　企业促销时应注意的问题······6

任务 1.2　促销因人而异······9

1.2.1　对忠诚顾客的促销······9

1.2.2　对竞争者忠诚顾客的促销······10

1.2.3　对游离顾客的促销······12

1.2.4　对价格敏感顾客的促销······13

1.2.5　对非顾客的促销······13

任务 1.3　制定促销方案······15

1.3.1　建立促销目标······15

1.3.2　选择促销工具······16

1.3.3　策划促销方案······20

1.3.4　检验、实施和控制促销方案······24

1.3.5　评估促销方案······25

任务 1.4　撰写促销文案······27

1.4.1　写作促销文案······27

1.4.2　格式化促销文案······28

1.4.3　美化促销文案······30

项目 2　实施促销······33

任务 2.1　样品赠送促销······35

2.1.1　认识样品赠送······35

2.1.2　样品赠送方式······36

2.1.3　实施样品赠送促销······41

任务 2.2　包装促销······45

2.2.1 认识包装促销……45
2.2.2 促销包装的种类……46
2.2.3 实施包装促销……50
任务 2.3 竞赛与抽奖促销……53
2.3.1 认识竞赛与抽奖……53
2.3.2 竞赛与抽奖活动的类型……54
2.3.3 实施竞赛与抽奖促销……57
任务 2.4 折价促销……62
2.4.1 认识折价促销……62
2.4.2 折价促销的特点……63
2.4.3 折价促销的方式……67
2.4.4 实施折价促销……71
任务 2.5 有奖积分促销……76
2.5.1 认识有奖积分促销……76
2.5.2 有奖积分促销的分类……77
2.5.3 实施有奖积分促销……79
任务 2.6 POP 广告促销……82
2.6.1 认识 POP 广告……82
2.6.2 POP 广告的分类……84
2.6.3 实施 POP 广告促销……86
任务 2.7 以旧换新促销……89
2.7.1 认识以旧换新促销……89
2.7.2 以旧换新的主要类型……90
2.7.3 实施以旧换新促销……90
任务 2.8 联合促销……92
2.8.1 认识联合促销……92
2.8.2 联合促销的类型……94
2.8.3 实施联合促销……95
任务 2.9 特价促销……98
2.9.1 认识特价促销……98
2.9.2 实施特价促销……98
任务 2.10 折价券促销……101
2.10.1 认识折价券促销……101
2.10.2 折价券的适用范围……103
2.10.3 实施折价券促销……104
任务 2.11 主题促销……110
2.11.1 认识主题促销……110
2.11.2 主题促销的分类……111
2.11.3 实施主题促销……116

任务 2.12　会员卡促销 …… 119
2.12.1　认识会员卡促销 …… 119
2.12.2　实施会员卡促销 …… 120
任务 2.13　网络促销 …… 122
2.13.1　认识网络促销 …… 122
2.13.2　网络促销方式 …… 122
2.13.3　实施网络促销 …… 126
任务 2.14　现场演示促销 …… 129
2.14.1　认识现场演示促销 …… 129
2.14.2　实施现场演示促销 …… 129
任务 2.15　付费赠送促销 …… 133
2.15.1　认识付费赠送促销 …… 133
2.15.2　实施付费赠送促销 …… 134
任务 2.16　DM 促销 …… 137
2.16.1　认识 DM 促销 …… 137
2.16.2　实施 DM 促销 …… 138
任务 2.17　广告单促销 …… 141
2.17.1　认识广告单促销 …… 141
2.17.2　实施广告单促销 …… 141
任务 2.18　电话促销 …… 143
2.18.1　认识电话促销 …… 143
2.18.2　实施电话促销 …… 144
2.18.3　电话促销技巧 …… 145
任务 2.19　微信推广促销 …… 147
2.19.1　关于微信 …… 147
2.19.2　微信的功能 …… 148
2.19.3　微信推广促销方式 …… 148

项目 3　促销应用 …… 161

任务 3.1　连锁零售业促销与分析 …… 162
案例与分析：双 F 家私 A 店开业促销 …… 163
任务 3.2　连锁餐饮业促销与分析 …… 175
案例与分析：××食品有限公司 M 店周年店庆 …… 175
任务 3.3　连锁服务业促销与分析 …… 179
案例与分析：M-Y 摄影工作室“三八”妇女节活动方案 …… 179

参考文献 …… 184

项目1

认识促销

项目目标

由于促销可以提升销量，达到立竿见影的效果，所以促销成为众多企业参与市场竞争的绝招。但促销是一把双刃剑，它的好处和坏处都同样明显，只是它的坏处往往滞后，不易被人们看到。如何做好促销和如何让促销发挥更大作用，是连锁企业普遍面临的问题。本项目通过对促销基本知识的讲解，试图达到以下目标：

知识目标

- 掌握促销（Sales Promotion，SP）的基本含义，将促销与营销区别开来。
- 清楚促销的对象，对促销进行准确定位。
- 促销是手段不是目的，一定要衡量促销的成本与效果。

技能目标

- 能够针对不同的对象采取不同的促销方式，确保促销效果。
- 能够根据促销的目的设计促销主题和促销方案。
- 能够独立运作促销方案，并在执行过程中不断完善，保证实现促销目标。

情感目标

- 在教学过程中，培养学生的学习兴趣，引导学生深入思考问题。
- 在教学过程中，培养学生自主学习、自觉学习的热情，引导学生充分利用课余时间和网络资源。
- 在教学过程中，培养学生合作学习、互相学习的能力，引导学生在合作中完成学习项目。
- 学生是学习的主体，让学生正确认识学习过程与学习结果的关系，并能够公平、公正地评价学习结果。

项目描述

在市场营销理论中，促销有广义和狭义之分。狭义的促销指的是销售促进（Sales Promotion，SP），又称为营业推广；广义的促销包括销售促进、广告、人员推销和公共关系四大促销组合工具。这里的促销，是指狭义的促销，是市场营销活动的一个关键要素。

促销是一种战术性的营销方式；促销对冲动性购买最为有效；促销是在价格杠杆上跳动的芭蕾舞，尽管千姿百态，但离不开价格利益；促销就是为了扩大销量而使用的方法；促销的目的不是为了提高产品知名度，而是为了让顾客接受产品；促销的最高目标是使它自己成为购买首因，基本目标是至少成为购买的一个促动因素。

项目结构

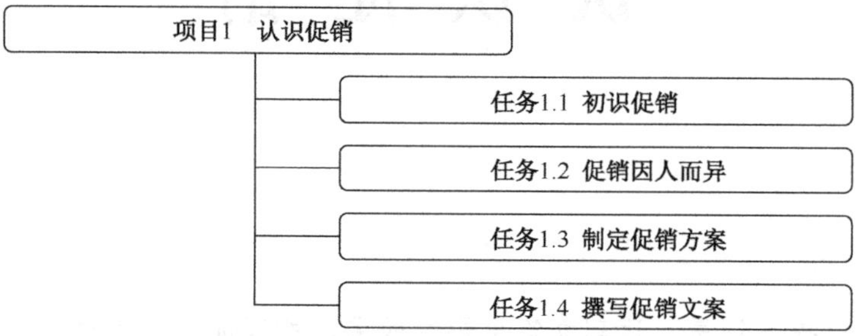

任务1.1 初识促销

任务导入

促销，企业可以有多种方式可选择：无偿促销（如附赠、试用等）、惠赠促销（如买赠、换赠等）、折扣促销（如优惠券、优惠卡、打折等）、竞赛促销（如智力性竞赛、有奖问答、广告语征集等）、活动促销（如新闻发布会、商品展示会、抽奖与摸奖、娱乐与游戏等）、双赢促销（两个或几个企业合作的促销）、直效促销（如挂海报、发传单、商品陈列等）、服务促销（如售后服务、订购、送货上门等）、组合促销（将两种或以上方式组合在一起进行促销）等。

厂家也好，商家也罢，每逢周末、节假日，必有促销。消费者已经见怪不怪了，落得个轻松实惠，买东西必问"有促销吗？"这可难为了众多的商家，采取什么样的促销方式呢？什么样的促销方式更好呢？消费者最认可的促销方式是什么呢？

任务实施

1.1.1 定义促销

促销，也称销售促进，是指企业运用各种短期诱因，鼓励消费者购买的一种销售活动。美国市场营销协会定义委员会认为，销售促进是指除人员推销、广告、公共宣传以外，能够刺激消费者购买和实现经销商效益的各种市场销售活动，如陈列、演出、展览会、示范表演及其他推销活动。该委员会还指出，在美国零售业界，销售促进被理解为零售企业刺激顾客的一种方法，常被视为促销的同义语。

促销最早出现在美国。1853 年，美国一家帽子店以买帽子者可享受免费拍摄一张戴帽子照片的优惠方式，招徕了大批顾客，取得了满意的销售效果。这种促销实质上就是以附带赠送或给以价格优惠的方式，激起消费者的兴趣，并促使其产生购买行为，从而达到扩大销售的目的。如今的促销已衍生出范围广泛、形式多样、富有技巧、颇具成效的促销方式，如样品赠送、折价券、包装促销、竞赛与抽奖、有奖积分、POP、现场演示等，几乎包含了除广告、人员推销、公共宣传以外的所有能在短期内刺激需求和鼓励购买的各种促销手段。因此，我们可以这样界定促销的含义：促销是在特定时间内，连锁企业以某种实惠、某种利益或某种机会作为短期诱因，诱导和鼓励消费者购买的销售促进活动。

如果广告提供了购买的理由，那么促销则提供了购买的刺激。目前绝大多数连锁企业都在运用销售促进工具进行促销，无论是制造商、分销商还是零售商。由于连锁企业经营品牌数量不断增加，品牌竞争激烈，于是竞争者之间频繁地使用促销工具，加上不同品牌产品的同质化，使得品牌之间的促销竞争异常惨烈。品牌之间促销的竞争给连锁企业带来了巨大的商机，因为连锁企业直接面对消费者，消费者又最易受促销利益的诱惑，连锁企业已经将促销发挥到了极致。当然，连锁企业促销受益最大的是消费者。

阅读材料 1.1

终端促销之怪圈

在品牌的成长发展过程中，促销与广告、公关活动等营销措施一样，在企业的营销策略组合中占有举足轻重的地位。当企业推出新产品、进行产品改良、增加分销渠道、配合整合营销策略时，促销都以各种形式大显身手，在企业实现营销目标的过程中功不可没。但要小心进入终端促销的怪圈。

怪圈一：促销方案，去年用了今年还用

一些企业的营销管理者常常这样认为，虽然时间已经过去了一年，但是我们的目标顾客群没变，他们对产品的需求和喜好也没变，所以今年还可以继续使用去年的促销方案。因为它已经被执行过，从策划人员到执行人员都对它很熟悉，大家都有过不错的配合，所以我们将不会再浪费精力和时间去制定新的方案。其不知，促销策略要紧随消费者需求的变化而变化，虽然有时因循守旧、墨守成规也可以取得一些效果，但是，其效果会逐渐衰减。也就是说，当你第二次或第三次使用同一促销方案时，就难以保证你的营销目标可以顺利实现。

怪圈二：花钱赚吆喝——图热闹

花钱赚吆喝是在许多企业的促销活动中都能看到的现象。促销现场的确热闹，台上莺歌燕舞，台下吆喝不断，可是顾客来了一批走一批，驻足的时间很短，没有仔细听促销的宣传内容，没有踊跃参与活动的热情，走的时候也没有带走热卖区的产品。现场派发的宣传单发到顾客手里几分钟就化作满天飞舞的“蝴蝶”。试问，这样的热闹会有用吗？其不知，虽然现场热热闹闹，有效聚集人群的确很重要，但是，使顾客在活动中获得良好的体验，充分理解品牌的个性并与顾客产生共鸣，继而产生初次购买和重复购买的欲望与行动，这才是促销的根本目的所在。

怪圈三：赠品活动没章法——白搭

在很多促销活动中，为了有效激发顾客的购买欲望，通常都会准备一些赠品，消费者在购买产品的同时还能有超值收获。但是，如果赠品活动没有章法，你可能就算送了东西也没有多大效果，甚至还会适得其反。

（1）廉价的赠品不如不送。一些企业在产品促销时，准备了大量的赠品，在宣传上也非常诱人："购买我们的产品您一定会有超值收获，买就送！"可是，当顾客兴冲冲地赶到现场时大失所望，原来所谓的超值就是一大堆廉价品。

（2）赠品不容易获取。一些企业的促销宣传，看起来同样是非常诱人的："购买我们的产品您一定会有超值收获，买一份产品你就有可能得到价值20元的礼品，买就有机会！"于是，顾客兴冲冲地赶到现场掏钱购买，准备获得一点额外的收获，结果，当顾客买了产品后，让他们拿着购物小票在那里等，做游戏、参与抽奖活动，把顾客折腾了一遍，最后仅有为数不多的顾客获得赠品，令顾客大呼上当！

（3）赠品没有与产品关联，白送。在赠品设计中有一个基本的原则，那就是尽量送与产品有关联的赠品，如买牙膏送小塑料杯、买西服送滚刷等。这样能够使消费者在使用这些赠品时，产生对品牌的联想。但是，有一些企业却闭眼瞎送，买洗发水送钥匙扣，买电视机送笔筒，由于赠品没有与产品关联，结果东西送了，顾客在用时也早就忘了你，白送！

（4）夸大价值。有的企业为了招徕顾客，常常把赠品的价值故意夸大，一个价值3元的小手巾变成了价值10元，一个价值5元的塑料相框变成了价值20元。消费者兴冲冲地把产品买回家后一琢磨，这不就值两三块钱吗？结果买产品的价格还加了5元，讨厌！如此一折腾，消费者对品牌还能有什么好印象呢？

怪圈四：队伍"太专业"——白瞎

由于企业促销的项目多，正规的促销队伍显然忙不过来，于是促销"游击队"应运而生。这些队伍有的连促销的常识都是稀里糊涂的。在他们看来，促销很简单，唱唱歌、跳跳舞、搞搞游戏、造造气氛就行了，哪有那么多规矩！一些酒吧歌手、跑场的艺人摇身一变成了促销策划人，接到促销单后拉几个唱歌的，找几个跳舞的，把酒吧里玩剩下的游戏拿几个来，七拼八凑就开工。有没有效果不管，销量增不增加不清楚，只要现场热闹！

（资料来源：百度百科）

1.1.2 企业促销特点

促销之所以备受企业青睐，尤其是受连锁企业青睐，是因为企业看重促销具有其他营销活动无可比拟的特点。

1. 促销效果的直接性

与其他营销活动相比，促销的效果更直接。每进行一次促销活动，通常会令连锁企业的销售量剧增，一方面，消费者希望利用这种短期优惠，购买到便宜的商品；另一方面，营销人员也会从促销活动中得到更多、更直接的现金收益。

2. 促销效果的即期性

广告和公共关系等促销工具通常被认为是投资，它们对销售的影响发生在未来某个不确定的时间。促销不同，它能够在一个确定的时间内产生作用，通常在几天甚至几个小时内就可以产生效果。因此，无论是对管理层，还是对一线营销人员，促销都具有极大的诱惑力。

3．促销效果的可衡量性

因为促销对销售的影响是迅速而显著的，它的结果是容易观察和测量的。因此，在营销组合中促销通常被视为最科学的工具，甚至可以建立数学模型来正确预测不同种类和不同数量的促销如何影响各种产品的销售情况。

4．促销活动容易设计和执行，并且执行成本较低

以某次特定促销活动的结果为基础，营销人员可以相当准确地估算出这次促销活动会对某个品牌、某个连锁店或某个竞争对手的销售情况产生怎样的影响。这使得在很多情况下促销活动很容易被设计和执行，并且使连锁企业能够将设计促销活动的工作交给较低的管理层去做。另外，基于成本效果的比较分析，促销活动的成本要比制作和传播商业广告的成本低得多。

1.1.3 企业促销的作用

促销有强烈的刺激效应和特殊的激励效果，具有其他营销行为不可替代的作用。促销的作用如图1-1所示。

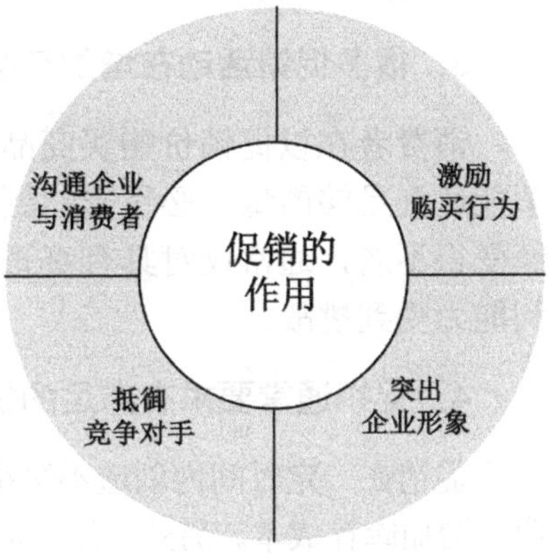

图1-1 促销的作用

1．实现企业与消费者之间的沟通

在商品花色品种繁多、规格形式多样、消费者选择余地增大的买方市场条件下，促销可以使消费者强烈感受到在搞促销的连锁店购物的好处，从而对促销的企业和商品产生兴趣，实现企业与消费者之间的沟通。

2．激励购买行为

在一般情况下，消费者的购买行为除了受自身消费需求影响，还会受到外界因素的诱导。促销正是利用可以向消费者提供额外利益的优势，不但能够鼓励和回报现实消费者的重复购买和大量购买，而且还可以吸引潜在消费者，激发其购买欲望，促成其购买行为。

3．抵御竞争对手

当竞争者大规模地开展促销活动时，连锁企业通过采取针锋相对的促销措施，可以有效地抵御和击败竞争对手。

4．突出企业形象

在激烈竞争的市场环境中，企业经营的许多商品呈现同质化现象。这时，连锁企业运用促销工具，既可以宣传自己，还可以帮助消费者认识到来本连锁店购买商品所获得的特殊利益，从而在市场上树立本企业以诚待客、优惠让利的独特形象。

1.1.4 企业促销时应注意的问题

对于连锁企业而言，促销已经成为越来越重要的营销工具，并且开始依赖这种促销工具。连锁企业促销需要注意的问题有以下几点。

1．促销并非是培养顾客忠诚度的有效工具

与广告或者其他形式的营销工具不同，很多促销活动几乎不影响人们对产品的态度，这主要是由于促销活动的直接性和即期性决定的。因为很多促销活动并不能产生剩余价值，即顾客未来的重复购买或企业的重复销售，与本次促销活动并没有直接的关系。也就是说，促销并非是培养顾客忠诚度的有效工具。

2．促销活动的滥用可能导致消费者对产品产生负面印象

如果一个连锁店过度促销，消费者会认为该连锁店已经没有能力以全价销售自己的商品，继而认为商品的质量肯定不高，特别是消费者很难通过其他方式来判断商品质量的种类，如药品、化妆品等。

3．很多促销活动在增加商品销量的同时，盈利却在下降

消费者在以促销价购买商品的同时，带来了连锁企业商品销售量的提高，但如果销售不能达到足够的量，必然影响到连锁企业的盈利能力。另外，消费者对于常规促销活动已经变得不屑，通常仅对具有真正实惠的促销活动有所回应，这就更使得连锁企业促销的盈利能力受到挑战。

4．促销通常要求有充足的执行资本

促销在一定时间内创造不平衡的商品需求，提高销售额就必然增加库存，这就要求连锁企业要增加库存成本。另外，促销活动如竞赛和抽奖，如果促销计划在执行中出现差错，或者实际执行的结果不如原计划有效，也要求连锁企业能够承担促销执行过程中带来的风险成本。

5．促销倾向于让营销经理把目标集中在短期效果上

由于促销效果的直接性，使营销经理很容易通过使用促销计划来实现销售业绩的增长，从而忽视了其他创建品牌形象的活动，这些活动虽然在短期内产生的销售效果不明显，但可能为连锁企业创造更多的利润。

解决这一问题的有效方法是尝试使用战略性促销，战略性促销又称为品牌增值型促销，在提高商品销售量的同时，还要在促销中建立和提升连锁企业的品牌形象，从而使商品的销售额在促销后得到提升，并能持续地保持下去。

阅读材料 1.2

零售商促销行为管理办法

第一条　为了规范零售商的促销行为，保障消费者的合法权益，维护公平竞争秩序和社会公共利益，促进零售行业健康有序发展，根据有关法律法规，制定本办法。

第二条 零售商在中华人民共和国境内开展的促销活动适用本办法。

第三条 本办法所称零售商是指依法在工商行政管理部门登记注册，直接向消费者销售商品的企业及其分支机构、个体工商户。

本办法所称促销是指零售商为吸引消费者、扩大销售而开展的营销活动。

第四条 零售商开展促销活动应当遵循合法、公平、诚实信用的原则，遵守商业道德，不得开展违反社会公德的促销活动，不得扰乱市场竞争秩序和社会公共秩序，不得侵害消费者和其他经营者的合法权益。

第五条 零售商开展促销活动应当具备相应的安全设备和管理措施，确保消防安全通道的畅通。对开业、节庆、店庆等规模较大的促销活动，零售商应当制定安全应急预案，保证良好的购物秩序，防止因促销活动造成交通拥堵、秩序混乱、疾病传播、人身伤害和财产损失。

第六条 零售商促销活动的广告和其他宣传，其内容应当真实、合法、清晰、易懂，不得使用含糊、易引起误解的语言、文字、图片或影像。不得以保留最终解释权为由，损害消费者的合法权益。

第七条 零售商开展促销活动，应当在经营场所的显著位置明示促销内容，促销内容应当包括促销原因、促销方式、促销规则、促销期限、促销商品的范围，以及相关限制性条件等。

对不参加促销活动的柜台或商品，应当明示，并不得宣称全场促销；明示例外商品、含有限制性条件、附加条件的促销规则时，其文字、图片应当醒目明确。

零售商开展促销活动后在明示期限内不得变更促销内容，因不可抗力而导致的变更除外。

第八条 零售商开展促销活动，其促销商品（包括有奖销售的奖品、赠品）应当依法纳税。

第九条 零售商开展促销活动应当建立健全内部价格管理档案，如实、准确、完整记录促销活动前、促销活动中的价格资料，妥善保存并依法接受监督检查。

第十条 零售商开展促销活动应当明码标价，价签价目齐全、标价内容真实明确、字迹清晰、货签对位、标识醒目。不得在标价之外加价出售商品，不得收取任何未予明示的费用。

第十一条 零售商开展促销活动，不得利用虚构原价打折或者使人误解的标价形式或价格手段欺骗、诱导消费者购买商品。

第十二条 零售商开展促销活动，不得降低促销商品（包括有奖销售的奖品、赠品）的质量和售后服务水平，不得将质量不合格的物品作为奖品、赠品。

第十三条 零售商开展有奖销售活动，应当展示奖品、赠品，不得以虚构的奖品、赠品价值额或含糊的语言文字误导消费者。

第十四条 零售商开展限时促销活动的，应当保证商品在促销时段内的充足供应。

零售商开展限量促销活动的，应当明示促销商品的具体数量。连锁企业所属多家店铺同时开展限量促销活动的，应当明示各店铺促销商品的具体数量。限量促销的，促销商品售完后应及时明示。

第十五条 零售商开展积分优惠卡促销活动的，应当事先明示获得积分的方式、积分有效时间、可以获得的购物优惠等相关内容。

消费者办理积分优惠卡后，零售商不得变更已明示的前款事项；增加消费者权益的变更除外。

第十六条　零售商不得虚构清仓、拆迁、停业、歇业、转行等事由开展促销活动。

第十七条　消费者要求提供促销商品发票或购物凭证的，零售商应当即时开具，并不得要求消费者负担额外的费用。

第十八条　零售商不得以促销为由拒绝退换货或者为消费者退换货设置障碍。

第十九条　鼓励行业协会建立商业零售企业信用档案，加强自律，引导零售商开展合法、公平、诚实信用的促销活动。

第二十条　单店营业面积在3 000平方米以上的零售商，以新店开业、节庆、店庆等名义开展促销活动，应当在促销活动结束后十五日内，将其明示的促销内容，向经营场所所在地的县级以上（含县级）商务主管部门备案。

第二十一条　各地商务、价格、税务、工商等部门依照法律法规及有关规定，在各自职责范围内对促销行为进行监督管理。对涉嫌犯罪的，由公安机关依法予以查处。

第二十二条　对违反本办法规定的行为，任何单位和个人均可向上述单位举报，相关单位接到举报后，应当依法予以查处。

第二十三条　零售商违反本办法规定，法律法规有规定的，服从其规定；没有规定的，责令改正，有违法所得的，可处违法所得三倍以下罚款，但最高不超过三万元；没有违法所得的，可处一万元以下罚款；并可予以公告。

第二十四条　各省、自治区、直辖市可结合本地实际，制定规范促销行为的有关规定。

第二十五条　本办法由商务部、发展改革委、公安部、税务总局、工商总局负责解释。

第二十六条　本办法自2006年10月15日起施行。

（资料来源：中华人民共和国商务部官网）

任务小结

在市场营销理论中，促销有广义和狭义之分。狭义的促销指的是销售促进，又称为营业推广；而广义的促销则包括销售促进、广告、人员推销和公共关系四大促销组合工具。这里的促销，是指狭义的促销。

企业促销具有促销效果的直接性、即期性、可衡量性的特点。促销正是因为其有着强烈的刺激效应和特殊的激励效果，具有其他营销行为不可替代的作用，即实现企业与消费者之间的沟通、激励购买行为、突出企业形象和抵御竞争对手。

连锁企业进行促销时需要注意以下问题：促销并非是培养顾客忠诚度的有效工具、促销活动的滥用可能导致消费者对产品产生负面印象、很多促销活动在增加商品销量的同时盈利却在下降、促销通常要求有充足的执行资本、促销倾向于让营销经理把目标集中在短期效果上。

任务训练

1. 什么是促销？如何理解促销的特点？
2. 企业促销的作用有哪些？
3. 连锁企业在促销中应注意哪些问题？

任务 1.2　促销因人而异

任务导入

两个人以同一种方式行事，并不意味着他们这样做的原因是一样的。例如，某人很早离开舞会的原因，可能是因为他觉得枯燥，或者是因为他很害羞，或者是因为他不喜欢嘈杂的音乐，或者是因为他头痛，或者是因为他另有约会，等等。为了劝说他留下来，有必要了解他为什么离开，然后才能采取合适的行动，如给他一片阿司匹林，或者把音响的声音调小，或者干脆让他离开。

促销也一样，顾客选择购买或者不购买某种商品的原因是多样的。例如，顾客之所以购买某一特定品牌的商品，可能是因为他们相信这是市场上最好的，也可能是因为它比其他竞争商品便宜，还可能是因为购买习惯，等等。

理解在市场上发生了什么是使用促销赢得目标顾客的第一步；第二步是尝试着理解为什么顾客会这样行动；第三步是确定竞争者已经开始或者计划的促销活动类型，以及可能对市场带来的影响；第四步是确定自己的促销目标，即确定企业促销要实现的短期或长期的销售或利润目标，以及所针对的顾客类型。营销人员必须明确促销主要针对何种类型的顾客，明确哪些类型的促销工具能够更好地实现所期望的目标。

任务实施

根据消费者的购买行为特征，我们将其分成五种类型：忠诚顾客、竞争者的忠诚顾客、游离顾客、对价格敏感的顾客及非顾客，企业促销应该根据不同顾客类型的特点，有针对性地采取不同的促销方式。

1.2.1　对忠诚顾客的促销

忠诚顾客是指持续光顾本连锁店的顾客，他们是连锁店商品的主要购买者并且经常购买，但并不是说忠诚顾客在购买商品时只选择某一家连锁店。最忠诚的顾客也只有60%或者更小的概率选择在某一特定的连锁店购物。

对于忠诚顾客的促销，目的不是让他们改变购买行为，而是要强化他们的购买行为，或者采取交叉销售的办法劝说他们增加购买。

1. 强化现有购买行为

顾客很少会无条件地忠诚于某个特定连锁店，他们往往是因为某种具体的原因而做出经常光顾的决策。可能认为某个连锁店在当地是最好的，也可能认为到某个连锁店购买很实惠，也可能是由于一种习惯，使他们一次又一次地惠顾某个连锁店。

通过促销强化忠诚顾客的现有购买行为，可以防止他们被竞争对手的促销活动吸引。企业对忠诚顾客的促销，给他们某个特殊的原因，使他们认识到保持自己对企业的忠诚是非常必要的。

达到这一目的的方法之一是通过制订持续性的促销计划。既然忠诚顾客倾向于未来继续光顾某个连锁店，他们可能会乐意签约参加持续性的促销活动，如成为某连锁企业的会员。一旦签约，他们会更加抵制其他连锁店的促销活动。此外，关联促销可能使一些忠诚顾客在购买商品时感觉良好。增加商品的附加值，如附加赠送、抽奖、特惠包装或者礼品，都可能有助于提升顾客对连锁店的认知度，并且使顾客相信在该连锁店购买是一个好的选择。

在强化忠诚顾客的购买行为时，价格促销的价值是有限的。忠诚顾客当然乐意接受折价券或折扣活动，但是这些活动不太可能增加顾客的忠诚度。相反，太过频繁的打折甚至会损害商品在忠诚顾客心目中的良好形象。不过，为了应对竞争并且防止忠诚顾客被其他连锁店所吸引，采取价格促销的手段还是有必要的。

2. 增加购买

利用顾客忠诚度增加销售的有效办法之一是劝说他们购买额外商品。当然，这一商品须能够被立即消费，或者能够被储藏以备将来之用。例如，巧克力可以很容易被爱吃零食的消费者消费，牙膏可以被储藏以备将来之用。

在有些情况下，简单地将购买时间转移到现在可能是有益的。一方面，可以帮助连锁企业实现在特定阶段取得盈利或销售额的目标。另一方面，让顾客购买额外商品意味着他们不太可能在近期购买竞争者的商品。

大多数促销技巧能够成功地劝说现有的顾客增加购买数量。其中，最直接的方法是通过附加赠送让顾客有积极性去储存商品。另外，价格促销有时可以成功地让顾客购买比平时更多的商品。

持续的促销计划也会导致顾客增加购买，例如，顾客通过获得足够的“积分”以获取所希望得到的奖励。但是，在商品价格较高或者该商品不是经常被需要的情况下，持续的促销计划也并非总是有效的，如对耐用消费品的促销。

产生利益的促销活动，如附加赠送、特惠包装、奖金等可能在将额外商品卖给现有顾客方面取得成功。抽奖或者竞赛活动可能在一定情况下会取得成功，特别是参加的条件与商品的使用相关联时，例如，麦当劳餐厅举办抽奖促销活动，使其销售量大增，这一活动的参加条件是要求顾客光顾麦当劳餐厅。

3. 交叉销售

交叉销售是一种发现顾客多种需求并满足其多种需求的营销方式，是从横向角度开发市场的一种营销策略。交叉销售的核心是向一位顾客销售多种相关的商品或服务，如一个做蛋糕的商店，可以尝试鼓励顾客在购买蛋糕的同时购买咖啡。

交叉销售可以应用于某些类型的促销活动中。例如，将某一商品的折价券放到其他商品的包装中，或附加赠送可能提供辅助作用的免费赠品，或让相关的商品用抽奖或者礼品赠送的方式联系起来。

1.2.2 对竞争者忠诚顾客的促销

竞争者的忠诚顾客是指那些经常光顾其他连锁店的顾客。竞争者的忠诚顾客通常有三种：铁杆忠诚者、价值寻求者和习惯顾客。

竞争者的忠诚顾客显然是很难争取的一个消费群体。大多数情况下，这些顾客特别偏向于他们现在光顾的连锁店，而且他们也不愿意考虑其他连锁店。这类顾客一般对品牌的忠诚度较高。因此，一般的促销措施可能会失败。

1. 对铁杆忠诚者促销

对于那些真正相信某连锁店并且在心理上完全依赖该店的顾客，使其将忠诚转移到该店竞争者上是个大问题。对于这些顾客而言，其他连锁店似乎不存在。他们对于促销活动有很好的免疫能力。样品促销可能是一个例外，它可以把一些其他店的铁杆忠诚者引导到本连锁店这边来。但是，仅当这一样品以前没有被顾客试用过，并且与现在铁杆忠诚者所使用的商品相比，它确实存在一些可以看得见的优点时，这一促销才是有效的。

2. 对价值寻求者促销

消费者之所以忠诚于某连锁店，是因为这一连锁店所提供商品的性价比是最高的，尽管它在市场上并不一定是最好的。也就是说，当某一连锁店销售的商品质量相对较好，并且价格合理时，它就会赢得顾客的忠诚，因为他相信这一连锁店所提供的商品是市场上最具有价值的。

价值寻求者并不像铁杆忠诚者那样抵制连锁企业的促销，但是他们也不太可能成为连锁企业的忠诚者。对于价值寻求者最好的促销工具可能是样品，但是只针对那些没有被试用过的商品，并且这一商品比现在被使用的商品有明显的优势。其他的促销工具，如折价券、抽奖、特惠包装、附加赠送等可能在一定情况下发生作用，这取决于顾客对被促销商品的态度。这里的主要问题是如何让竞争者的忠诚顾客注意并且思考连锁企业的促销活动，因为他们通常不注意这些促销信息。

3. 对习惯顾客促销

有些消费者之所以总是光顾某一连锁店，并不是因为他们把对这一连锁店的认知价值和价格与市场上其他连锁店进行了认真的比较，而是因为这已经成为了他们的购买习惯。

这种购买习惯通常适用于介入程度相对较低的商品，在比较注重节约时间的顾客那里更为多见，因为它使购买过程更加简单化。习惯性购买的顾客创建了一个简单化的决策规律，减少了过多思考的过程。例如，如果洗衣粉用完了，就去某超市。问题的关键是消费者在开始选择目前所习惯光顾的连锁店时是如何进行的。可能消费者开始偶然光顾了某个连锁店，继续光顾是因为他们确实感觉这一连锁店比其他连锁店好。如果起初的原因很难被确定，那么预测他们对其他连锁店的促销反应就显得非常重要了。

对竞争者的习惯顾客的促销，如果连锁企业促销的商品质量高并且优势明显，在说服购买方面，样品促销活动可能更有效，其他激发顾客兴趣的促销活动还有抽奖、附加赠送、特惠包装等。价格促销所起的作用通常不大，因为习惯性顾客不太关注价格。

如果顾客是因为惰性而成为忠诚者，那么向他们传递连锁企业的促销活动信息是非常重要的。因为有一些按照习惯光顾某一连锁店的顾客，如果通过促销活动信息被说服，他们可能在将来因为习惯而忠诚于本连锁店。

针对不同顾客采取不同的促销策略，如表 1-1 所示。

阅读材料 1.3

表 1-1 针对不同顾客采取不同的促销策略

顾客类型	行为描述	促销策略
贪利型	对价格敏感，爱占便宜，在购买过程中喜欢讨价还价	赠品促销、折扣促销
比照型	金钱观念较强，喜欢货比三家，总是追求价廉物美	提供免费试用样品
求新型	消费观念时尚，对新产品反应敏感，对产品的外观和包装要求较高	新产品免费试用
求廉型	对价格变化格外敏感，喜欢选购低价、优惠价、特价、折扣价的产品	特价促销、折价优惠
价值型	倾向于购买品牌产品，认牌购物，认为不同品牌具有不同价值	主题促销、会员卡促销、文化促销
趋同型	从众心理比较强，倾向于与大多数人保持一致的购买心理	制造热卖的气氛
短缺型	认为物以稀为贵，对“数量有限、欲购从速”这样的宣传语反应强烈	限量版、绝版、定制促销
偏好型	顾客因购买经验，对某种产品、某个品牌或某个商店产生特殊的好感和信任，经常光顾并成为忠诚购买者	会员卡促销

1.2.3 对游离顾客的促销

游离顾客，也称摇摆不定的顾客，是指在购买商品时，可能光顾所有连锁店的消费者。他们既光顾这一企业的连锁店铺，同时也会光顾其竞争企业的店铺。企业的忠诚者近年来逐渐减少，游离顾客已经成为消费人群中的大多数。因此，游离顾客成为连锁企业促销的重点对象。

人们之所以在连锁店之间游离，是由于各种各样的原因，或者是由于可获得性，或者是由于商品的价值，或者是由于对商品多样性的寻求。

1. 强化可获得性

在某些情况下，消费者转换连锁店是因为他们所偏爱的品牌在某一连锁店内找不到。这时，适当的促销活动是留住顾客的好办法，如折价券、样品、抽奖、现金返还、附加赠送等。

2. 增加商品价值

通常顾客之所以在不同连锁店之间转换，是因为他们并不特别偏爱任何一家连锁店，只是选择在特定时间内购买最划算的商品。或者尽管他们偏爱一些连锁店，但在某些时候总是不如价格重要。

由于这些顾客对于价值很感兴趣，降低商品价格的促销活动在短期内对增加销售额会非常有效，如折价券、折扣、减价等。为顾客带来某种附加价值的促销活动可能也是有效的，这取决于促销活动受欢迎的程度。这种类型的促销活动包括抽奖、附加赠送、特惠包装及礼品等。

3. 满足顾客对商品多样化的需求

在不同连锁店之间转换的消费者，可能将商品多样化与价值作为购买原因。多样化在很多食品类商品中是一个特别重要的特征，因为人们对于总是吃同样的食品感到厌倦。

商品多样化的寻求者在不同连锁店的购买中受益，因此，促销计划必须能激励顾客购买，如顾客在某个特别的时候光顾某连锁店，要给予其利益。因为这些人对于连锁店的活动很有兴趣，他们可以很容易被某连锁电的促销活动吸引而青睐于该连锁店。同样道理，他们也可能很容易受到竞争者促销活动的影响，但在某个促销活动结束以后，他们可能不会忠诚于任何一家连锁店。

商品多样化的寻求者对大部分促销活动都有积极的反应。价格促销活动可能会从那些对价格敏感的多样化寻求者中得到相当数量的销售额。为某种商品增加额外价值，开展更有趣味性的促销活动，如抽奖、竞赛及礼品，对商品多样化寻求者是非常有效的促销活动。

1.2.4 对价格敏感顾客的促销

对价格敏感的顾客是指购买市场上最低价商品的人。他们在选购商品时，仅仅以价格作为购买依据。同时，这也意味着如果某一连锁店的商品总是最低价的话，他们会总是光顾该连锁店，一旦价格变化，他们会在连锁店之间转换。例如，沃尔玛曾经成功地运用了“天天低价”的促销策略，吸引了大批顾客的光临。

对价格敏感的顾客可能会受到价格促销的影响，但只限于降低了某商品价格的促销活动，如折价券、减价、现金返还等。增加价值的促销活动，如附加赠送、特惠包装、礼品等，在赢得这些顾客时并不一定总是有效的，因为这些顾客只注重价格，他们只在促销的时候购买这个商品，促销活动结束以后，他们通常会回归到最便宜的其他商品。

1.2.5 对非顾客的促销

非顾客是指那些从不光顾本连锁店的顾客。他们不光顾本连锁店，可能是价格的原因，也可能是价值的原因，或者是缺乏需求的原因。

1. 准确进行价格定位

在有些情况下，由于连锁店的高价定位，非顾客可能想从本连锁店购买某种商品，但发现价格太贵。此时，使用价格促销很有可能增加销售额，但是价格折扣必须足够吸引顾客。例如，如果好利来糕点的价格从5元/个降到3元/个，会吸引大量的非顾客购买，但如果仅提供9.5折的价格优惠，是无法吸引非顾客的。

2. 让顾客感到物有所值

有些人可能买得起某种商品，但是他认为不值得，并非物有所值。如果人们以前没有尝试过某一特定的品牌，使用样品有时候会使他们重新考虑原有商品的价值。在特定情况下，他们也可能会对大量的价格折扣或者特别有吸引力的、辅助性的活动感兴趣，如抽奖、特惠包装、礼品等。但是，既然这些人过去没有使用过这种商品，他们也有可能对于促销活动无动于衷。

3. 对缺乏需求者，只可达到宣传效果

有些非顾客认为他们确实不需要某种商品，或者认为这种商品毫无用处。对缺乏需求的顾客进行促销可能有时候说服其使用样品，但这种情况极为少见，而且当他们认为某种商品毫无用处时，他们不会受到任何形式的促销活动的影响。

任务小结

寻求有效的促销方式是一个营销工作者的追求，何为有效的促销？针对不同顾客群体的特点，综合考虑购物环境、竞争策略、营销战略、商品特点等因素，采取不同的促销方式或其组合，才能达到良好的效果。根据消费者的购买行为特征，把顾客类型分成五种：忠诚顾客、竞争者的忠诚顾客、游离顾客、对价格敏感的顾客、非顾客。对忠诚顾客的促销，VIP 会员促销、礼品、优惠券等比较有效；对竞争者的忠诚顾客的促销，样品赠送、折价券、特惠包装、附加赠送等比较有效；对游离顾客的促销，折价券、样品、抽奖、现金返还、附加赠送等往往比较有效；对价格敏感顾客的促销，折价券、减价、现金返还、附加赠送、特惠包装都比较有效；对非顾客的促销，需要加大价格的折扣力度以吸引其注意力。

任务训练

1．根据消费者购买行为特征，将消费者可以分为哪五种类型？

2．连锁企业应如何针对不同顾客进行促销？

任务 1.3　制定促销方案

任务导入

圣诞元旦双节将至，人们纷纷穿上盛装，做好护理，以最美的状态迎接佳节的到来。近年来，节日经济所蕴藏的商机引起了大家的重视，美容院、美发店如何根据自身的情况和资源，突破原有的促销模式，充分利用节日消费的特点来提升销售业绩、巩固顾客的忠诚度、开拓新客源呢？大部分商家第一个念头就是打折。的确，打折促销是吸引人眼球、拉拢客户最快、最直接的方法。可是，你想过没有？你在打折，他也在打折，全都在打折，你的优势是什么？比人家价钱更低吗？这显然是不明智的，因为这样会造成恶性循环，把价钱压得越来越低，这样划算吗？

促销需要创意，需要精心策划。

任务实施

促销决策是一项系统的工程，需要对促销活动的每一个环节进行一系列的策划。根据专家的研究及连锁企业的经验，促销决策一般按照图 1-2 的流程进行。

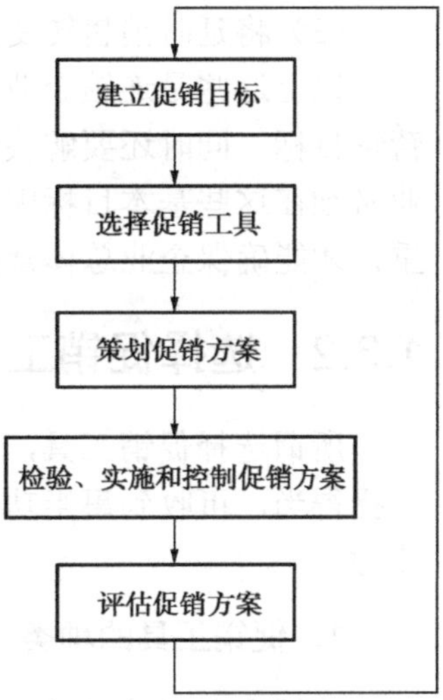

图 1-2　促销决策的流程

1.3.1　建立促销目标

一项促销活动的决策一般是从建立促销目标开始的，而且应与企业在该时期的市场营销目标相配合。

1. 店铺目标

连锁企业基于店铺的促销目标是提高店铺客流量、提升店铺形象和知名度等。

（1）提高店铺客流量、活跃店铺气氛是连锁企业店铺促销的最大目标。因为客流量是店铺运营成败的主要因素，顾客不上门，即使店铺规模再大、商品再好也无济于事。相反，若是顾客盈门，必然有一部分顾客会通过购买商品来满足自己的购买欲望。

（2）提升店铺的形象和知名度。为了使店铺能够持续经营，企业在做促销时，不仅要考虑提升业绩，还要注意提升店铺的形象和知名度，做好战略意义上的促销。

2. 商品目标

连锁企业基于商品的促销目标可以是告知顾客消费季节的到来，也可以是增加商品的销售。

（1）利用商品应景，或配合现场的陈列布置来告知和提醒顾客，季节的更换或节庆即将到来，刺激顾客购买。

（2）增加商品的销量。企业在利用促销推广新产品的同时，顺势将因故未能销售完的商品、换季商品、滞销品销售出去，以降低库存，减少资金占用，从而增加商品的销量。

3．顾客目标

连锁企业基于顾客的促销目标有以下几种：

（1）留住现有顾客；

（2）开发新的顾客；

（3）提高顾客对连锁企业的忠诚度。

4．业绩目标

连锁企业基于业绩的促销目标有以下几种：

（1）提高资金周转率；

（2）提高销售业绩；

（3）将延时销售转变为即期销售。

以上这些是连锁企业对消费者促销的最基本的目标。由于促销目标要服从企业长远的营销目标，同时还要解决连锁企业眼前面临的问题或抓住眼前有利的机会，因此，连锁企业必须在这些基本目标中做出选择，在不同的时期确定不同的目标，只有每个时期有所侧重，才能确保企业总体营销目标的顺利实现。

1.3.2 选择促销工具

所谓选择促销工具，是指企业为了达到促销目标而选择最恰当的促销方式。促销工具选择得当，可收到事半功倍的效果。相反，若促销工具选择不当，很可能与促销目标南辕北辙。

1．促销工具的种类

连锁企业对消费者促销的工具多种多样，常用的促销工具有以下几种。

（1）样品。样品是指免费提供给消费者试用的商品。样品可以挨家挨户地送货上门，或邮寄发送，或在店内提供，或与其他商品一起附送，或作为广告品。

（2）包装促销。包装促销是指在消费者购物时，在包装内、包装上或包装外随货赠送商品的促销方式，目的是借助这种特殊的包装在卖场陈列上做突出展示。

（3）竞赛与抽奖。竞赛与抽奖是连锁企业吸引顾客注意或营造卖场气氛的常用促销工具，竞赛与抽奖经常配套使用。

（4）折价券。折价券又称为优惠券，它是一个凭证，证明持有者在购买某特定商品时，可凭此券按规定少付一定的货款。折价券可以邮寄、附在商品包装内，也可以刊登在杂志和报纸广告上。

（5）折价优惠。折价优惠是连锁企业通过降低商品售价给予消费者优惠的促销方式，一般在商品的销售旺季进行。折价优惠可提高消费者对企业整体商品的关注度，对短期销售量的提高具有立竿见影的效果。

（6）有奖积分。消费者通过连续几次购买或收集促销商品的包装或标贴，即可获得一定的积分奖励。有奖积分能有效地吸引顾客重复购买，对培养顾客的忠诚度很有帮助。

（7）POP 广告。POP 是 Point of Purchase 的缩写形式，意为购买地点，常译为售点或卖点。因此，POP 广告常被称为卖点广告，是指企业在销售现场宣传商品、刺激顾客购买欲望所设置的特殊广告物，如吊牌广告、海报等。

（8）主题促销。企业根据促销目标，设定一个促销主题，根据该主题把相关商品集中售卖，消费者可以一次购足所需。

（9）现场展示。在销售现场，企业派出专业人员对特定商品进行特殊的现场表演或示范，同时向顾客提供咨询服务，从而达到商品促销的目的。

连锁企业开展促销活动，可采取的形式多种多样。不同的促销工具，所产生的促销效果也大不相同，如开展商品积分活动、向消费者发放会员卡等，对鼓励消费者连续地、反复地购买具有显著效果。而附加赠送活动则对鼓励消费者一次性大量购买更为有效。所以，在确立了促销目标之后，慎重地选择促销工具十分重要。

2．促销工具的选择

连锁企业选择促销工具时，主要受四类因素的制约，即促销目标、商品生命周期、商品类型和企业在行业中的地位。

（1）促销目标。连锁企业在选择促销工具时，首先要遵守的原则是所选择的促销工具必须有利于达到企业所制定的促销目标。不同的促销工具适用于不同的促销目标，各种促销目标与促销工具的对应关系如表 1-2 所示。

表 1-2　促销目标与促销工具的对应关系

促销目标 \ 促销工具		POP 广告	折价券	样品赠送	折价优惠	抽奖	赠品	包装促销
短期目标	引起尝试		√	√	√		√	
	改变购买习惯	√			√			√
	增加单次购买量		√		√		√	√
	刺激潜在顾客	√	√	√		√		√
长期目标	提升企业形象	√				√		
	巩固企业形象	√				√	√	

（2）商品生命周期。对某种商品进行促销，其促销工具的选择还必须考虑到该商品在市场上处于生命周期的哪个阶段。在商品生命周期的不同阶段，由于企业的营销重点和营销目标都有所不同，故促销目标也不一样，因此应分别选择不同的促销工具。对于商品生命周期的不同阶段，其促销工具的选择如表 1-3 所示。

表 1-3　商品生命周期阶段与促销工具对应关系

促销工具 \ 商品生命周期	介绍期	成长期	成熟期	衰退期
折价券			√	
现场展示	√	√		
样品赠送	√			
赠品	√		√	
抽奖		√	√	
POP 广告	√	√		
折价优惠			√	√
主题促销		√	√	

（3）商品类型。连锁企业经营的商品一般分为日用品、选购品和特殊品。

日用品是指消费者在日常生活中需要经常购买的商品，如食品、饮料、洗涤用品、日用杂货等。这类商品的特点是：单位价值低、消费快、消费者购买的频率高；消费者要求就近购买；消费者没有过多的品牌偏好，品牌之间可以互相代替；消费者的购买受价格和广告的影响较大，冲动性购买行为较多。日用品促销工具的选择及促销效果如表 1-4 所示。

表 1-4　日用品促销工具的选择及促销效果

促销工具 \ 促销效果	良好	一般	较差
样品赠送	√		
抽奖	√		
折价券	√		
POP 广告		√	
包装促销	√		
有奖积分	√		
折价优惠	√		
主题促销		√	
现场展示		√	

选购品是指消费者需经过多次挑选，反复比较其设计、品质和价格之后才决定购买的商品，如服装、家电。选购品的特点是：单位价格较高；使用时间较长；消费者需求差异大，购买时着重关注商品的质量和外观；消费者购买时对广告或促销的依赖性不大。选购品促销工具的选择及促销效果如表 1-5 所示。

表 1-5　选购品促销工具的选择及促销效果

促销工具 \ 促销效果	良好	一般	较差
样品赠送			√
抽奖	√		
折价券	√		
POP 广告		√	

续表

促销效果 / 促销工具	良　好	一　般	较　差
包装促销	√		
有奖积分		√	
折价优惠	√		
主题促销		√	
现场展示	√		

特殊品是指消费者在购买时会特别对其品质、性能或品牌高度重视的商品，如古玩字画、音响、计算机、钢琴、汽车等。这类商品的特点是：单位价格高；消费者购买时需要收集较多的商品信息，多为理性购买；消费者十分注重商品的品牌和连锁店的信誉，需求弹性小；要求销售人员具备较多的专业知识。对特殊品的促销，实行财务激励（分期付款）和提供良好的售后服务是最有效的促销工具。特殊品促销工具的选择及促销效果如表 1-6 所示。

表 1-6　特殊品促销工具的选择及促销效果

促销效果 / 促销工具	良　好	一　般	较　差
分期付款	√		
服务促销	√		
样品赠送			√
抽奖		√	
折价券		√	
POP 广告		√	
包装促销		√	
有奖积分			√
折价优惠	√		
主题促销		√	
现场展示	√		

（4）企业在行业中的地位。在市场竞争中，有实力雄厚的强势企业，也有实力一般或较差的弱势企业。不同地位的企业，在选择促销工具时，其出发点和目标不一样。因此，所运用的促销工具也自然不同。

强势企业是指在同行业中，不仅营业额大、市场占有率高，而且拥有种种无形的或有形的资产，如连锁企业在消费者心目中具有良好的形象，拥有较高的品牌价值等。强势企业在选择促销工具时，应着重考虑能产生长期效果的工具，尽量少运用即效性的工具。强势企业促销工具的选择及促销效果如表 1-7 所示。

表 1-7　强势企业促销工具的选择及促销效果

促销工具 \ 促销效果	良　好	一　般	较　差
样品赠送		√	
抽奖		√	
折价券	√		
POP 广告		√	
包装促销		√	
有奖积分	√		
折价优惠		√	
主题促销	√		
现场展示	√		

对弱势企业来讲，经济实力不如强势企业，社会公众形象也居劣势地位。弱势企业在促销工具的选择上，要以能为消费者提供更多的价格实惠为原则，可利用 POP 广告来吸引注意力，利用样品派送和附赠奖品进行有效的促销。弱势企业促销工具的选择及促销效果如表 1-8 所示。

表 1-8　弱势企业促销工具的选择及促销效果

促销工具 \ 促销效果	良　好	一　般	较　差
样品赠送	√		
抽奖		√	
折价券	√		
POP 广告	√		
包装促销		√	
有奖积分		√	
折价优惠	√		
主题促销		√	
现场展示		√	

1.3.3　策划促销方案

在确定了促销目标和促销工具之后，接下来就要制定具体的促销方案了。一个完整的促销方案应包括以下几个方面的内容：确定促销范围、控制诱因大小、选择传播媒体、限定参与条件、确定促销时间、促销费用预算及其他条款。

1. 确定促销范围

促销范围可按商品范围和市场范围进行分类。

（1）商品范围。连锁企业进行促销决策，首先要确定促销商品的范围。商品范围主要涉及两个方面的内容：第一，促销活动是针对整体卖场的商品，还是针对某一品牌的商品，或者是仅针对某一品种的商品；第二，是针对目前市场上正在销售的商品进行促销，还是针对有特别设计包装的商品进行促销。如果是为增进顾客对新产品的试用而采用样品赠送的方式，则促销活动必须额外设计专门的样品包装。

（2）市场范围。一次促销活动涉及的市场范围有多广，也是必须慎重考虑的问题。决策时应主要考虑两个因素：第一，连锁企业财务的支付能力。如果连锁企业同时在更广范围的市场展开促销活动，需要支出一大笔预算费用，这要看企业是否能承受得了。第二，不同地区的销售状况。一般来讲，一项促销的市场范围只限于同一地区，这样便于操作和控制。

2．控制诱因大小

所谓诱因，是指在促销活动期间，给消费者提供，从而形成刺激消费者购买的诱惑因素。促销按照给消费者提供利益的方式划分为两类：一类是直接降价，如折价券、折价优惠，消费者可以以较便宜的价格购买和平时相同数量的商品；另一类是间接增值，如附加赠送，可以以平时的价格购买更多的商品。不论是直接降价还是间接增值，促销活动都能给消费者提供一定的实际利益。这就形成了刺激消费者购买的诱惑因素。

一般来讲，促销效果随着诱因大小而增减，当诱因增大时，消费者反应也会随之增强。但促销效果和诱因大小的函数关系并不是呈直线形的。例如，同一种商品，一个 1.5 元的折价券比 0.5 元的折价券能吸引更多的消费者，但前者的消费人数并不一定是后者的 3 倍。事实上，促销效果函数曲线一般呈 S 形。当诱因很小时，消费者反应也很弱，促销效果几乎为零。只有达到一定的诱因量时，才足以使消费者开始注意这项促销活动。当诱因量超过一定点时，促销反应又呈递减趋势。诱因与促销反应之间的关系如图 1-3 所示。

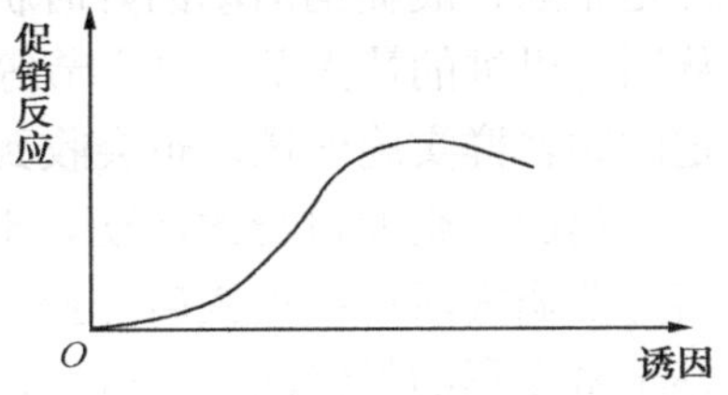

图 1-3　诱因与促销反应之间关系图

3．选择传播媒体

连锁企业促销还需要决定通过何种媒介将促销信息传递给消费者。例如，连锁企业对部分商品进行促销，方式是向消费者提供价值 1.5 元的折价券，消费者凭此券购买该单位商品时可比平时少付 1.5 元。那么，这种折价券至少可以通过四种媒体到达消费者手中，即折价券置于商品包装内、在店内发放、邮寄、刊登在广告媒体上。每一种媒体都有不同的传达率和成本，促销效果也不一样。例如，通过商品包装发放折价券，成本较低，但送达的对象主要是经常购买该商品的人；通过邮寄的方式则成本较高，但可以送到非使用者手中。

4．限定参与条件

哪些人能够参加促销活动，或者说哪些人有资格获取这些诱因，这也是连锁企业促销必须决策的内容。例如，折价券的发放是针对某一地区所有的消费者，还是只发给购买该商品的消费者，或只发给购买额达到一定量的消费者。

促销活动中参与条件的限定，要根据具体促销目标而定。若为了吸引新的消费者加入购买行列，则促销活动的消费者参与范围要广一些，参与条件相对要低；如果促销目标仅仅是为了维持品牌的忠诚度，则参加促销的消费者参与范围要窄一些，参与条件也就要高一些。除此之外，参加促销活动的消费者条件还要根据企业的促销费用预算、促销工具的选择来确定。

5．确定促销时间

促销时间的决策具体包括促销时机、活动期限和促销频率三个方面的内容。

（1）促销时机。连锁企业在什么时间举办促销活动，对其促销效果影响很大。例如，在盛夏到来之际，举办空调促销活动会引起消费者的强烈反响。相反，若在冬季举办空调促销活动，促销效果就会大打折扣。因此，促销活动要选择最佳的时机。

连锁企业举办促销活动的时机，可以通过以下四个方面来确定。

第一，企业营销状况。当连锁企业营销出现以下情况时是举办促销的良好时机：购买商品的新顾客人数减少时；新产品拓展市场的速度需要加快时；消费者对某商品的购买频率或购买量较低时；某一地区或某一特定时期，市场竞争特别激烈时；竞争对手频频举办促销活动时；企业需要获得更多的市场情报时。

第二，消费需求的特点。首先是消费的季节性，对应季或过季商品举办促销活动，既可增加顾客的购买兴趣，又不会降低商品的价值。其次是购买的时机，如对耐用消费品，因为人们一般在节假日、周末等时间宽裕的情况下去选购，所以在这些时间举办促销活动，效果较好。

第三，社会活动的影响。对社会影响较大的重要活动，如奥运会、世界杯足球赛等，都是企业开展促销活动的好时机。另外，重要节日，如我国传统的节日春节、中秋节等，从国外引进的情人节、母亲节等都是促销良机，在“六一”儿童节、“三八”妇女节等对特定的顾客群实施促销，也会收到意想不到的效果。

第四，企业自身的活动。围绕连锁企业本身，也可找到开展促销活动的良机，如连锁店开业酬宾活动；连锁店开业周年庆典活动；年末回报消费者活动等。在这些活动期间举办丰富多彩的促销活动，既展示了企业的实力，又增加了与消费者之间的感情，对提高连锁企业的形象颇有益处。

（2）活动期限。任何一项促销活动，都有一定的时间期限。时间期限的长短，也是促销方案中需要决策的内容。若活动持续的时间太短，则很有可能使目标顾客中的许多人来不及接受促销活动所要传达的信息及享受促销的利益；若促销持续时间过长，则消费者可能会认为是长期降价，不会有兴趣及时惠顾。以国庆节 7 天长假为例，促销活动时间以半月为宜，节前 4 天为推动期，节中 7 天为重点期，节后 4 天为修补期。促销活动最佳的时间长度为该商品平均购买周期。

（3）促销频率。如果促销活动过于频繁，其促销效果就会受到影响。例如，一个连锁店在短期内连续推出两项促销活动，即使第二次活动的优惠条件大大高于第一次，但由于在第一次活动期间，消费者的存货已达到饱和，还未来得及消化，因此对第二次优惠只能是望洋兴叹，那么第二次促销活动的效果会大打折扣。除此之外，过于频繁的促销活动，也会导致消费者对促销活动的麻木。因此，要科学地确定促销活动的频率。

6．促销费用预算

促销费用预算的决策，包括两项内容：单项促销费用预算和整体促销费用预算。

（1）单项促销费用预算。一项具体的促销活动成本通常包括三项：管理费用、宣传费用（印刷费、邮寄费）、诱因费用（赠品费、减价费、兑奖等费用）。由于促销活动要花费促销成本，所以促销期间每销售一个商品其边际利润就会下降。对决策者来说，要考虑的一个关键问题就是企业的销售量至少达到多少时，才能达到企业的收支平衡。可用以下公式来计算：

最低销量=非促销期的正常销售量×正常边际利润÷促销期的边际利润

例如，某商品在非促销期的边际利润为 5 元，每天正常的销量为 1 000 瓶。如果在促销活动期间每瓶的平均促销费用为 2.75 元，在促销期间每天需达到什么样的销售水平，才能补偿促销活动的成本呢？

根据公式可以列如下算式：

最低销量=1 000×5÷(5−2.75)≈2 223（瓶）

即在促销期间，每天销量必须达到 2 223 瓶，才能达到收支平衡。

通过这种测算，决策者就会做到心中有数。如果估计促销期间的销量很难达到要求的最低销量，说明促销活动的成本费用太高，举办此活动得不偿失，这样的话，就需要考虑降低诱因量，或者选择其他促销工具。

（2）整体促销费用预算。对连锁企业来说，不仅需要考虑某次具体活动的促销预算，还要对企业全年的所有促销费用进行预算。该类预算的方法有以下两种。

第一种，由连锁企业明确全年所要举办的所有促销活动，再具体估计每项活动的成本，最后予以加总，预算出全年的促销总费用。

第二种，连锁企业先确定全年所有的促销预算费用为多少，然后再按比例分摊给不同的促销工具，便可预算促销工具的全年总费用。

对连锁企业来讲，要注意各连锁店之间、促销商品及品牌之间预算的协调，因为相互协调能够节省费用预算，如一次给消费者邮寄多种商品或品牌的折价券，就比多次分别邮寄要节省费用，从而使连锁企业从促销活动中获得较大的收益。

7．其他条款

除以上内容以外，为保证促销活动的顺利开展，还必须制定其他一些条款，如确定奖品兑换的具体时间和办法、折价券的有效期限、竞赛与抽奖活动的游戏规则、促销现场安全预案等。

促销实践 1.1

某酒店“五一”活动促销方案

1．活动背景

“五一”国际劳动节，是国家规定的法定节假日。同时，许多婚宴、家庭宴、朋友聚会等都会选择在这个时间举办，一是因为小长假，亲朋好友难得相聚；二是因为春暖花开，无论是时间还是环境都非常适合。因此，酒店应抓住时机，做好宣传，不仅在“五一”长假中盈利，还应加强品牌宣传，使××成为该地一个靓丽的餐饮品牌。

2．活动目的

（1）稳固老客户，挖掘新客户。

（2）提高酒店知名度、美誉度，塑造酒店良好的社会公众形象。

（3）利用节日造势营销，增加营业收入。

（4）增加企业与客户间的互动与交流，拉近与客户的距离。

3. 活动主题

“五一”三天乐“游戏”更快乐

4. 活动时间

2018年4月29日至2018年5月3日

5. 活动前期准备

（1）气氛渲染。

广场气氛：在酒店门前空地放置条幅、刀旗、氢气球等引人注意的宣传物品。

社区气氛：在酒店附近的社区悬挂宣传条幅、活动海报、广告气球等，在社区和商场门口大量派发印有广告的小气球，以增加人气和节日气氛。

店内气氛：店内用气球、彩球等装饰，营造欢乐气氛。

（2）广告宣传。

在人员密集地发放宣传单页，增加受众群体；向酒店客户群体发短信，送去祝福的同时，对酒店活动进行宣传；店内放置或张贴微信二维码，扫扫描二维码可以了解活动详情；通过微信、微博及官方网站等平台群发活动方案或海报，并要求员工进行转发。

6. 活动策划

（1）优惠活动：“满5赠1”。

“五一”劳动节当天，顾客每点足5道菜品，店面免费赠送顾客1道菜（下次消费时可用，有效期为1个月，且此项优惠不与其他优惠活动同时享用）。

（2）劳动最光荣，巧运乒乓球。

道具：两个空篮子，一个长操作台，若干个乒乓球，若干根吸管。

参与者：来店就餐的顾客（2~3人）。

方法：在操作台的两端各放置一个空篮子，参与活动的顾客每人发一根吸管，第一位顾客从篮子里用吸管吸起一个乒乓球，转身交给下一位，依次交替，直到乒乓球被安全运送到另一个空篮子里。在规定时间内，运送数量达到5~7个者，可以获得饮料1瓶；运送数量达到8个以上者，可以获得精品凉菜1道。

（3）菜单套餐。

三人餐：388元/套（1道凉菜、4道热菜、2个点心、1个拼盘）。

六人餐：688元/套（6道凉菜、8道热菜、4个点心、1个拼盘）。

八人餐：888元/套（6道凉菜、9道热菜、4个点心、1个拼盘）。

7. 活动效果

“五一”劳动节，三天小长假，不仅会迎来旅游高峰期，对酒店而言，还是一个提高营业额的良好契机。通过促销活动的宣传推广，不仅可以增加酒店的知名度，提升酒店在当地的影响力，还可以稳定老顾客，开发新顾客，不断提升营业收入，可谓是一举多得。

（资料来源：http://www.liuxue86.com/a/3148091.html）

1.3.4 检验、实施和控制促销方案

由于一项促销活动不仅要花费可观的费用，而且还是连锁企业的一项公开的社会性活动。因此，促销活动一旦出现失误，不仅会使连锁企业蒙受财务上的损失，而且还会对企

业造成严重的负面效应，损害企业的形象。

因此，制定了促销方案之后，为确保方案的科学性、效益性和可行性，在付诸实施之前，必须先对其进行检验。检验的内容主要有：促销工具的选择是否最佳？诱因的大小是否合适？信息传递方式是否有效？创意能否被目标顾客群所理解？整体促销内容和形式有无违反法律和政策规定？

实施和控制促销方案。对促销方案进行检验和修订之后，就可以按照方案开展促销活动。活动必须严格按照具体操作计划来实施，而且连锁企业必须配有相应的组织与控制小组，负责组织实施方案。对于方案执行中的各种问题应注意收集、分析和汇报，以便及时管理和控制。

1.3.5 评估促销方案

促销方案的评估，是对每一次促销活动进行经验的总结，寻找不足，为今后的促销工作提供宝贵经验。连锁企业评估促销效果，主要有以下三种方法。

1．比较促销前后销售量的变化幅度

比较促销前后销售量的变化幅度是连锁企业最常用的促销评估方法。促销前、促销期、促销结果和促销后商品的销售量变化会呈现几种不同的情况，在其他条件不变的情况下，这就意味着促销活动产生了不同的效果。

第一种情况，在促销前，连锁企业的日销量为 6 万元，在促销期上升为 10 万元，这增加的 4 万元是由于促销而导致顾客增加的购买。促销活动一结束，消费者因需要消耗存货而使连锁企业的日销量跌至 5 万元，等到过了存货消耗期，连锁企业的日销量回升至 7 万元，比促销前增加了 1 万元，这是连锁企业最理想的促销效果，如图 1-4 所示。

第二种情况，企业的日销售量在促销期间升至 10 万元，促销过后立刻跌至 2 万元，经过一段时间后再回升至 6 万元，即促销后的销售量水平与促销前相当，如图 1-5 所示。这种情况说明在促销期间，主要的顾客仍是现有顾客，他们受诱因刺激而储备商品，待促销期一过，即慢慢消耗存货，经过一段时间后，又回到原来正常的购买量。从促销效果角度分析，这种促销活动并没有改变消费者长期的购买量，只是改变了消费者的购买时间。但是，这种促销效果并非一定是得不偿失的，关键看企业促销目标如何，如果企业存货过多，想尽早清理存货，这种促销还是有效的。

第三种情况，企业的日销售量在促销期间上升很少或基本没有改变，但促销期一过，销售量就跌回并且停留在低于原来销量的水平上，如图 1-6 所示。这种情况说明企业促销的品种或品牌基本上处于衰退期，即将被市场所淘汰，促销只能使衰退速度减缓，但却无法遏制其衰退的趋势。这种促销，从长期效果来看意义不大。但从短期来看，要根据促销活动所花费的成本费用、促销前后的利润比较来具体分析。促销费用较高，显然是得不偿失的。

2．直接观察消费者对促销活动的反应

直接观察消费者对促销活动的反应，这种方法操作起来简便易行。当促销前后的销售量不易测量、第一种方法无法使用时，可采取此方法来代替。当然，连锁企业也可将此方法作为第一种方法的补充，将二者结合起来运用。观察消费者对活动的反应，主要是对参

加促销活动的人数、企业发放折价券的回馈率、赠品的偿付情况等加以测量，进而从中即可得出结论。

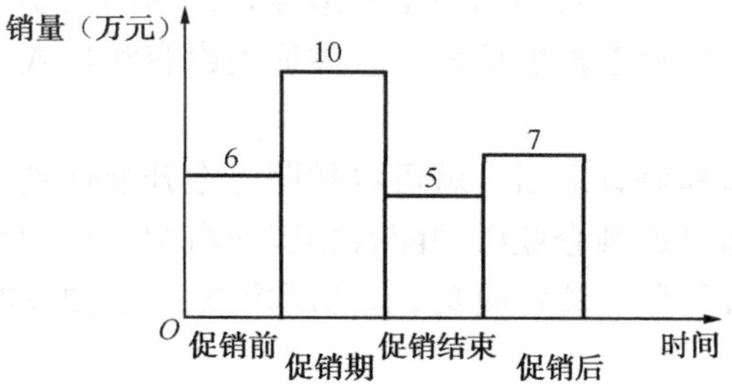

图1-4　促销效果示意图（1）

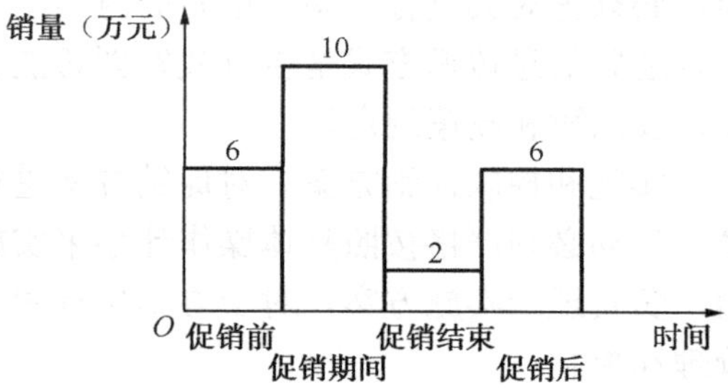

图1-5　促销效果示意图（2）

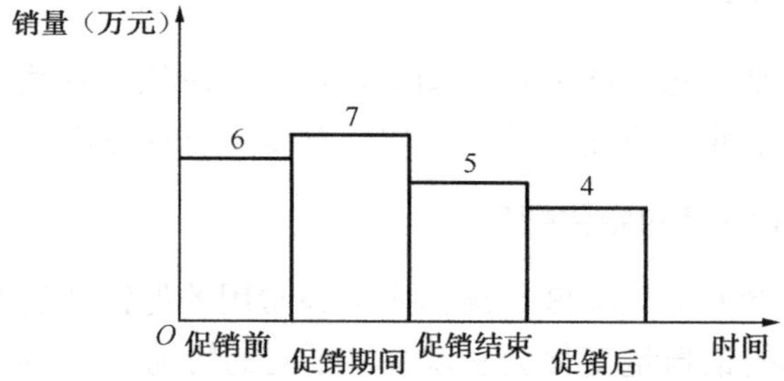

图1-6　促销效果示意图（3）

3．对消费者实行抽样调查

对消费者实行抽样调查，这种方法尤其适合于评估促销活动的长期效果。具体做法是，在促销活动结束后，寻找一组消费者样本，和他们面谈，了解有多少消费者还记得此次促销活动、他们对促销的印象如何、有多少人从中获得利益、对他们今后的购买选择有何影响等。通过分析这些问题的答案，就可以了解连锁企业促销活动的效果。

任务小结

促销决策是一项系统工程，需要对促销活动的每一个环节进行一系列的策划。根据专家的研究及连锁企业的经验，促销决策一般按照以下程序进行：建立促销目标，选择促销工具，策划促销方案，检验、实施和控制促销方案，评估促销效果。

任务训练

1．如何制定促销方案？
2．常见的促销工具有哪些？
3．如何评估促销方案？

任务 1.4　撰写促销文案

任务导入

在一座古老的城堡里，生活着一群快乐的老鼠。他们在这里谈情说爱，安居乐业，过着神仙一样无忧无虑的日子。一只有学问的老鼠感叹说，这里简直就是老鼠的天堂。

忽然有一天，尖锐的猫叫声打破了老鼠天堂的宁静。一只流浪的黑猫来到这里，给老鼠们带来了恐惧。

于是，老鼠们聚在一起召开会议，商量怎样对付这只可恶的黑猫。老鼠们纷纷哭诉对黑猫的恐惧，要找一个有效的办法来逃避猫的魔爪。那只有学问的老鼠摸了摸胡须，说："我有一个主意，只要在猫的脖子上挂一个铃铛，就万事大吉了。这样，每当猫走近时，我们就能听到铃铛的响声，可以及时逃之夭夭。"

"这个主意太好了！"全体老鼠欢声雷动。

"可是，怎样才能将铃铛挂到猫的脖子上去呢？"有一只老鼠疑惑地问道。

刹那间，所有的老鼠都闭了嘴。

这个故事并不可笑，它给了我们很多可以思考的东西：

1. 策划需要创意，但什么样的创意文案才是好的创意？
2. 怎样看待促销策划方案与执行的关系？
3. 怎样保证一个促销策划方案的执行，从而达到预期的效果？

任务实施

1.4.1　写作促销文案

一份完整的促销文案，大致包括以下 12 项内容。

（1）促销目的。说明开展这次促销的目的是什么，是处理库存、提升销量、打击竞争对手、推动新品上市，还是提升品牌认知度及美誉度。只有目的明确，才能使活动有的放矢。

（2）促销对象。说明促销的主要目标，活动控制在多大范围内。促销对象的选择正确与否会直接影响到促销的最终效果。

（3）促销主题。每一项活动都要有一个明确的主题，主题是促销方案的核心。需要说明的是，在确定了主题之后要尽可能艺术化地"扯虎皮做大旗"，淡化促销的商业目的，使活动更接近于消费者，更能打动消费者。所以，促销主题应该力求创新，使活动具有震撼力和排他性。

（4）促销工具的选择。如何选择有效的促销工具，有两个问题需要考虑。第一，刺激程度。要想促销取得成功，必须使活动具有刺激性，能刺激目标对象参与。刺激程度越高，促销的反应越大。但这种刺激也存在边际效应，因此，必须根据促销实践进行分析和总结，并结合客观市场环境确定适当的刺激程度和相应的投入费用。第二，尽量寻求合作伙伴。

如果活动有一定的社会效应，可以拉上政府或媒体做后盾。

（5）促销时间和地点。在时间上尽量选择消费者有空闲的时间，在地点的选择上也要让消费者方便，而且要事前与城管、工商等管理部门沟通好。

（6）广告配合方式。一个成功的促销活动，需要广告的配合。选择什么样的广告创意及表现手法，选择什么样的媒体，这些都影响着不同的受众抵达率和费用投入。

（7）前期准备。前期准备分三个部分：人员安排、物资准备、试验方案。在人员安排方面要“人人有事做，事事有人管”，无空白点，也无交叉点。谁负责与政府、媒体的沟通，谁负责现场管理，谁负责礼品发放，谁负责顾客投诉，各个环节要协调配合。在物资准备方面，要事无巨细。大到“车辆”，小到“螺丝钉”，都要罗列出来，然后按单清点，确保万无一失，否则必然导致现场的混乱。最后，促销工具的选择是否正确，刺激程度是否合适，要通过必要的试验来进行判断。

（8）中期操作。中期操作主要是对活动纪律和现场的控制。临时促销人员的管理是一件比较困难的事情，活动前的人员物色、培训、排练、过程管理、及时奖励等事项，一件都不能少。

（9）后期延续。后期延续主要是涉及媒体宣传的问题，即对这次活动将采取何种方式、在哪些媒体上进行后续宣传。

（10）促销预算。一个好的促销活动，仅靠一个好的点子是不够的。无论是媒体广告投放还是POP广告投放，都要因地制宜，借力打力。统一主题、统一色彩、统一口号、整合营销传播是节约费用的好方法，消费者反复听、反复看才能记得住。

（11）意外防范。每次活动都有可能出现一些意外。例如，政府部门的监管、消费者的投诉，甚至天气突变导致户外的促销活动无法继续进行等。必须对各种可能出现的意外情况做必要的人力、物力、财力方面的准备。

（12）效果预测。预测这次活动会达到什么样的效果，以利于活动结束后与实际情况进行比较。从刺激程度、促销时机、促销媒介等各个方面总结成功点和失败点。投入产出比是企业负责人最为关心的指标。一场促销活动销售多少产品、产生多少利润、投入多少费用、得到多少回报，是有据可依的，也是可以事前预测的。只有小投入大产出的促销活动，才是可以持续的。

只有具备一份有说服力和操作性强的活动方案，才能让公司支持你的促销活动，才能确保方案得到完美的执行，使促销活动达到四两拨千斤的效果。

1.4.2 格式化促销文案

根据促销策划文案的内容要点，参照许多促销策划者在实践中总结出来的经验，促销策划文案的一般格式如下。

（1）封面。一份完整的促销策划书应该包括一个版面精美、要素齐备的封面，给阅读者以良好的第一印象。策划书的封面可撰写以下信息：方案的名称、客户的名称、策划人的名称、策划完成的日期。

（2）目录。在促销策划文案的目录中，应该列举促销策划文案各个部分的标题，必要时还应该将各个部分的联系以简明的图表体现出来。一方面，可以使策划文本显得正式、规范，另一方面，可以使阅读者能够根据目录方便地找到想要阅读的内容。

（3）前言。在前言中，应该概述促销策划的目的、促销的主题、使用的促销工具、活动过程等，使阅读者对促销策划书有大致的了解。

（4）正文。这部分应该包括促销策划文案的全部内容，包括详细的促销目的、促销对象、促销主题、促销工具的选择、促销时间与地点、广告配合方式、前期准备、中期操作、后期延续、促销预算、意外防范、效果预测等。

（5）封底。

阅读材料 1.4

促销文案写作“五字诀”

有人认为，文案创作不就是玩玩文字游戏吗？实则不然。君不见，多少人为一句妙语而搜肠刮肚、油尽灯枯；搔白头、熬红眼，最后感而叹曰：“促销文案，想说爱你不容易！”其实，促销文案创作还是有一定规律可循的，可以将其概括为：实、新、美、简、情。

1. 实——用事实说话

一篇好的促销文案不是装腔作势、哗众取宠，而是要向消费者摆事实、讲道理。文案是为销售而作并服务于销售的文字，要让消费者观文而知其品，故其内容一定要真实可信，不可有误导消费者之嫌。这也是一篇好文案的立文之本。

2. 新——创意、创新

比尔·盖茨说：“创意就如原子裂变一样，只需一盎司就会带来无以计数的商业利益。”促销文案的创新主要体现在促销主题上，要写好一篇文案，主题至关重要。主题乃文案的灵魂，写好主题，文案也就成功了十之八九。好的主题除醒目、易记以外，最重要的是让消费者产生共鸣，而且被取代性不高。

3. 美——文案的意境要美

一篇好的促销文案不应只是空洞、乏味的文字与数字的组合，而是要在完成文案的基本功能（介绍产品、引起兴趣、促使行动）之上，尽可能给人以美的感受。意境是指一切艺术作品所表现出来的情趣和境界，是客观实体与主观情感彼此结合的产物，由想象力的推动而产生的美感，即为意境美。

4. 简——简洁

坚持一则促销文案只集中诉求某一点，即坚持简单的诉求原则。现代生活节奏越来越快，人们的工作压力也越来越大，人们看信息都是浏览式的。因此，促销文案的写作应力求简约，诉求重点明确突出，切忌玩“猫捉老鼠”的游戏，勿让消费者产生未看先烦的心理反应。

5. 情——在文案创作中融入情感

“天若有情天亦老”，情感是人类永恒的话题，也是维系人与人之间关系的基础。用真实的情感去写，能够感动自己的文字，也一定可以打动其他人。亲情、爱情、友情等情感的融入，不仅仅是让文案和产品拥有生命力，更重要的是能让读者从中找到自己过去和现在的影子，激起共鸣，由此建立起品牌最重要的价值——顾客忠诚度。

（资料来源：百度文库）

1.4.3 美化促销文案

在100份促销文案中，有近20份不同程度地存在“没有有效地使用颜色”“格式不统一”“说明和资料的关联性不明确”等问题，这是在促销策划文案写作中常见的问题。因此，如何将促销创意以对方容易理解的方式表达出来，并且在形式和内容上产生吸引力，成为促销策划文案写作时需要思考的问题。

1. 信息组织的技巧

信息的组织技巧有以下几点：

（1）明确信息的属性和文本的结构。在开始写作之前，首先应该对要在策划文本中传达的信息有总体的把握，并且分清各种信息的不同属性，然后按照已经拟订的结构，将信息分门别类。这样，复杂的信息就可以显示出初步的条理性。

（2）把握重点。在众多信息中区分出最重要的信息，并且将它们做突出的传达，这样就可以解决文本中信息繁杂、主次难分的问题。

（3）进行信息层次化处理。在策划文本中，要明确信息的层次和彼此的联系，使信息传达层次分明。

2. 行文的技巧

行文的技巧有以下几点：

（1）使用明确的标题。在策划文案中，应该包括不同层次的大小标题，标题应该明确，并且提示出重点内容。

（2）使用短小的段落。在策划文案中，大段的文字很难吸引人阅读。因此，要使用比较短小的段落，并且在一个段落中只传达一个重点信息。

（3）使用明确的序号。明确的序号不但可以使信息脉络清楚、层次分明，还可以给读者以明确的阅读提示。

（4）语句简短、避免冗长。

（5）在分析之后要有简短的摘要或者结论。

（6）说明资讯来源以增加信息的可信度。

3. 接近读者的技巧

要了解读者的特征，包括人数、地位、年龄、理解能力等。其中，读者的理解能力最为重要。读者的理解能力随着其本身的专业领域、经验、知识而异。在撰写促销策划文案时，常常会遇到经验、知识、理解能力不足的人是决定促销方案的关键人物的情况。针对不同的读者，撰写促销文案的方式也应该有所变化。

4. 信息视觉化的技巧

促销策划文案中的信息以详细取胜，但详细的信息却存在如何有效传达的问题。为了使读者易于理解并产生深刻印象，对信息进行视觉化处理是非常有必要的。因此，使用图表来传达数据是促销策划文案常用的一种方法。

5．提升文本整体形象的技巧

促销策划文案要注意整体形象的统一。如果形象不统一，即使内容十分精彩，也会降低说服读者的效果。一般而言，文本应该有正式的封面、封底和简明的目录。对于版面的设计，版心的大小一般占纸张面积的 60%～70%为宜，70%面积的版心最易于阅读，版心与页边的上下左右要等距。使用的图表与文字应该具有平衡感，在视觉上不别扭、不突兀。装订时不论是穿孔式装订还是螺旋式装订，都要以易于翻阅、不遮挡版面为首要原则，所以应该保留 15～25mm 的空白作为装订线。策划文案中文字字体应该根据内容的重要程度而有所区别，各级标题应该使用比正文稍大的字号，但标题的级别不应该超过 3 级。

任务小结

一份完整的促销策划文案，大致包括以下内容：促销目的、促销对象、促销主题、促销工具的选择、促销时间和地点、广告配合方式、前期准备、中期操作、后期延续、促销预算、意外防范、效果预测等。如此复杂的内容，要求促销策划人员具备一定的文案写作功底。不仅要注意文案的格式，更要注意文案写作的一些基本技巧，包括信息组织的技巧、行文的技巧、接近读者的技巧、信息视觉化的技巧、提升文本整体形象的技巧。

任务训练

1．促销策划文案的一般格式包括哪几个部分？
2．在促销文案的写作中，如何提升文本质量？

项目测试

测试 1：阅读下面案例并回答问题。

百丽集团创建于 1992 年，是中国著名的鞋业品牌连锁经营公司，拥有中国鞋业第一自营连锁销售网络，年营业额超过 40 亿元，销售网络覆盖 130 多个主要城市，自营连锁店铺达 2 000 余间，自主经营 4 个著名鞋类品牌：BELLE（百丽）、STACCATO（思加图）、TEENMIX（天美意）、TATA（他她），代理经营 5 个著名品牌——香港鞋类名牌 JOY&PEACE（真美诗）、美国著名运动品牌 NIKE（耐克）、欧洲著名运动品牌 ADIDAS（阿迪达斯）、美国著名运动休闲品牌 NEW BALANCE（新百伦）、美国休闲名牌 Levi's（李维斯），独家代理全球分布最广泛的鞋业品牌之一 BATA。百丽人遵循“用做人的方式做生意”的企业文化，信奉“勤奋换得成功，科学争得领先，合作赢得辉煌”的企业精神，倡导“以人为本”的人性化管理方式，弘扬平等合作、共同发展、追求卓越的企业团队精神。百丽集团将在新的制高点上，顺应国内外市场经济发展的时代潮流，进一步巩固国内市场的领先地位，倾力打造中国鞋业第一自营连锁网络。

（资料来源：http://xabelle.com/ belle/index.asp）

【问题】

“三八”妇女节快到了，请为百丽集团策划一个主题促销活动，并撰写促销文案。

测试 2：阅读下面屈臣氏促销活动案例，并回答问题。

传统折价战在令人眼花缭乱的 SP 浪潮中已难以打动消费者的芳心。这时，屈臣氏以其独特的“加一元多一件”的促销手法，创造了惊人的成绩。这是一次令人耳目一新的创举，它借“加一元多一件”的变相降价，吸引了消费者的注意和光临。在活动名称上也跳出了传统框架，使整个促销独具特色，在极具震撼力的低价引导下，在短短一个月的促销期内，便创造了骄人的成绩，营业额增长20%，客流量提升20%。

屈臣氏以独特的促销手法，轻易地留住了消费者。那么，屈臣氏是如何以颇具创意的促销手法，赢得消费者青睐的呢？

首先，促销活动的内容新颖。屈臣氏从所有商品中挑出160多种商品作为促销品，只要消费者在购买这类商品时，多加一元即可再拿一件。其中最受消费者欢迎的商品是食品类，在顾客知道该项促销信息之后，再次购买率高达90%。

其次，“加一元多一件”的数字化诉求，很清楚地传达了该SP最具吸引力的地方，这也是屈臣氏独特的促销手法。

最后，屈臣氏联合采购的低成本经营方式，以及以往成功促销积累的良好形象，成为支持促销活动得以顺利推行的重要因素。

【问题】

1. 屈臣氏“加一元多一件”的促销活动属于（　　）。

   A. 赠品促销　　B. 折价优惠　　C. 联合促销　　D. POP广告

2. 屈臣氏选择的160多种促销品是（　　）。

   A. 促销范围　　B. 促销诱因　　C. 参与条件　　D. 其他条款

3. 从屈臣氏的成功可以看出促销的作用是（　　）。

   A. 沟通顾客　　B. 激励购买　　C. 突出形象　　D. 抵御竞争

4. 屈臣氏的成功促销利用了人们的（　　）心理。

   A. 趋利　　B. 趋同　　C. 比照　　D. 关联

5. 从屈臣氏促销的案例中，可以看出促销决策的程序是怎样的？

项目2

实施促销

项目目标

当今社会，促销充斥着经济生活的各个角落，促销已成为众多连锁企业争抢客源的重要营销手段。然而，促销活动是一把双刃剑，有的促销活动能使企业商品的销量急剧上升，品牌一鸣惊人，成为行业的佼佼者；有的企业开展的促销活动却差强人意，与企业的期望南辕北辙，不仅浪费了促销资源，还损害了企业的声誉，甚至丢失了客户。影响促销活动效果的因素很多，其中促销活动的执行力是最关键的。

通过本项目知识的学习，将使学生达成以下目标。

知识目标

- 在掌握连锁经营特点的基础上，了解不同促销方式的含义、特点。
- 掌握不同促销方式的操作要点。
- 注意不同促销方式的运用环境。

技能目标

- 在掌握不同促销方式操作要点的基础上，能够进行不同促销方式的策划与操作。
- 能够撰写各种促销方案。
- 能够实际操作与掌控具体促销方式的运作过程。
- 善于对促销活动进行总结与评估，从而不断完善促销方案。

情感目标

- 在教学过程中，培养学生的学习兴趣，引导学生深入思考问题。
- 在教学过程中，培养学生自主学习、自觉学习的热情，引导学生充分利用课余时间和网络资源。
- 在教学过程中，培养学生合作学习、互相学习的能力，引导学生在合作中完成学习项目。
- 学生是学习的主体，让学生正确认识学习过程与学习结果的关系，并能够公平、公正地评价学习结果。

项目描述

连锁企业以标准化、规范化为基本特征，具体表现为“七个统一”，即统一采购、统一配送、统一标识、统一经营方针、统一服务规范、统一广告宣传、统一零售价格，目的是使连锁企业的店名、店貌、商品、服务标准化；采购、送货、销售、决策、经营专业化；商品购销、信息汇集、广告宣传、员工培训、管理决策规范化。目前比较成熟的连锁企业经营业态主要涉及连锁零售业、连锁餐饮业、连锁服务业等。适合连锁企业促销的方式，本项目中列举了样本赠送、包装促销、竞赛与抽奖、折价优惠、有奖积分、POP促销、以旧换新、联合促销等19种促销方法。连锁企业实施促销活动，应根据企业性质、企业背景、促销目标等，选择不同的促销或促销组合方式。这里需要强调一个执行力的问题，无论实施何种促销，执行力是关键。

项目结构

项目2　实施促销

- 任务2.1　样品赠送促销
- 任务2.2　包装促销
- 任务2.3　竞赛与抽奖促销
- 任务2.4　折价促销
- 任务2.5　有奖积分促销
- 任务2.6　POP广告促销
- 任务2.7　以旧换新促销
- 任务2.8　联合促销
- 任务2.9　特价促销
- 任务2.10　折价券促销
- 任务2.11　主题促销
- 任务2.12　会员卡促销
- 任务2.13　网络促销
- 任务2.14　现场演示促销
- 任务2.15　付费赠送促销
- 任务2.16　DM促销
- 任务2.17　广告单促销
- 任务2.18　电话促销
- 任务2.19　微信推广促销

任务2.1 样品赠送促销

任务导入

一家生产袋装熟食的厂家为了推广其新出的熟食产品，在好又多超市开展免费试吃的促销活动。工作人员将促销台放在超市入口处的显眼位置，促销台设计得很精致，颜色也很醒目，很远就能引起人们的注意。一名促销人员把该熟食切成许多小块，放在一个小盘子中，为方便顾客食用，在盘子边上摆着几根牙签。当时是周末，超市门口人来人往，该公司的促销人员也始终热情地招呼顾客来试吃，围过来看的人不少，但除几个孩子凑热闹试吃以外，其他试吃者寥寥无几。显然，这是一次失败的免费试吃促销活动。

新产品上市给消费者赠送样品试吃、试用，是大众化的消费品经常使用的一种促销技巧。把样品赠送出去倒不是一件很难的事，如何使这些有限的赠品发挥最大的效用却不是一件很容易的事。样品赠送有三高特性，即高试用率、高品牌转换率和高成本开支，三高特性使样品赠送这一促销技巧独具魅力，但又不宜轻易尝试，需谨慎决策。

任务实施

2.1.1 认识样品赠送

样品赠送是将商品直接送达消费者的一种便捷的促销方式。

连锁企业在运用其他促销方式时，消费者一般要支付一定的货款、完成某些动作或符合某些条件，才可以拿到商品或获得赠品，如折价券必须在连锁店购物时才能享受一定的优惠。而样品赠送方式，消费者无须付出任何代价。因此，样品赠送是吸引消费者试用的妙方，尤其当新产品进入市场时，运用样品赠送的方式会收到良好的效果。

1. 样品赠送的优点

（1）容易获得消费者的参与兴趣。由于样品赠送是无条件参与的，不需要消费者支付费用或采取某种行动，消费者可以无条件地得到商品。因此，样品赠送方式最能吸引消费者的参与，引起消费者的兴趣。如20世纪90年代，吉列剃须刀通过赠送的方式，在全国范围内送出了上百万份样品，取得了理想的效果，吉列剃须刀在短期内席卷全国市场。

（2）向顾客充分展示商品特性。样品赠送，让消费者亲自试用产品，可以调动消费者的多种感官，是保证消费者充分感受商品、认知商品的有效途径。如在连锁店的化妆品柜台，几乎每种化妆品都有试用装。当顾客选择的时候，服务人员会邀请顾客试用，从而选择适合自己的一款，这是连锁店促销的有效手段，也是维护顾客关系的一项有利措施。

（3）运用弹性大，对象可选择性高。样品赠送，可根据需要来规划符合某特定范围的促销，也可扩大到全范围赠送。顶新国际集团武汉顶益食品有限公司生产的超级福满多牌香辣牛肉面，是一种经过改进后重新上市的产品。由于消费者对这种新上市的产品不了解，加之吃惯了康师傅、统一、面霸等老品牌方便面，谁都不愿花钱做第一个“吃螃蟹”的人，因此超级福满多牌方便面刚上市时，销售状况不佳。为了使消费者了解这种改进后的新产品，顶益公司在武汉地区的多所高校学生中开展了一次较大规模的超级福满多牌方便面样品派送活动，取得了良好的效果。

（4）快速提供商品信息，并在连锁店产生立即购买行为。免费样品直接将商品送到消费者手中，刺激他们立即采取购买行动，不像广告那样需要反复诉求，才能产生购买行动。因此，样品赠送深受连锁店欢迎。

（5）是品牌忠诚者转换品牌的一种方式。当消费者对某品牌的忠诚度较高时，运用样品赠送的促销方式是刺激他们转换新品牌的一种有效方法。

2. 样品赠送的缺点

（1）费用昂贵。样品赠送，由于是无偿向顾客提供的产品，因此，尽管产品的试用率很高，但企业的各项成本费用也是很高的。成本费用包括样品成本、分送处理、相关的广告辅助物等。样品赠送还必须取得厂商的密切配合。

（2）样品的送达效果较难控制。样品在向消费者送达的过程中，常常受制于许多外界因素，从而影响样品及时、可靠地送达消费者手中。例如，采用邮寄方式发送样品时，完全受制于邮寄公司，邮寄时间过长或对邮寄商品的品种限制，会影响样品的送达时间。采用零售点发送或挨门挨户发送，也会存在样品丢失的情况。

（3）范围有限。样品赠送促销方式，仅适用大众化的消费品，对于服装、家具等差异性较大的商品以及耐用消费品，因为很难把握顾客群，或者成本费用太高，就不适用于样品赠送。

2.1.2 样品赠送方式

市场上采用样品赠送的方式可分为 7 种：直接邮寄、逐户分送、定点分发及展示、联合分送、媒体分送、凭折价券兑换和包装分送。

1. 直接邮寄

直接邮寄是指将样品通过邮寄服务公司邮寄到消费者手中的方式。这种方式除邮寄费用昂贵以外，还会受其他因素的限制。邮寄方式存在效果不易评估的缺点。另外，产品可否邮寄或者运输，也是重要的制约因素。这种方式比较适用于已经有相对稳定的顾客群，并有一定知名度的公司在新品上市时，将新产品寄送给潜在顾客。例如，美国通用制粉公司新推出一种谷类食品——脆麦片加葡萄干，以直接邮寄方式分送免费样品，一个约 0.05 千克装的样品内附 77 美分的优惠券，分别依名录寄给消费者，消费者试吃后极易在连锁店内认购，效果甚佳。

这种方法也存在一定的局限性，如邮资上涨、寄达时效无法掌握以及邮寄条件受限等，样品是否完整、准确、及时地送至消费者手中，完全取决于邮寄公司，连锁企业及厂商很难控制。而且，不论分送的方式或样品的价值如何，在运送过程中丢失的现象仍时有发生，很难防范。

除上述问题以外，直接邮寄可称得上是样品发送的理想方式，其促销效果之卓越胜过优惠券促销效果的 3～4 倍。在以户为单位的赠送中，可以达到 70%～80%的尝试购买率。

尽管如此，此种以重量为计价的邮寄方式，其耗费的成本还是昂贵了些。

2. 逐户分送

逐户分送，即派专人将样品直接送到消费者家中的促销方式。一般是将样品放在门外、客户信箱内，或交给应答的消费者。尽管逐户分送样品的费用高昂，但可以将样品准确无误地送到潜在消费者手中，即使多花一点费用也是值得的。

逐户分送的样品赠送方式，在西方国家曾兴盛一时、备受喜爱，但现在已逐渐退位。这主要是由于随着城市区域的逐渐扩大，住宅区过于分散，要想充分掌握目标对象，势必增加样品分送的费用，再加上职业妇女日渐增多，信息接触频繁，已逐渐将对逐户分送样品的热情转移至其他较新鲜的促销技巧上，因而盛况不再。

对逐户分送方式运用得最出色的范例当属汤玛英式小饼，分发人员按地址逐户把样品挂在门把上，运用此种分送方式，汤玛士公司既可直接递送讲究保鲜的食品，又能快速有效地掌握样品已确实送至消费者家中。该公司为强化促销效果，更在样品袋内附赠了 15 美分的折价券，让消费者于下次购买时享受折价优惠，吸引力当然更上一层。

直接登堂入室、直接面对消费者是逐户分送的最大优点，是其他分送方式无法比拟的。只是这种方式成本支出偏高，是所有发送方式中成本支出最高的一种。

阅读材料 2.1

样品派发活动手册

1. 活动目的

直接实现消费者对新产品的初次尝试。

2. 活动适用范围和前提

（1）新产品有创新性，容易被消费者接受。当产品有新用途、特殊目标消费群、全新的品牌时，上市铺货就应考虑进行样品派发。

（2）要有足够促销费用的支持。

3. 操作要点

（1）制订派发计划，内容如下：

- 目标（为什么要进行派发样品活动）。
- 产品（确定直接用现有产品还是专门制作派发样品）。
- 方式（确定是“入户派发”还是“街头拦截式派发”）。
- 对象（确定派送消费者特征，如高教育程度、高收入的成年男性）。
- 时间（派发活动持续的时间）。
- 派发计划管控表（派发场次、数量、时间的计划等）。
- 预算。

（2）有效控制样品派发规模。样品派发规模管控如表 2-1 所示。

表 2-1 样品派发规模管控

时间 / 数量（个） / 家属区	5月1日	5月2日	5月3日	5月4日	5月5日	5月6日	5月7日	5月8日	5月9日	……	小计
向阳小区	100	100	100								300
建丰小区			200								200
友谊小区	50										50
福乐小区		100									100
金华小区			50								50
合计	150	200	350								700

（3）派发工作流程如下：

- 招聘和培训派发人员。
- 确认派发样品地点。
- 派发商品到位。
- 派发人员到位。
- 分发样品。
- 流动稽查。
- 清点物品。
- 活动总结。

4. 控制要点

（1）“入户”不一定只是到居民区，根据上市产品的不同，还可以是学校、办公楼甚至餐厅、酒吧、网吧等场所。最重要的是，在样品派发之前先锁定目标消费者群，针对性地使用促销资源。例如，对儿童文具用品的派发就应该选择小学门口，而诸如洗衣粉等日用品的派发则选择居民区比较适合。

（2）在入户派发中“确认派发地点”最为重要。样品派发的对象必须符合目标消费者群的特征，否则将失去意义。例如，不同社区的人口结构会有所不同，甚至同一社区中每栋楼的居民平均收入、职业背景都有明显差异。

（3）必须征得管理部门的许可，这一点要做到万无一失。

（4）派发样品前要在社区选择位置醒目的连锁店，协商做成陈列示范店，提示居民该新品上市了。在派发前的2～3天，要在社区贴海报告知派发信息。要保证样品派发结束的同时，该小区附近连锁店的新品铺货率达到100%（派发有效期为24小时，消费者品尝或试用派发的样品觉得不错，能在社区的连锁店里买到，否则，很快就会忘掉）。

（5）严格的现场监督是样品派发活动成功的关键。样品派发活动不像“特卖会”等可用销售数字考核样品派发人员，样品派发人员究竟派发了没有以及派给了谁，其实很难确认。因此，督导人员必须加强巡视。协同派发和流动稽查工作非常重要。

（6）入户派发最好从一栋楼的最高一层开始，向低层派发。这样会使派发人员感觉比较轻松，还可以避免未到顶楼就放弃的现象。

（7）在做派发规划时千万要注意：没有一定规模就不可能产生效果。理论上应该覆盖符合派发消费者群标准的所有社区，如每个城市选择50～100个社区，每个社区选择5～

10栋楼，总数1万~10万份是一个可供参考的数据指标。

（8）当新产品单价较高时，就必须考虑制作专门用于派发的试用包装，以降低成本。

（资料来源：http://hi.baidu.com/free369）

3. 定点分发及展示

定点分发，即选择在连锁店、购物中心、重要街头、转运站或其他人流汇集的公共场所，将样品直接交到消费者手中的发送方式。

连锁店分发样品，是指厂商将制作好的商品小包装样品提供给连锁店，连锁店再把样品分发给顾客的方式，这是一种以非常低的成本获得试用者的有效方式。另外，厂商和连锁店也可以把这种小包装的样品销售给顾客，从销售这些样品中得到利润。事实上，连锁店可能特别喜欢这种分发样品的方式，因为他们可以从本来会被免费赠送的样品中得到利润。在连锁店内分发样品，近年来变得越来越重要，因为顾客的大部分购买决策是在店内做出的。不过，有一些超市或连锁店不允许或者限制样品的数量，理由是分发样品可能造成混乱，并且在购物的高峰期有可能阻碍店内交通。

另外一种有效的分发方式，是在连锁店、超市、交通站点等地方，由演示者把样品送到顾客手中，并且可以吸引顾客高度参与。例如，在连锁店内，化妆品销售人员可以将化妆品涂抹在顾客的皮肤上，让顾客充分感受化妆品的效果。

定点分发样品的方式，一般在食品或营养保健品、化妆品公司推出新产品、新品牌时运用。太阳牌锅巴在20世纪90年代初产品上市时，就是采用样品定点分发的办法，为其日后通行全国市场立下了汗马功劳。

该方法若再搭配送折价券或其他购买奖励政策，则效果更加明显。

4. 联合分送

联合分送是指由专业的营销服务公司来规划，将数家公司的不同样品集中在一起，以有效的方式送到各个选中的目标消费者手中的方式。例如，对新娘群、中学生群、新妈妈群或其他特定的消费者群，根据其特殊的需要将具有相关性却是非竞争性的商品集成一个样品袋送给他们，特别能博得受赠对象的喜爱。典型的例子是庄臣公司与金百利公司联手，将庄臣公司的雅姬洗发精、Edge刮胡膏折价券、金百利公司的护发素置于同一个样品袋中，寄送给目标消费者，其费用由两家公司的三个品牌均摊。此方法构思巧妙，样品组合精致、适用，送得贴切自然，所以特别受到受赠者的喜爱。另外，此方法是针对特定对象分送组合样品，其最大的优点在于既迅速又直接地接触目标顾客。最后，各品牌分摊费用，使成本无形中降低了许多。

5. 媒体分送

一些消费品可经由大众媒体如报纸、杂志，将免费样品送给消费者。如果样品体积小且薄，就可附在或放入媒介内分送给特定的顾客群。北京卡迪亚精品店开业之际，将其印刷精美的宣传单和折价券随北京晚报送入千家万户，使首都的消费者及时得知其开业的信息和经营商品的目录，取得了良好效果。

此方法最大的好处在于它能送到消费者家庭和机构内部，能够准确传播商品信息。但是，此方法制作成本较高，因此并不经济实用；尤其是对于集体订阅的媒体，其引起的家庭尝试购买率较低；再者，随着新媒体技术的发展，报纸、期刊等传统媒介的传播渠道受限。所以，媒体分送并不是一种较理想的样品分送方式。

6. 凭折价券兑换

消费者凭折价券可到连锁店兑换免费样品。佳格公司推出的 Mima 奶煎饼上市活动是一个范例，其采用的方式是：消费者只要剪下报纸上的折价券，凭券至任何销售佳格商品的连锁店即可兑换 Mima 奶煎饼样品包。

此方式虽然花费高，却是引诱消费者立即行动的良策，尤其对体积大（如纸巾）或者易腐产品（如酸奶）以及那些特别难用其他方式分送的商品特别有效。必须提出的是，在运用凭券兑换样品的活动之前，务必将样品全面铺货，以免造成换不到样品或兑换不方便的困扰。

7. 包装分送

包装分送样品，是指通过非竞争性商品的包装来附送免费样品的方法。Alka 药品公司想将一种感冒药做免费样品促销，但限于经费仅够支付样品费，而无力应付分送费，因此，该公司寻求专业的促销服务公司协助。在它们的协助下，选择了 Bike 刮胡刀配合推动，将 Alka 公司的感冒药样品装入 Bike 刮胡刀包装内，分送总数多达 500 万份。随着 Bike 刮胡刀在市场上的销售，Alka 公司的感冒药样品得以顺利面对消费者。通过此次活动，Bike 公司及 Alka 公司相得益彰，各享其利。

运用此法，赠送的样品通常被认为是包装商品的赠品。由于该商品的消费对象的购买及尝试意愿往往不能充分体现，所以此法的运用效果往往偏低，但费用也较低。

总之，免费样品促销对于促销策划人员而言，的确是投资较高的一种促销方式，却又是一种卓越的促销技巧。它既能鼓舞销售人员的士气，使其全力投入新产品销售中，又能激励消费者尝试购买的意愿，还能增加企业销售业绩，其成果显而易见。

促销实践 2.1

“福临门”食用油加护手霜　好油好手烧好菜

元旦、春节将至，为给全家做出一桌好菜，您辛苦了！操劳的双手更容易在忙碌中不知不觉受到伤害，这个冬日，“福临门”联合“东洋之花”进行促销活动，买“福临门”食用油送“东洋之花”护手霜，滋润主妇为全家操劳一年的双手。活动期间，凡购买“福临门”食用油 1 桶（500 克）即可获赠“东洋之花”绵羊奶护手霜 1 支（40 克）。活动取得了较好的效果。

案例点评：

（1）将赠品与产品捆扎或包装在一起销售，最大的优点是产品的陈列效果好，尤其在竞争品牌众多的货架上，与商品包装在一起的赠品，常常能引起消费者的注意。

（2）本案例中，护手霜与食用油之间的结合，还是比较贴切的。尽管护手霜的价格并不高，但本次促销活动时值冬季，送时令商品比送其他精美礼品实惠。

（3）由于“绵羊奶护手霜”在部分主妇心中尚未建立起品牌意识，因此，原本实惠的赠品在此却不一定能打动较多的目标对象。比较理想的做法是在活动宣传中适当突出赠品的功能，目的是为了增强赠品的活力，进一步提升促销效果。

（资料来源：http://www.doc88.com/p-708867742470.html）

2.1.3 实施样品赠送促销

连锁企业做好样品赠送促销，关键是要取得厂商的密切配合，在厂商的密切配合下，全面实施样品赠送促销计划。

1. 费用控制

为了有效核算样品赠送的成本支出，参照实际执行时可能发生的费用，特将样品赠送促销活动费用项目列举如下。

（1）样品费。

（2）邮寄名单等资料整理费。

（3）邮资或分送费。

（4）活动处理费，如通过专业邮寄公司或直销公司必需的处理费。

（5）广告费及其他促销辅助物的费用，辅助物包括样品包装上的宣传广告物。

（6）样品的包装费，包括纸盒、纸箱、袋子或分送所需的其他包装材料费。

（7）优待券折价面值及零售点和促销公司的优待券兑换处理费。

（8）样品置于包装内或附于包装上的处理费。

2. 商品的选择

某些商品运用单纯的样品赠送促销时，常创佳绩。一般而言，以新产品或改良后的产品最具代表性、表现最佳。而一些产品在外观特征上与竞争产品有显著差异时，进行样品赠送也有意想不到的效果。经常性购买的商品和大众化消费品比较适用于免费样品赠送，其成效颇值称道。

至于一些周转慢、非经常性购买的商品，则不适用于免费样品促销。同样，对于个性化要求强烈的商品，或选择性变化大的商品，如因色彩、香味或口味的差异而影响消费者选择的指甲油、口红等，也不适用于样品赠送促销。

其他运用此法效果不佳的商品，其特征表现为：缺乏明显的利益；与竞争对手的商品相比差异不大；难以从众多的商品中脱颖而出。

对处于成熟期的商品或成熟品牌的商品，运用免费样品促销毫无益处可言，除非企业考虑在新的消费区域或偏远地区开拓市场。

促销实践 2.2

一次失败的免费派送

西南某功能型饮品企业，在成都上市初期，举办了一次免费的产品派送活动。企业的赠品准备充足，计划每户4瓶饮品，送10万户，赠品的成本接近60万元。结果送了不到一半，问题就出来了。由于该饮品的味道比较特殊，很多消费者喝不习惯，导致不少产品被原封不动地扔进了垃圾桶，由此产品的口碑也变得极差，产品上市不成功，最后不得不退出市场。

作为一种功能型饮品，该产品的口感不佳是先天的不足，而该产品具有很好的保健功能，其最核心的卖点根本不在口味，而在保健上。可是，在企业没有做任何产品宣传的情况下就让消费者品尝，无疑是自暴短处。没有考虑产品本身的适用性是该饮料推广失败的根本原因。

（资料来源：http://www.globrand.com/2006/05/15/）

3. 掌握促销时机

新产品上市或旺季来临前举办免费样品促销活动是最理想的时机，既可以提升试用效率，又可以提高未来的销售量。

在旺季来临前进行免费样品促销，首先要确定市场已经建立足够的零售网点后才可以执行，通常这意味必须达到50%的铺货率。如果当消费者试用样品后，却在市面上买不到货，这样无形中损害了厂商的信誉，想靠样品促销的本意反而成了伤害，真是得不偿失！一家地方性日化企业，新研制了一种去屑洗发水，想打开当地市场，组织了对当地重点社区的免费样品上门派送活动。经消费者试用，效果还真不错，于是到周围超市去买，结果几乎把洗发水专区找了个遍，也没有发现该产品的踪影。一问营业员才知道，超市根本就没有进这种货。赠送没有很好地和销售渠道结合起来，结果送完了以后，没有形成产品后续的销售。一个环节的脱节，最终导致整体效果不佳。

如果是入户派送，派送时机应选择双休日的傍晚或上午，以免户主外出或打扰他们休息；如果是户外派发，需回避上班高峰的行人，以免引起反感；如果采用凭广告到指定地点领取免费样品的方式，自然选择受众的公休日。

4. 赠品规格

免费赠送样品的规格，并无硬性规定，通常能够让试用者够用就可以了。赠送样品的规格大小通常视商品的特色而定。例如，口味不错，送一次用量就够了，如果必须连续使用多次才能体验商品的特色，则分量必须多些。

一般来说，分量越大的样品比小分量的试用品更能讨好消费者。当决定采用较小规格的样品时，最好以原商品的造型缩成迷你型让消费者试用。这样，当消费者前往连锁店选购时，自然易于辨认，而不至于误买。

5. 样品使用

奥美广告的小查理·菲德瑞克曾在一次演讲中提到，通过赠送免费样品和赠送折价券，对消费者从试用者转成使用者的比较研究发现，关于品牌转换率方面，样品赠送的影响力总低于赠送折价券。从百分比来看，因赠送免费样品导致的转换率为20%～30%，因赠送折价券的转换率可达30%～40%。以100个样本为例，赠送免费样品与赠送折价券的品牌转换率如表2-2所示。

表2-2 赠送免费样品与赠送折价券的品牌转换率比较

	赠送免费样品	赠送折价券
总样本数	100	100
试用数	80	20
品牌转换率	25%	35%

从表 2-2 中可以看出，在试用数量上，赠送免费样品显然比赠送折价券效果好；从品牌转换率角度来看，因试用而转为品牌使用者，免费样品则比折价券差太多。以此看出，免费样品促销对品牌转换的影响力的确偏低。

6. 媒体运用

企业通过媒体广告宣传免费样品信息时，请务必在广告文案中清楚地告知消费大众。例如，“这里有免费样品，欢迎索取。”不论文字或图片，务求精简突出。因为商家的主要目的是让消费者来索取样品。

7. 样品赠送与其他促销方式

一般而言，样品赠送方式是在树立品牌的过程中或通过广告向消费者介绍商品的过程中使用的。当消费者收到样品或者看到如何获得样品的详细信息时，他们已经在观念上意识到这个产品的存在，进而有可能对之产生购买兴趣。

企业也可以通过广告告知消费者获得样品的方式。这些样品在分发过程中，获得了广泛的受众基础。例如，某口香糖制造商在广告促销的几年以后，仍通过样品赠送的方式来强化消费者对口香糖的正面感受，从而增加消费者对产品的忠诚度。

最大化样品促销效果的有效做法是在样品中放入折价券。对于那些喜欢这一商品并且使用折价券的消费者而言，这可能会提供额外的推动力以促成第一次购买。但是，这只适用于经常购买的商品，而不适用于可能在将来只被购买一次或者偶尔被购买的商品。

促销实践 2.3

维克斯药膏的样品促销

维克斯药膏最初是一种尚未被人们接受的新产品，销路很差。后来通过赠送样品的方式才打开了销路。维克斯药品公司采取效率较高的赠送样品的促销方式，再加上赠送折价券，终于使维克斯药膏创造出销售奇迹。

1880 年美国流行感冒，北卡罗来纳州塞马镇药剂师兰斯福·理查逊经常听到人们向他抱怨感冒、鼻塞的苦恼。于是，他发明了一种感冒药膏。这种药膏涂到病人身上后，病人本身的体温就会将药膏融化并渗入体内，就会减轻病人痛苦，使病人呼吸顺畅。后来，理查逊投资设立了维克斯药品公司。1907 年，经过一系列的调查研究，他决定放弃 20 多种药品的生产，专门生产真正受欢迎的、能够治疗喉头炎和肺炎的这一种产品，并把它改名为“维克斯药膏”。

但当时的药店，对只生产一种药品的新公司并不感兴趣，尤其是这种新型药品尚未得到消费者肯定。他们最欢迎那些大公司的业务员，因为他们每次都会带来几十种大家所熟悉的药品。被药店和经销商拒之门外后，维克斯药品公司决定采取一种更有力的促销方法来展现他们产品的药效，并以更直接的方法刺激消费者的购买欲。赠送免费试用品以及满意的消费者口语宣传让维克斯药膏起死回生。任何药店只要订购一箱（144 瓶）维克斯药膏，就可获赠 24 瓶免费药膏。

后来，维克斯药品公司进军北方，在报纸上刊登有维克斯折价券的广告，免费赠送试用品给消费者。广告登出九天后，业务员上门拜访各药店，免费送给他们 144 瓶装的一箱维克斯药膏，但规定他们必须把其中的 72 瓶样品免费送给熟悉的顾客，维克斯药品公司则每瓶补贴药店 25 美分。业务员和药店签下销售合同后，维克斯药品公司在报上刊登了第二波广告，列出经销维克斯药膏的药店名称和地址。一方面增加维克斯药膏的销售量，另一方面也替这些药店做广告。

1918 年、1919 年，流行性感冒侵袭美国，使得维克斯药膏的销售量再度急速增长。维克斯药品公司在赠送样品方面采取了一些创新做法——在报纸上刊登附有兑换券的试用品促销广告、直接邮寄试用品，刺激了消费者对感冒药膏的需求，也因而使得只生产一种产品、“靠马车沿街叫卖”的一家小型药品公司，发展成为资产 10 亿美元的理查逊－维克斯药品公司。

（资料来源：http://free.newgxu.cn/gg02/jdga/untitled3.htm）

任务小结

样品赠送是将商品直接送达消费者的一种便捷的促销方式，也是新产品入市经常采用的促销方式。样品赠送方式可分为 7 种：直接邮寄、逐户分送、定点分发及展示、联合分送、媒体分送、凭折价券兑换和包装分送。

连锁企业做好样品赠送促销，关键是要取得厂商的密切配合，在厂商的密切配合下，全面实施样品促销计划，同时应注意费用控制、样品选择、时机控制、规格设计、样品使用、媒体运用等方面的问题。

任务训练

1．样品赠送的含义及特点是什么？
2．样品赠送的方式有哪些？
3．进行样品赠送促销应注意哪些操作要点？

任务 2.2 包装促销

任务导入

随着超级市场等零售方式的不断涌现，售货员的咨询作用越来越被形象化的商品包装取代，使得包装的促销功能更加突出。现代包装集保护、美化、广告宣传的功能于一体，被誉为“无声的推销员”。

世界上最大的化学公司——杜邦公司的营销人员经过周密地市场调查后，发明了著名的杜邦定律：63%的消费者是根据商品的包装和店铺的装潢进行购买决策的。到超级市场购物的家庭主妇，由于被商品的精美包装和店铺的装潢所吸引，所购物品的数量通常超过她们出门时计划购买数量的 45%。可以看出，包装是商品的“脸面”，它作为商品的第一印象进入消费者的眼帘，撞击着消费者购买与否的“心理天平”。

任务实施

2.2.1 认识包装促销

包装包含产品包装、赠品包装和可利用的其他包装，是在消费者购物时随货附赠的物品。包装促销是指利用包装进行促销的方式。与其他促销方式不同的是，包装促销让消费者在购物时当即获得赠品。企业举办包装促销的主要目的是希望借特殊的包装在卖场陈列上做突出的展示，特别是当商品差异性不大时，包装促销更具有突出的效果。

随产品附送赠品的各种包装促销种类有包装内、包装上、包装外、可利用包装、特惠包装等，它们都能有效地适应人们的某种消费心理，从而达到促销的目的。首先，包装促销可以应对竞争品牌的折价促销或折价券促销，同样给消费者以利益。其次，如果所附赠品具有显著的价值，那么包装促销将会产生意想不到的效果。另外，当各种品牌竞争不相上下时，连锁店更支持包装促销的品牌，愿意另辟地点对包装商品进行展示销售。

无论是哪种包装促销方式，在激励消费者尝试购买方面都特别有效，尤其当消费者由于赠品的原因购买了产品，经试用后深感满意并建立起消费信心时，他们自然会继续使用，从而成为企业的忠实顾客。因此，尽管赠品耗费企业的资金，但如果能增加新的使用者，却是相当值得的。

肥皂制造商巴比特在 1865 年最早采取包装促销的方法。当时大多数肥皂制造商所卖的都是光秃秃的一块肥皂，巴比特则用彩色纸把肥皂包起来，增加它们的吸引力。由于消费者经常误会巴比特另外加收包装纸的钱，因此，巴比特在包装纸上印上“兑换券”字样，每集 10 张“兑换券”可获赠一幅漂亮的石版画。这样，使得巴比特的肥皂大为畅销。

阅读材料 2.2

包装促销力系数

包装促销力系数，是一个检验包装促销力的数学模型，它的计算公式如下：

包装促销力系数=注意力系数+产品特性明确度系数+人性化系数+尝试购买率系数+记忆力系数

说明：

（1）注意力系数是指在调研过程中，注意到包装的人数在调研总人数中所占的比例。

（2）产品特性明确度系数中的“特性明确”，是指被调研的消费者在注意到包装的刹那间，对产品性质及大致特点的明确度。

（3）人性化系数中的“人性化”，是指包装传达给消费者的安全、方便、适用等信息。

（4）由各子系数之和组成的包装促销力系数越大，包装的促销力就越强。

可以看出，包装促销力系数实际上是一个选择、确定和检验包装促销力的工具。这个工具将以前仅仅依据自己的审美观及好恶、设计公司的专业性、市场经验和上架效果等来确定自己的包装的主观意愿行为，进行了以消费者为中心、以竞争为导向的细化和量化。这种细化和量化，将以前难以捉摸的包装促销效果变得清晰，并可以提前预知和掌控。

（资料来源：http://www.emkt.com.cn/article/82/8269-2.html/）

2.2.2 促销包装的种类

1．包装内赠送

包装内赠送是将赠品放在产品包装内和产品一同赠送的方式。此类赠品通常规格较小、价值较低，但如今也可能提升至大规格、高价值的商品，如把毛巾、餐具、酒具等附在电冰箱的包装内赠送。

包装内附赠品的促销方式常被健康、美容类产品及儿童食品所运用。运用包装内赠送促销最成功的例子，当属麦片类食品、甜爆玉米花和儿童糖果等产品。佳格公司生产的老船长脆麦片就是其中之一，它曾做过一次赠品与产品搭配得非常完美的包装内赠送。老船长脆麦片附送的赠品均是与海有关的潜水海豚玩具，而且儿童食品送儿童玩具也符合消费对象的需要，自然对产品印象的加深有很大帮助。老船长脆麦片包装如图 2-1 所示。

图 2-1　老船长脆麦片包装

2．包装上赠送

包装上赠送是将赠品附在产品上或产品包装上，而非置于包装内部的方式。例如，用橡皮筋、胶带或用透明成型包装将赠品与商品绑在一起。包装上赠品种类繁多，有的将折价券印在包装盒上或纸箱上，以便消费者剪下使用。有的包装上附赠品与商品彼此相关联，如买刮胡刀送刀片，买咖啡送咖啡杯，买红酒送开瓶器，买牙膏送牙刷，极易吸引消费者的购买兴趣。

美味牌沙拉调味酱，举办随罐送沙拉搅拌器的活动已持续多年，且经久不衰。这种搅拌器，不仅提高了产品的用量，而且在沙拉制作过程中，确实让消费深感简便好用。好四季沙拉调味酱，除了送赠品，还附20美分的折价券，更是如虎添翼，越发强化了促销的作用。这种相乘的促销效果，可以说是促销小创意，大显销售力。

包装上赠送的优点如下：

（1）当同类产品处于激烈竞争之时，可在连锁店塑造产品的差异化。

（2）媒体广告的宣传，加上连锁店的强化，两相搭配，可以达到相乘的广告效果。因为当消费者在店内看到商品时，很容易联想到看过的广告。

（3）凭借赠品的附送达到区分产品类别的目的。例如，诉求对象因小孩或成人的不同，根据目标对象选择的赠品，可以起到区分产品类别的作用。

（4）选择与产品相关的赠品，能增加产品的使用频率。例如，面粉赠食谱，提供顾客用面粉调制食品的方法，以增加其用量。同样，买汤类食品送汤碗等，均会增加使用频率。

（5）促销活动之前即可预知赠品数量，易控制成本。活动之前营销人员就能确切知道多少赠品包装必须制造与运送，促销预算自然能控制自如了。

（6）附送赠品比折价促销能增加更多的新试用者。如果谨慎地选择理想的赠品，其价值优势大于减价的利益优势，当然更能吸引消费者尝试购买。

包装上赠送的缺点如下：

（1）举办赠送活动，总是期望赠品受欢迎，万一不是呢？所以促销之前，先做赠品测试，以确保万无一失。如果赠品不理想，不论价格高低，已经没有任何意义了。当然，测试要花钱，可是不测试，万一推出效果不佳，反而浪费更多的资金。

（2）附送糟糕的赠品，对销售极具杀伤力。当赠品的吸引力不够、品质欠佳时，反而使本欲购买该商品的消费者打退堂鼓，影响销量是必然的。所以说，一个差劲的赠品，甚至妨碍了经常性使用者的购买行为。

（3）举办包装上附赠品活动时，受制于赠品的体积及外形，可能会造成陈列上的困扰。

（4）当所附赠品太好而包装欠周密时，容易造成赠品丢失现象的发生。

（5）举办包装促销活动，因附送赠品的包装与正常商品不同，对厂商和连锁店而言，均造成库存管理的问题，常常增加连锁店的库存。

（6）过度举办包装上赠送活动，会损害商品本身的形象。如果经常举办附赠品促销活动，会误导消费者，认为该产品只会送赠品，而忽略了产品本身的特性及优点。

3. 包装外赠送

包装外赠送，赠品常在购物的连锁店内送给顾客。此类赠品通常体积较大，无法与产品包装在一起，但可摆在产品附近，方便消费者购物时一并带走，图2-2所示为卖场赠品陈列示意图。包装外赠品最大的特色就是消费者立刻可以将赠品带回家。例如，美国利佛兄弟公司与玛沃漫画公司共同举办了一次特殊的包装外赠送活动，凡买Aim牙膏即可获赠蜘蛛人连环漫画书，全书以漫画的形式描绘牙齿保健的知识，利佛兄弟公司在漫画书封底印有举办“生日大抽奖”的活动信息，这种两相搭配的促销方式，使两家公司都受益匪浅。

图 2-2　卖场赠品陈列示意图

包装外赠送的优点如下：

(1)可增加赠品在连锁店展示的机会。进行赠品促销的连锁店经常将赠品放在产品旁，与商品一同陈列销售。

(2）较大、较实用的赠品皆可赠送。由于没有体积大小的限制，只要赠品具有吸引力即可赠送。

(3）赠品选择空间较大。因为所附赠品不必与产品包装在一起，所以在赠品的选择上有更多的空间。

(4）赠品可增加产品的使用率。

包装外赠送的缺点如下：

(1）包装外赠送，由于赠品与商品是分开的，连锁店需增设额外的陈列地点，除了受货架空间的限制，还增加管理上许多的不便与麻烦。而且，在结账时也存在一些问题，要求店员必须头脑清楚、记性好，需要提醒顾客买某商品有附赠品，还不能误把赠品和商品一并收费。

(2）连锁店若不愿意推动包装外赠送活动时，赠品不一定能做到随货附赠。或者，连锁店营业员不积极推销赠品，甚至可能把赠品放在仓库。因此，如果没有连锁店的配合，赠品促销很难成功。

(3）商品与赠品分开陈列，很容易造成赠品丢失。

(4）当所附赠品的商品与连锁店库存较多、利润较高的商品直接冲突时，连锁店往往不愿接受此赠送活动。例如，在五金店内卖除草机，随货送草推车，如果该店也卖草推车的话，当然不愿摆出来当赠品，因为销售该“赠品”是可获利的。

4．可利用包装赠送

可利用包装赠送是另一种附送赠品的形式，其最大的特点是产品通常被装在某种容器内，当产品使用完时，此容器可作他用。这类赠品在药品、保健品和饮料类产品中用得相当普遍，最常用的一种是不易摔碎的胶玻璃容器，罐内物品用完时，该罐仍可当作储物罐继续使用。例如，把番茄汁装在一个漂亮的果汁壶内，消费者除了享用番茄汁，还有额外的果汁壶可得，他们当然更乐意购买。

Tang 即溶早点饮品曾经赠送特制玻璃罐以刺激销售，其赠送方式为买 Tang 即溶早点饮品一罐，在特定期间内可免费获得玻璃储物罐一个。该饮品所属公司为了扩大宣传，还特地印制了宣传单，通过图片来示范玻璃罐的多种用途，以吸引消费者的购买兴趣。此外，还提供 25 美分的优待折价券，这种双重优惠方式无疑是提升销量的好办法。

可利用包装赠送的优点如下：

(1）可利用包装做赠品替代了原来的包装，从而节省了原有包装的包装费，促使厂商有较充裕的费用以增加赠品的价值。

(2）假设赠品包装十分抢眼，又相当好用，则产品还可以加价出售，这样自然降低了促销活动的成本。例如，用很精美的玻璃罐来装咖啡，平时卖 30 元一罐的咖啡，因送此赠品可卖到 35 元一罐，这多出的 5 元，可用作支付赠品的部分费用。

（3）一个精心挑选的可利用包装，能增加产品的使用量。例如，玛琪琳人造奶油选用一组精致的塑料碗来包装，消费者为了收集成套的碗，必然会继续购买商品。

（4）如果所附送的包装魅力十足，则可以促使连锁店用来特别陈列展售。如果再配合其他的促销策略，效果会更令人刮目相看。

可利用包装赠送的缺点如下：

（1）假如赠品包装的大小与原来包装不同，则不易陈列于货架上或存放于仓库中。

（2）平凡无奇、毫不实用的可利用包装对销售伤害之大，莫此为甚。因为消费者常视此赠品为商品的一部分，如果他们不喜欢，当然也就不会购买此产品了。

（3）如果店内也卖同样的赠品包装的商品，连锁店很可能会留下赠品而不愿意送给消费者。“为什么可以卖钱的东西还要拿来免费赠送？”这往往是连锁店精打细算的生意经。

（4）存货管理的困扰，对厂商、连锁店来说一样不可避免。此外，可利用包装常常需要特殊规格的纸箱装运，自然增加了印刷成本及储运困难。

5. 特惠包装（酬谢包装）

特惠包装是指包装的商品比标准包装更多而价格维持不变的一种包装形式。此种方法在食品、保健品、美容产品、洗发品等类别中使用非常广泛。例如，某品牌的维生素E产品，在其60粒瓶装中增加15粒，但价格却保持不变，这额外的15粒维生素E就是酬谢部分或特惠部分，对消费者而言就是一种酬谢品。特惠包装和减价优惠一样，主要是吸引现有消费者，用以鼓励那些已接受该品牌的顾客继续或增加购买，而以此作为其购买的回报。特惠包装也可在面临竞争品牌的促销活动或广告活动时，用于稳定现有顾客。一般而言，特惠包装几乎无助于吸引顾客试用新产品，或建立产品的品牌形象。

特惠包装（酬谢包装）的优点如下：

（1）在连锁店货架陈列上，可使消费者立即产生购买冲动。

（2）比起只用特殊设计标签的包装，它较不易被竞争者模仿。

特惠包装（酬谢包装）的缺点如下：

（1）由于特惠包装常常需要设计特别的包装，需要在厂商或连锁店中进行额外的处理，因而其花费的成本可能相当大。

（2）一些小超市及连锁店希望对促销期间所损失的利润能有所补偿，甚至有些连锁店根本不接受这种促销方式。

促销实践 2.4

香水瓶成为艺术品

1921年5月，当香水创作师恩尼斯·鲍将他发明的多款香水呈现在香奈尔夫人面前让她选择时，香奈尔夫人毫不犹豫地选出了第五款，即现在誉满全球的香奈尔5号香水，如图2-3所示。然而，除了其独特的香味，真正让香奈尔5号香水成为“香水贵族中的贵族”，却是那个看起来不像香水瓶，反而像药瓶的创意包装。

图 2-3　香奈尔 5 号香水

服装设计师出身的香奈尔夫人，在设计香奈尔 5 号香水瓶型上别出心裁。“我的美学观点跟别人不同：别人唯恐不足地往上增加，而我一项项地减少。”这一设计理念，让香奈尔 5 号香水瓶简单的包装设计在众多繁杂华美的香水瓶中脱颖而出，成为成功的一款商品造型。

香奈尔 5 号香水瓶以其宝石切割般形态的瓶盖、透明水晶的方形瓶身造型及简单明了的线条，形成了一种独特的美学观念，并迅速俘获了消费者。从此，香奈尔 5 号香水在全世界畅销许多年，至今仍然长盛不衰。

1959 年，香奈尔 5 号香水瓶以其所表现出来的独有的现代美，荣获“当代杰出艺术品”称号，跻身于纽约现代艺术博物馆的展品行列。香奈尔 5 号香水瓶成为名副其实的艺术品。香水作为一种奢侈品，最能体现其价值和品位的就是包装。香水的包装本身不仅是艺术品，其本身也存在价值。包装的成本甚至可以占到整件商品成本的 80%。香奈尔 5 号香水的成功，依靠的就是它独特的、颠覆性的创意包装。

（资料来源：https://wenku.baidu.com/view/cb786abf76eeaeaad1f330f4.html）

2.2.3　实施包装促销

包装促销与样品促销一样，需要厂商与连锁店的密切配合，可以由厂商来主导策划，也可以由连锁企业来主导策划。

1. 包装赠品的价值

厂商对赠品投资金额的标准，常通过产品的售价及利润来制定。目前，用于包装的赠品的费用越来越高，厂商虽企图降低包装赠品的成本，但成功率偏低，因为这些赠品均需经过特殊处理和包装。此外，还需要注意儿童的健康、安全问题，赠品包装要能防止小孩误食或受伤等意外事故发生。因此，厂商在挑选包装赠品及包装处理上更为小心翼翼，这些因素当然也限制了包装赠品可选择的范围。

包装赠品成本的计算原则如下：

（1）包装内的赠品，每个单价控制在 1 元以内，如儿童食品之类周转率高的商品，以及低价位的商品。而高价位的商品，则可送较高价值的赠品，如电磁炉的包装内附赠一平底锅。

（2）包装上的赠品，每个单价控制在 1～10 元之间，也许还可再高一些，但通常以商品零售价的高低为衡量标准。

（3）包装外的赠品，赠品价格的弹性相当大，通常随着厂商促销预算的多少而变化。一般而言，赠品单价低于 5 元的话，其促销成功率显著偏低。

（4）可利用包装的赠品，完全由产品的价格而定，由几元到数十元不等，这与促销预算有关。当然，如果消费者能接受较高的产品售价，则赠品的价格就可以偏高。

2. 包装赠品的选择

在促销活动之前进行包装赠品测试的结果，是包装赠品选择的重要参考依据。另外，下列基本原则，适用于选择各类赠品时参考。

（1）易于了解。无需说明，一目了然。它是什么，值多少钱，必须让顾客一看便知。因为在连锁店，是没有多余的时间来推荐赠品的。

（2）具有购买吸引力。经过挑选的赠品，必须能立即吸引顾客，激起顾客的购买欲望。

（3）挑选有品牌的赠品。一个没有品牌的赠品，当然比有品牌赠品逊色许多。没有品牌的赠品既难以估算其价值，更不易吸引消费者。

（4）品质要高，而且要经久耐用。一个低廉、差劲的赠品，反而会影响产品本身的形象。

（5）选择与产品本身有关联的赠品。虽然80%以上的包装内、包装上、包装外的赠品，都与产品本身难以搭配，但如果能够相关，效果肯定会更佳。如买咖啡送咖啡杯、买牙膏送牙刷等。

（6）紧密结合促销主题。赠品的选择应与促销活动的主题紧密连接，否则南辕北辙、互不相干，效果当然差了。

（7）赠品要力求突出。一个普通、毫不起眼、价位低廉的赠品，市场上到处有售，怎么能吸引消费者的兴趣。此外，不要挑选连锁店正在销售的商品当赠品。如果所选择的赠品比较平凡，如杯子、碗、化妆包等，最好在赠品上印上公司品牌、商标或标志图案，以凸显赠品的独特性。这样，则可化平庸为神奇，创造无限的魅力。

3．相关法规及限制条款

我国食品药物管理局对食品内包装赠品的类别、形式、规格、尺寸都有严格的规定，以免消费者误食，尤其对儿童食品的安全性更加重视。此外，对某些项目均有限制条款，如赠品包装方式、印刷油墨的类别等均要详细列载。如果企业想做包装内赠送促销，最好先根据企业的产品类别，找出有关包装内赠品的限制条款，务必清楚明了各细节之后，再推出促销活动。

至于包装上赠送，法律法规规定得比较宽松，只要赠品与产品能包装妥善，以有效防止在运送途中或在连锁店内被分开即可。常用的赠品包装方式有用塑料带捆绑、透明成型装、收缩膜包装、套头式包装、橡皮带扎系等。同时，为了达到宣传效果，尽可能将折价券或其他促销信息印在包装上，以吸引消费者的注意。

我国与包装有关的法律法规

4．费用控制

对于包装促销的成本费用，估算有形成本比较容易，估算无形成本则较难，包装促销涉及的费用项目如下：

（1）赠品本身的花费。

（2）印刷费、包装说明书处理费、包装的素材成本及其处理费等。包装外赠送，还须加上赠品的运送费。可利用包装赠送，则须加上可利用包装的特别包装费。

（3）其他管理费用，包括工厂、运输、仓储等方面产生的管理费用。

（4）当附赠品是折价券或点券时，则需增加赠品兑换的管理费用。

（5）提早进货、存货增加等会导致仓储成本的提高，尤其包装外、可利用包装这两种赠送方式，其赠品仓储费用更高。

（6）卖场的广告物品费用，如制作海报、广告牌、优待券或店内其他促销搭配宣传品等产生的费用。

（7）促销活动的媒体广告费。

另外，还有一些特殊费用，如独特赠品必须取得商标使用权或法律许可权等产生的费用，尤其是具有专利的商品，禁止仿冒。因此通过供应商采购时，更应特别注意赠品的合法性。

5．促销的时效性

无论是包装内、包装上、包装外、可利用包装或特惠包装中的哪种促销方式，常需要相当长一段时间的酝酿、筹备才能实施。因为从赠品的选择、纸箱及包装的设计印刷、赠品的放置，再到将商品运送至连锁店，陈列展售于货架上，这一连串的过程旷日费时。因此，这种促销常无法在短期内创造销售奇迹，抑制竞争品牌，不应当作竞争激烈时的促销“法宝”。据估算，规划一个颇有看头的包装类促销活动，平均须耗时长达 18～24 周，对于可利用包装赠送，其准备期也要在 4 个月以上，可见包装促销确实并非是一蹴而就的事。

任务小结

包装包含产品包装、赠品包装或可利用的包装，是在消费者购物时随货附赠的物品。包装促销与其他促销方式不同的是，消费者在购物时可以当即获得赠品。

促销包装的种类有包装内赠送、包装上赠送、包装外赠送和可利用包装赠送、特惠包装，它们都能有效地适应人们的某种消费心理，从而达到促销的目的。首先，包装促销可以应对竞争品牌的折价促销或折价券促销，同样给消费者以利益。其次，如果所附赠品具有显著的价值，或者消费者愿意支付比没有赠品更高的金额来购买此商品，那么包装促销将产生意想不到的效果。

包装促销与样品促销一样，需要厂商与连锁店的密切配合，其策划的重点需要考虑赠品的价值、赠品的选择、费用控制、法律限制、时间限制等因素。

任务训练

1．什么时包装促销？

2．包装促销有哪些类型？

3．进行包装促销应注意哪些操作要点？

任务 2.3 竞赛与抽奖促销

任务导入

据英国《星期日镜报》报道，多年来，英国诺丁汉郡一对兄妹竟然一直连续不断中奖，尽管每次中奖奖品并非是令人震惊的高额奖金，而是一些度假旅游门票、音乐会贵宾门票、免费餐饮券等。但是，总价值为 5 万英镑的奖品和奖金，使得他们成为英国幸运的一对兄妹。

45 岁的铲车司机凯文·歇尔登和 41 岁妹妹——校验员温蒂·歇尔登，一直沉迷于各种竞赛活动和抽奖活动，多年来，这对“竞赛迷”疯狂地参加各种竞赛活动和抽奖活动，并且积累了大量经验，从而为他们的好运打下了坚实的基础。凯文说：“25 年前，我们在一次抽奖活动中，赢得了一只可爱的小兔子。之后，我们便沉迷于这类活动。每次参加比赛，我们几乎都会赢得一些或大或小的奖品或者奖金。我们曾经获得至美国迈阿密旅游 3 周的机会，并且获得至西班牙一著名俱乐部狂欢的机会，我们还被允许乘坐著名的东方快车。每年，我们都会获得观看曼联足球赛的门票和观看全国越野障碍赛马的门票。另外，我们还获得一辆作为奖品的山地车、一个有著名板球运动员签名的球棒、一个足球和一根桌球球杆。更加令人无法置信的是，我们还获得过全年免费饮用苹果烈酒和啤酒的奖券，获得全年食用 2 种特殊零食的奖券。在一次竞赛活动中，我们获得一块价值 500 英镑的手表、一次参加野餐活动的机会和一些免费美容券。我们还意外地获得一些贵宾卡，持有这些贵宾卡，可以至各种高档的餐馆享用打折的美食。另外，我们还享用了 3 次免费外卖比萨。同时，我们还获得了一台电子编织机。”

温蒂说：“这种竞赛活动使你增长知识，并且让你不断积累经验。没有什么能够比得上它了。但是，并非我的聪明使得我赢得如此多竞赛。让我成为得胜者的，是我的运气。”

任务实施

2.3.1 认识竞赛与抽奖

竞赛与抽奖是指利用消费者的好胜、竞争和追求刺激等心理，通过举办竞赛、抽奖等促销活动，将奖品发给优胜者，以吸引消费者的参与兴趣，从而推动和增加销售的促销方式。

通常，当某种商品或品牌未能达到既定销售额或利润目标时，运用竞赛与抽奖促销方法似乎最具成效。虽然导致销售不振的因素有很多，但解决之道却极为单一，那就是品牌的营销运作极需“一针强心剂”以刺激销售。而竞赛与抽奖活动能适时提供额外的激励，以再度提升销售业绩和利润。

经验显示，某些促销活动能在市场上创造卓越的刺激效果。例如，一个规划完善、执行周密的竞赛或抽奖活动，其效果不仅能建立消费者的兴趣，还能促成销售目标。无论是厂商还是经销商，对竞赛与抽奖活动都会有强烈的反应，他们渴望参与其中，并体验令人兴奋的促销成果。

竞赛与抽奖活动的优点如下：

（1）可以有效提升企业品牌的知名度。连锁企业通过组织产品知识竞赛活动，可以使消费者对企业或其产品产生深刻认识。即使消费者不参与竞赛活动，其活动宣传效果仍能有效地提高消费者对产品的认知和兴趣，增强产品的冲击力。竞赛活动影响的人数总是远远大于参加竞赛的人数。

（2）竞赛活动是与客户沟通的有效方式。参与者必须通过技巧、思维能力、判断力在竞赛中获胜才能得奖。在参与竞赛活动的过程中，品牌的形象在消费者心中得到巩固和加强。

（3）活动成本可以事先控制。与折价优惠等促销方式不同，竞赛与抽奖活动的成本可以事先控制，不随参与人数的多少而变化。

（4）竞赛与抽奖活动可联合数家厂商共同举办，尤其对生产相互关联品类的厂商最具效果。

竞赛与抽奖活动的缺点如下：

（1）活动成本高，尤其是推广宣传费用。如果不投入足量的推广宣传费用，参加活动的人太少，竞赛和抽奖活动效果会大打折扣，无法达到预期的促销目的。

（2）奖品的选择受限。由于受相关政策限制，每次最高奖品的价值不得超过 5 000 元。要在这个限制范围内，找到足以令消费者动心的奖品殊为不易。有些商家为增加奖品对消费者的吸引力，选择一些超过限制金额的奖品，然后希望中奖者在领奖时能够支付超出 5 000 元的部分金额。这种做法不一定能够得到消费者的认同，最好避免。

（3）竞赛活动参与率一般都很低。与抽奖活动相比，由于竞赛活动需要凭借一定的智力与知识才能参与，不单只是凭借运气。因此，竞赛活动的参与率往往要比抽奖活动低。参加抽奖促销的人数通常比参加竞赛促销的人数多出 10 倍。

2.3.2　竞赛与抽奖活动的类型

1．竞赛活动的主要类型

（1）知识型竞赛。知识型竞赛目的在于培养消费者对行业、企业、品牌以及产品的认知。例如，行业知识竞赛、产品知识竞赛、品牌知识竞赛和企业信息知识竞赛等。知识型竞赛的试题一般都有标准答案，在企业的相关资料中都很容易找到，且容易解释，也容易评判成绩。参与者一般只需认真阅读企业相关信息就可以完全做出正确的解答，企业在参与者解答的过程中得到宣传与普及。这种方式常常和抽奖配合运用，如回答正确的都有一个奖品，再在回答正确的参与者中抽出特等奖、一等奖等。

（2）思维能力竞赛。参与者如果参与此类竞赛活动，需要充分调动思维的灵活性、创意性，运用自己的智力资本博得奖品或礼物。例如，征文比赛、广告语征集、消费体验文章征集、点子大赛、创意大比拼等。这种方式一般有两个目的，第一，向消费者“借脑”，在行业中或消费者群中隐藏着大量对企业发展和产品销售大有帮助的高人，利用重金向他们借出的点子一般都对企业大有帮助。第二，产生类似于事件营销的轰动效应，引起社会的广泛关注。

（3）技能型竞赛。这是针对一些专业人士所具备的技能而举办的竞赛活动。例如，调料品店举办调味品鉴定竞赛等。

连锁企业应根据企业促销的目的和产品特征来设计竞赛方式。例如，如果是以建立企业形象为目的，则可以举办征集广告创意的竞赛活动；若以宣传品牌为目的，则适合采用简单的知识问答或竞猜的方式。

2．抽奖活动的主要类型

（1）免费抽奖。免费抽奖，即免费为消费者提供抽取奖励的机会，消费者无须购买任何产品，也不需要任何参与条件。获奖者完全是随机产生的。免费抽奖对于提升消费者对产品和品牌的认知度和参与度有着明显的作用。如果和其他促销方式有机结合，更能迅速为连锁店打开销路，实现品牌知名度、美誉度的快速提升。免费抽奖的方法有以下几种。

① 个人信息法。即给参与者发放一张卡片，参与者只要在卡片上填上自己的姓名、地址、电话等信息，放在指定的抽奖箱内就可以了。到开奖时间，从箱子里任意抽出一定数量的中奖者。

② 号码公开法。给参与者每人发放一张带有公开号码的卡片，在规定时间内开奖，随机开出的中奖号码并公布，由参与者自行查看自己的号码是否中奖。也可以把卡片做成会员卡，凡参与抽奖的人自动加入会员。还可以把卡片做成折价券，使两种促销方式结合使用，即使没有抽到大奖的消费者也可以凭折价券享受购物优惠。当然，连锁店要在卡片上做上醒目的广告。

③ 号码隐藏法。连锁店先公布中奖号码（或图案），然后给参与者发放带有涂盖层的卡片，参与者刮开涂盖层核对即知是否中奖。还可以直接在涂盖层下面写上奖品名称或中奖金额。这种方式也被人们称为“刮刮卡”。它虽然属于免费抽奖的范畴，但连锁店可以规定消费者购买产品方能获得中奖机会。

（2）即时开奖。所谓即时开奖，是指消费者拿到开奖凭证后，马上就可以知道自己是否中奖的抽奖方式，如刮刮卡，属于即时开奖的方式。但这里的即时开奖主要是指基于产品的即时开奖，它不同于免费抽奖，并非每个参与者都有机会抽奖。参与者只有购买到产品后才有获奖的机会，因为中奖内容设计在商品包装里，只有购买并开启包装才能知道是否中奖。例如，设计在饮料瓶盖或易拉罐里面的中奖信息，只有消费者购买到产品后，打开瓶盖才能知道是否中奖。

成本相对较低、消费量大、同质化严重的产品，最适于做即时开奖促销活动。在活动中必须设立几个大奖、20%以上小奖。大奖虽少，但能使消费者被中奖奖品吸引，从而影响他们的购买决策。较大比例的小奖，能使消费者不会因为未中大奖而对购买行为产生失望的心理。

3．游戏

游戏促销一般分为两大类：连续型游戏促销和一次性游戏促销。

连续型游戏促销，即游戏内容需要参加多次方能完成，包括以下具体形式。

（1）拼字游戏。这种游戏形式 20 世纪 60 年代在西方企业十分流行。一种做法是当顾客光顾连锁店时，可以得到一套英文字母。如果顾客手中的英文字母可以拼出 Cash（现金）这个单词时，即可得到奖金。另一种做法是当顾客光顾连锁店时，可以得到一张游戏票，将票上的覆盖物剥去后，即可显示一个英文字母。如果顾客的游戏票足够多，以至可以用票上的字母拼写某一个指定单词时，即可得到奖金。

（2）配图游戏。这种游戏的做法是当顾客光顾连锁店时，可以得到半张模拟支票，支票上的金额从 1 元到 1 000 元不等。顾客光顾连锁店的次数越多，所得到的半张支票也越多。当这些半张支票可以组成一张完整的支票时，顾客就可以按照支票中的数字领取奖金。后来，这种做法得到进一步发展，许多连锁店根据自己的情况，用各式各样的图案来代替支票。

（3）收集游戏。顾客每光顾一次连锁店，就能得到一个图像或一个标志，等到按要求收集齐了，就算完成了这个游戏，即可领取奖金或奖品。

以上三种连续型的游戏促销形式，其共同之处就是顾客要想获奖，必须多次光顾连锁店或购买商品，这对增加连锁店的客流量和商品的销售量很有好处。但由于需要较长时间的等待，甚至需要付出更多的购买次数，顾客往往容易失去耐心，从而对促销活动不感兴趣。

一次性游戏促销，即顾客只需参加一次游戏便可获奖，最典型的表现形式是各种兑奖。例如，顾客到连锁店购物后可得到一张奖券，当时即可兑奖，形式如同抽奖中的“即开即兑”。

在设计竞赛活动形式时，一定要注意活动的趣味性和竞赛难度的适宜性，切不可将竞赛搞成职业性比赛，使参加者因难度太大而望而却步。同时，还要注意竞赛规则的可行性和安全性，要本着对消费者负责的态度进行科学设计。实践证明，有的连锁店只顾追求活动的刺激性，将获奖条件规定得高不可攀，甚至不惜危害顾客的健康及安全，这是促销策划人员必须要引以为戒的。

例如，某商场在“五一”节期间举行喝啤酒竞赛活动，规定谁能在 6 秒内喝完 660 毫升瓶装啤酒，即可获价值 6 000 港元的澳门旅游套票一张。但是，失败者的比例达到百分之百。这一未为参赛者买保险，甚至现场无救护医生的喝啤酒大赛，吸引了 30 多位男士和个别女士踊跃参与，结果无一人达标。一位成绩最好的小伙子，也只能在 13 秒内喝完。据现场测试，将一瓶 660 毫升啤酒倒空需要 15 秒时间。那么，尽管用嘴快吸，一口气喝尽，也无法节省相差 9 种的时间，几乎要命的 6 秒注定任何参赛者必败。

阅读材料 2.3

赫尔·德诺法则

营销专家赫尔·德诺曾表示，在制定竞赛或抽奖的活动规则时，有两个基本要素务必切记：第一，必须确定活动办法清楚易懂，让每一位参与者清楚活动规则；第二，必须先确认所有的活动内容完全合法，以免日后产生困扰。下面是德诺提出的竞赛或抽奖宝贵法则，旨在规避一些无谓的困扰。

（1）参加资格（合格与不合格）：对竞赛或抽奖的举办者而言，通常会提出某种程度的参与者的资格条件，只要有人符合此条件即可参加本活动。例如，汽车厂商可限制参加者条件为拥有驾照的人；香烟厂商则可限定年满 21 岁才可以参加。因此，对参加资格条件的叙述，理应越详尽越好。部分举办者为了避免徇私的嫌疑，常严格限制店员及与连锁企业有业务关系的广告公司或促销公司的员工，均不得参与竞赛或抽奖活动。

（2）购物凭证要求：说明何类购物凭证为参加者必备的条件。例如，提供某商品的购物方票。

（3）参加次数：明示消费者可参加的次数。例如，每人仅限一次，或者不限参加次数。

（4）截止日期、抽奖日期、公布中奖日期等信息：不论任何竞赛或抽奖活动，均应特别标明截止日期。至于抽奖日期或评选结果日，以及中奖名单公布日，也应详细注明。

（5）合法保障条款：为保障举办者和消费者的合法权益，在活动规则中通常会载明“与法律抵触之处应属无效”，假若对抽奖或趣味竞赛的参加者无须购物限制时，则务必以粗体字标注于参赛规则中。

（资料来源：http://www.myidc.net.cn/style/0001/newsone.asp?newsid）

2.3.3 实施竞赛与抽奖促销

竞赛或抽奖活动是否能取得成功，通常视活动主题或奖品组合的规划是否卓越而定。活动主题和奖品最好能与产品关联，或能在新闻版面上、广告上广为宣传。因为只有深富创意的活动主题及充满魅力的奖品，才能吸引消费者的注意并刺激他们参加的兴趣。事实上，任何竞赛或抽奖活动的主要目的都是促销商品，而不只是吸引大量的参加者。因此，凡是枯燥无味、单调无趣、缺乏想象力、几近雷同的活动方式，往往只会造成无谓的浪费，从而无法达到促销的目的。

1. 奖品设置

对于消费者来说，竞赛与抽奖促销活动的吸引力通常远远大于赠品促销活动的吸引力，其吸引力主要来自奖品。活动策划人员只有设置符合消费者心理的适当奖品，才能吸引消费者踊跃参加促销活动。奖品设置必须考虑以下两个方面的因素。

（1）奖品的价值。奖品及奖品组合的诀窍是主宰竞赛或抽奖活动成败的关键因素。通常，奖品组合均采用金字塔形，即设置一个高价位的大奖，接着设置几个中价位的奖品，然后设置数量庞大的低价位小奖或纪念品，而末等奖的设置则往往采用样品或小礼品。

在设计奖品价值时，应该分层次、有吸引力，并保证有足够的中奖概率。在符合促销预算的前提下，高价位奖品通常设置一到两个，必须对消费者有足够的吸引力；中价位奖品的数量应稍多于高价位奖品的数量，而且价格不能相差过于悬殊；低价位奖品数量应足够多，以调动消费者的积极性，使消费者更好地参与活动。

（2）奖品的形式。在竞赛与抽奖促销活动中，兑付给消费者的奖品主要有两种形式：一是现金形式；二是实物形式。

现金作为奖品的好处是对每一个消费者都很实用，并且奖金的数量也让消费者一目了然，消费者很容易了解自己能从活动中得到多少好处。但是，它一个突出的弱点就是缺乏个性，对一些特殊的消费者来说，现金可能远不及旅游或某些实物有魅力。

实物奖品的好处之一是能为消费者提供别具一格的奖品，以提高活动的刺激性和吸引力。例如，为消费者提供在市场上买不到但又具有纪念意义的奖品，就深受消费者的欢迎。

实物奖品的好处之二是可以结合促销主题来设计奖品，如在1996年“可口可乐金奖连环迎奥运”促销活动中，奖品除纯金“可口可乐”奥运纪念牌和其他相关奥运纪念品以外，特等奖则为出席“可口可乐”奥运之星中国英雄庆贺晚宴，与奥运选手共同进餐。这些奖品都与奥运主题结合得十分紧密，对树立企业或品牌的良好形象十分有益。

实物奖品的不足之处是消费者众口难调，一种实物对一部分人很有吸引力，对另一部分人可能没有吸引力，这就在一定程度上影响了促销效果。

在一些西方国家，比较受欢迎的大奖为高额度的现金、旅游观光和赠送汽车。

促销实践 2.5

一次有争议的抽奖活动

2017年5月，某超市进行周年店庆系列促销活动，其中，举办一项名为“周年庆大回馈”的抽奖活动。该项活动规定：在活动期间，会员无须消费，只须凭会员卡领取“抽奖券”，即可参加抽奖活动。由于该抽奖活动设置的一等奖项为价值5 900元的高清液晶电视机一台，奖金额度超过了5 000元。

据此，当地工商部门认定此项抽奖活动违反了《中华人民共和国反不正当竞争法》（以下简称《反不正当竞争法》）第十三条第三项“抽奖式有奖销售最高不得超过五千元”的规定，构成了不正当竞争行为，决定对该超市进行处罚。

该案主办人员在调查清楚了事实、证据属实的情况下，向当事人下发了行政处罚听证告知书，案审人员形成两种不同意见。

第一种意见认为：望文生义，对照“抽奖式有奖销售”的定义，要认定为有奖销售活动，就必须有销售行为发生，而超市举办该项活动仅针对会员，会员办卡免费，且无须消费即可参加抽奖活动，商家没有必然的销售行为发生。因此，不能认定为有奖销售活动，不应按《反不正当竞争法》对之进行处罚。

第二种意见认为：虽然抽奖活动与销售行为无关联，会员无须为了中奖而盲目购物，但超市举办这项活动的目的就是利用这种手段激发人气，促进销售，打压排挤其他竞争对手，已构成了不正当竞争行为。

如果你是办案人员，你怎么看待这一问题？

（资料来源：https://wenku.baidu.com/view/d444cd0002020740be1e9b6d.html）

2．规则制定

由于在竞赛和抽奖活动中，奖品的获得不是凭消费者购物多少，而是凭消费者的表现或运气。每个消费者对获奖条件可能会有不同的理解，因此，为了避免由于理解上的误差而给企业带来不应有的麻烦，竞赛和抽奖活动必须要制定严格、清晰、易懂和准确的活动规则，并通过大众媒体正式告知消费者。

（1）竞赛促销活动规则。

① 竞赛形式应有针对性。竞赛促销活动的出发点是吸引潜在消费者参与竞赛活动，通过参赛或获奖，引发购买兴趣，从而转化为现实消费者。在设计竞赛形式时，必须考虑竞赛参与者、获奖者与产品购买者之间的关系。虽然提高竞赛活动的趣味性，可以吸引更多的参加者，但不一定能够产生很好的促销效果。因此，在设计竞赛形式时，应格外注意设置特定条件，以进一步增强对目标消费者群的针对性。

② 竞赛形式应有趣。有趣的竞赛促销活动能引起顾客较多的注意，使参加者加深对品牌的记忆与印象。不同年龄、不同性别、不同阶层的消费者对竞赛类型的接受程度存在很大差异。因此，应充分考虑不同消费者的特征、兴趣爱好、消费习惯等，设计消费者认为有趣的竞赛形式。例如，针对青年人销售的产品，组织老年人的秧歌比赛就不合时宜。

③ 竞赛活动应简单、易操作。竞赛活动的难度过高，无形中提高了活动参与的门槛，会将部分目标顾客拒之门外。有些竞赛的形式趣味性强，虽然内容复杂，但只要竞赛原理简单，并能赋予时尚的含义，同样具有可操作性。例如，1988 年的汉城奥运会期间，麦当劳仍旧举办与上一届同样的竞猜活动，没有取得所期望的成功。原因是 1984 年奥运会在洛杉矶举行，而 1988 年奥运会在汉城举行，洛杉矶与汉城有时间差。1988 年奥运会实况，美国要在黄金时间段转播是做不到的。因此，电视观众人数大为减少。由于观众不了解比赛情况，对麦当劳的游戏就缺乏兴趣。

④ 竞赛活动应具有可控性，要能比较有效地控制竞赛奖品的总数。如收集产品包装游戏，要控制好参与活动产品包装凭证的市场投放数量，而不宜最后通过设计抽奖的方式来控制奖品数量，这样会影响参与者的热情。

⑤ 竞赛活动的评判标准必须严格、清晰、易懂、准确。在竞赛促销活动举行之前，就应建立明确的评判标准。由于消费者对竞赛规则都会有自己不同的理解，而且这种理解的差异性很大。因此，连锁企业每次举办竞赛活动，都必须将具体规则公之于众，并接受公证机关的监督。

（2）抽奖促销活动规则。

① 配合方式。为了更加有效地吸引消费者，鼓励其光顾本店而非竞争者的店铺，在抽奖促销活动前应做好广告宣传的配合工作，包括媒体广告和产品包装广告的配合。如果有事件营销的配合，效果将会更好。

② 更新开奖方式。实践证明，每用一次即时开奖的促销方式，消费者的回应率就会逐渐下降。如果想长期运用抽奖促销方式，必须不断推出新的开奖方式。只有这样才能充分调动消费者的积极性。如果成功运用事件营销造势，消费者在第一次活动结束后，将急切期盼第二次活动的开展。

③ 抽奖活动的公正性。在操作过程中，应该注意中奖号码分布的合理性。第一，大奖至少设置一到三个，且在活动过程中分配均匀；第二，小奖金额不必过大，但数量应该足够多。

④ 合法性。《中华人民共和国反不正当竞争法》规定，抽奖活动中单个奖品金额不得超过 5 000 元。因此，操作中要特别注意，触犯法律或使消费者失去信任的活动不但会使销售额受到很大影响，而且还会损害连锁企业的形象。

竞赛或抽奖活动，都应清楚标明活动期限，尤其是截止日期。一般来说，此类促销活动的期限以 2～3 个月为宜，只有有较充裕的时间来推动的促销活动，才能让更多的消费者把握机会，踊跃参加。活动规则一旦确定并公布以后，企业必须严格按照规则履行自己的承诺，而不应以任何理由改变规则或不予兑现。否则，不仅损害了消费者的利益，也会对企业形象造成较大的损害。例如，某一新开张的大型商场，为吸引顾客，一次又一次地延长开奖日期。不仅如此，当一个小时内有两人先后中了 5 000 元大奖后，商场却不予承认。事情发生后，引起了围观顾客的强烈不满，并向管理部门投诉，造成了很坏的社会影响。

3．成本控制

竞赛与抽奖促销活动的成本预算通常包括以下几个方面：

（1）奖品的金额。许多人认为提供奖品的金额越高，则促销效果必然越好。其实，促销活动的效果与投入的奖品金额没有必然联系。几百万元奖品的活动有可能失败，上万元甚至几千元奖品的活动也可能取得明显的促销效果，关键在于策划与组织工作是否富有创意。

在设计奖品金额时，要综合考虑促销的产品、促销活动的主题、活动开展的地区和促销费用总预算等诸多因素。一般来说，实物奖品往往比现金奖品更能节省成本。因为现金奖品是“实打实”的，没有打折或变通的余地。1 000元的奖金就意味着必须要耗费1 000元的成本。但提供与1 000元等值的实物奖品，可能就不必花费企业1 000元的成本，因为企业可以利用业务合作关系，以较低的价格甚至无偿地从供应商处获取奖品实物。

（2）媒体宣传费用。竞赛与抽奖促销活动需要借助媒体的宣传来充分调动消费者的参与兴趣，从而获得积极的反响。这部分费用通常是不能够节省的。而且，从费用总预算角度讲，用于全部奖品的金额越高，所需广告宣传的费用就越低；反之，用于奖品的费用金额越低，则所需广告宣传费用就越高。活动策划者要兼顾二者之间的关系，争取二者合理搭配，以尽可能少的总费用，取得较好的促销效果。

（3）表格印制费、印刷宣传品费用，以及其他一些辅助性支出的费用。

（4）对参加来件甄选或抽出优胜者的处理费用。有些专业促销公司有明确的收费标准来承包此种筛选中奖者的工作。例如，在20世纪80年代的美国，从包装促销活动中抽出优胜者的工作，处理费用为5 000～8 000美元。至于竞赛促销方式，即使来件只有抽奖参加数量的十分之一，由于必须逐一评判，其处理费用则高达15 000～25 000美元。通常，举办促销活动时，处理过程的要求越多，手续越繁，相对开支的费用也越高。

（5）其他开支，如税金、保险费、公证费等法定开销费用。

关于竞赛与抽奖活动，务必切记的重要事项是：此活动是一个增加广告阅读率最佳途径的活动。这种特性对一个平凡而没什么新鲜特色，或是在同类竞争商品中极为单纯且毫不起眼的产品而言更为重要。我们也发现，不论是竞赛或抽奖，当某方面和产品有所关联时，通常能获得最佳效果。在举办此类促销活动时，最好不要提及诸如奖励一件T恤衫、一支圆珠笔之类稀松平常的奖励方式，而应着重于策划一套有创意，既可与商品相关联，又符合竞争要求的活动方案，或进而赋予消费者产品利益，这种创意方案正是创造销售业绩和利润的妙方。

促销实践 2.6

购物抽奖促销活动方案

1. 活动时间

2017年10月1日至2017年10月7日，为期7天。

2. 活动主题

购物广场购物抽大奖。

3. 活动目的

为塑造××购物广场在消费者心目中的良好形象，增加老顾客对××购物广场的忠诚度，确保顾客长期前来消费。

4. 活动内容及细则

（1）奖券投放起止时间。

活动期间，每天的9:30至15:30为投放奖券时间。

（2）参与抽奖资格。

活动期间，凡在本购物广场购物满 200 元以上（含 200 元）者，均可凭当日单张购物小票到指定地点领取抽奖卡一张，参加指定活动时间的抽奖活动。购物小票金额不足 200 元的，当日小票可累计。

（3）奖券投放方法。

奖券分为正副券，正券印有××购物广场奖券编号及活动说明；副券印有××购物广场奖券编号、顾客姓名、联系电话、商品品名等信息。活动期间，顾客凭当日购物小票在服务台领取奖券，按规定填写副券相关信息，然后将副券投入抽奖箱内，正券自己保存。在公证人员监督下开展投券工作，奖券一经投入抽奖箱，将被自动封存。

（4）抽奖时间及地点。

抽奖时间为每天的 16:00，抽奖地点为××购物广场门前。

（5）奖品设置。

特等奖 1 名，奖品价值 4 000 元；一等奖 1 名，奖品价值 2 000 元；二等奖 2 名，奖品价值 200 元，三等奖 10 名，奖品价值 20 元。

（6）抽奖方式。

活动期间，邀请公证处公证人员全程监督执行，确保活动的公开、公正、公平。每天 16:00，由公证处人员在××购物广场门前当众开启抽奖箱，主持人邀请 4 名顾客作为抽奖人上台抽奖，上台参与抽奖的人员必须服从活动主持人及工作人员的安排。抽奖顺序由三等奖开始，每抽一项，由主持人摇动抽奖箱一次。抽奖结束后，中奖结果由公证处人员现场予以公布。中奖人员不在现场的，将以电话通知的方式告知领取方式。

（7）奖品领取。

① 中特、一、二等奖者，凭奖券正券、购物小票和本人身份证（或有效证件）领取（特等奖的税金由中奖人承担）。

② 奖品领取时间为公布之日起三天内。逾期不领，按自动放弃处理。

③ 本公司员工及其家属不得参加此次抽奖活动。

（资料来源：https://wenku.baidu.com/view/154756385727a5e9856a6117.html）

任务小结

竞赛与抽奖是指利用消费者的好胜、竞争和追求刺激等心理，通过举办竞赛、抽奖等促销活动，将奖品发给优胜者，吸引消费者的参与兴趣，从而推动和增加销售的促销方式。通常，当某种商品或品牌未能达到既定销售额或利润目标时，运用竞赛与抽奖促销方式似乎最具成效。

一个真正成功的竞赛或抽奖活动，通常视活动主题或奖品组合的规划是否卓越而定。最好两者均能与产品关联，或能在新闻版面上、广告上广为宣传。只有深富创意的活动主题及充满魅力的奖品，才能吸引消费者的注意并刺激他们参加的兴趣。在策划竞赛与抽奖活动时，需要注意奖品设置、规则制定、成本控制等方面的问题。

任务训练

1. 竞赛与抽奖促销的主要形式有哪些？
2. 如何制定竞赛和抽奖促销的规则？

任务 2.4　折价促销

任务导入

淡季做品牌，旺季做销量，这是多数企业的基本推广策略。旺季来了，大家八仙过海，各显神通，一时间硝烟四起。但是，哪一种推广方式更直接、更有效呢？对营销一线的团队来说，短兵相接的白刃战——折价促销才是在战场上杀敌的利器。

折价促销并非灵丹妙药，别以为任何商品只要打折，必能增加销量。对于一些消费者关注度不高的商品，消费者图的是购买方便，即刻享用。他们不大可能货比三家，除非你的商品价格是市场上的最低价，在同一商店的同类商品中还能吸引一部分喜欢廉价的消费者，否则，折价促销的意义不大。

对于具有高度同质性的商品，消费者无法直观地从商品的功能或质量上加以区分，更多的还是依赖品牌带给他们的信任度。如果品牌知名度不高，哪怕你的商品价格是最低价，消费者还不一定敢购买你的商品，极有可能会在一排货架上，挑选一种价格略高的知名品牌的商品。所以，作为同质性较强的商品，在知名度不高的时候，应着重于品牌的塑造，而非寄希望于打折促销来提高销量。相反，一些品牌知名度较高的商品，如果开展折价促销活动，效果就会比较明显，对消费者的吸引力更大。因为消费者识其货，就会知道其价值，如能超值享受，自然趋之若鹜。尤其是一些消费者认为价格偏高，平时只能观望的品牌，对其折价促销会吸引一些消费者有能力“尝鲜”。

任务实施

2.4.1　认识折价促销

折价促销，又称为价格折扣，是指连锁企业通过降低商品的售价，从而促进消费者购买的一种促销方式。折价促销可以说是对消费者使用最多、冲击力最大，也是最有效的促销武器，尤其是对短期销量的提升有立竿见影的效果。

近年来，折价促销在国内市场之所以受到连锁企业的广泛偏爱，主要原因是由于行业内竞争的加剧，迫使企业不得不采用折价促销的方式来谋求生存。而竞争加剧的根本原因，又是由于企业的数量和可供应市场的商品数量大大超过了市场的需求量。在这种情况下，连锁企业必须绞尽脑汁地设法培养忠诚顾客和吸引更多的顾客，以尽量减少因顾客流失所带来的损失。而在诸多的促销工具中，价格折扣又以它见效快、顾客易积极参与见长。因此，折价促销就义不容辞地成为许多连锁企业对抗竞争的首选武器。

折价促销方式虽然经常被连锁企业采用，但使用时要非常慎重，否则会极大地损害企业形象。折价优惠一般适用于以下情况：

（1）品牌成熟度高的商品。品牌价值众所周知，折价促销能让消费者真实地感受到连锁企业给他们带来的利益。

（2）消耗量大、购买频率高的商品，折价促销能极大地刺激顾客的购买欲望，从而增加销售量。

（3）季节性强的商品。企业为加速货币资金的回笼，避免库存占压，以较大的价格折扣吸引顾客购买，也确实能给顾客带来实惠。

（4）接近保质期的商品。例如，袋装鲜奶和近保质期的食品，及时对其进行折价销售，既给顾客以实惠，也避免给企业造成损失。

（5）技术、包装、形态已处于弱势的商品。例如，破损、污损、零头（非整齐的）、流行过季或者滞销的商品。

（6）更换品牌形象。为了更换品牌的形象，原有品牌的商品也往往采用这种方式进行促销。例如，香港鳄鱼推出了全新品牌标志，此时为了处理原有品牌标志的产品，全国所有香港鳄鱼专卖店都出现了大幅度降价甩卖的现象。通过这种方式，香港鳄鱼在较短时间内清空了库存，以最短时间进行了品牌形象的转换。

促销实践 2.7

奇妙的折价促销

日本东京的绅士西服店创造的打折妙法，真是令人叫绝。他们首先规定了打折的方式：第 1 天打 9 折，第 2 天打 8 折，第 3 天、第 4 天打 7 折，第 5 天、第 6 天打 6 折，第 7 天、第 8 天打 5 折，第 9 天、第 10 天打 4 折，第 11 天、第 12 天打 3 折，第 13 天、第 14 天打 2 折，第 15 天、第 16 天打 1 折。顾客只要在打折销售期间选定自己喜欢的任何一天去购物，都可享受到相应的折扣优惠。结果，第 1 天、第 2 天前来购物的顾客不是很多，第 3 天就开始一群一群地来到商店，第 5 天打 6 折时客人就像潮水般地涌来抢购，以后就连日客满，把全部商品都买光了。

这种打折方法的妙处就在于能有效地掌握顾客的购买心理。任何人都希望在打 2 折、打 1 折的时候买到他们所需要的商品，然而你所需要的商品并不能保证都会留到最后一天。因此，等到打 7 折的时候，顾客就开始焦急起来，怕自己所要买的商品被别人先买去，于是便坐不住了，产生赶快把它买下来的心理。

（资料来源：樊丽丽. 趣味促销案例集锦. 中国经济出版社）

2.4.2 折价促销的特点

折价促销之所以能让顾客如此踊跃地参加，是因为它直接了当地给消费者带来了实惠的原因。抽奖活动是把顾客获奖权交给了“老天”，赠送礼品显得不如人意，而折价促销却能使每一位顾客实实在在地受益，省下来的是金钱，而不是毫无用处的赠品。因此，与其他促销工具相比，折价促销的冲击力更强。

1. 折价促销的优点

（1）帮助连锁企业处理过季存货。对于生产季节性很强的商品的连锁企业而言，折价促销使用的频率较高。例如，服装店经常提供换季折价销售的商品，当新的款式上市时，服装店也经常将老的款式进行折价销售。那些为了清理即将过期的商品而提供折扣的连锁店，通常会把价格定在商品的成本价之上，但有时候也会以亏本的价格售出过季商品。

（2）鼓励消费者光顾连锁店。有些连锁店实行折价促销的目的在于吸引顾客大量的购买商品，从而把某商品的价格降得很低，即以低于连锁店为之支付的成本价格销售，这样做的目的是为了产生特别有吸引力的效果，以吸引更多的消费者。有一些经营高价值商品的连锁企业，如家电、首饰、化妆品等，为了吸引消费者入店，也会针对一定的商品大量使用价格折扣的办法。一旦消费者到了店中，销售人员会指出所销售商品的局限性，并同时尝试着把更高价值的商品卖给顾客。但是，这种价格折扣方法的使用，“先引导顾客来店，再改变货物的品质”的做法，通常被认为是不道德的，并且可能会疏远顾客。而且，如果这个打折的商品没有准备好，则这个种做法是违法的。

（3）有利于连锁企业在不同类型的顾客之间实施不同的价格。连锁企业采用稍高于他们成本价的价格销售，这样可以在不同类型的顾客之间实施价格差异。例如，经营窗帘的连锁企业通常会周期性打折，而且价格波动幅度明显。这种方法可以使一个特定的连锁店既可以以价格敏感者为目标，也可以以非价格敏感者为目标，从而获取最大的利润。在这种类型的定价计划中，很多对价格相对来说不太敏感的人，可能会在没有折扣时购买商品，为企业带来较高的利润。另一方面，商品降价时，那些对价格敏感的消费者会购买该商品，而不会从竞争者那里购买。相反，如果某连锁店总是提供单一的、适中的价格，则在失去价格敏感顾客的同时，也不能从非价格敏感者那里赚取较少的利润。尽管这种定价方法似乎造成对那些缺乏信息的顾客的不平等，但连锁店为那些对价格不敏感的消费者节约了搜寻成本。

（4）促销的短期效果突出。折价促销是较简单、较有效的市场竞争手段。短期内，折价促销可以迅速增加消费者的购买量，提高产品的市场占有率，塑造质优价廉的产品形象，淡化竞争者的广告及促销力度，从而形成稳定的消费群体。以价格敏感者为目标的连锁企业可能发现，将物有所值这一理念传递给顾客是有益的。例如，某连锁店，它的大部分商品都频繁地提供折扣，包括应季商品，它所传递的是连锁店提供的商品是物有所值的理念。

2. 折价促销的缺点

折价促销虽然在短期内能够起到立竿见影的促销效果，但同时也会产生一些负面影响。正如一位著名营销专家所言，折价是最有效也是最低级的促销手段。它能给企业带来巨大的效益，但也会让企业蒙受损失。因此，它不是维持连锁店生存和发展的最好方法，更不是连锁店竞争的长久之计。折价促销的缺点主要表现在以下几个方面：

（1）经常性的折价促销会损害商品及其品牌的形象。连锁企业经营的商品经常折价销售，往往会让消费者对折扣价格习以为常，从而认为商品本身的定价过高，商品本来只值折后的价格，或认为经常打折的商品质量会低于售价高的竞争品牌的商品质量。这样，“折价”便会成为品牌形象的一部分。若消费者习惯了某产品的经常折价，其促销的效果自然就微乎其微了。

（2）经常性的折价会让消费者不愿意以全价购买商品。频繁的折价促销使消费者变得对价格更为敏感，可能不愿意以正常价格购买商品，连锁企业也就无法将商品的价格恢复到正常的水平。例如，许多服装连锁店观察到顾客相信“每件东西最终都会降价”，因此，倾向于推迟购买他们本来会以全价购买的商品，直到他们可以获得折扣价格。另外，购买某个商品而支付全价的消费者，会因为它很快降价而感到恼火。为了安慰这些人，如果这些顾客在规定的时间内带来了他们的购买证据，有些连锁店甚至会补偿常规价格与这一价格之间的差额。这种情况的发生，会使连锁店丢失他们在已销售商品上实现的利润。

（3）折价促销不利于建立消费者的忠诚度。折价促销最能吸引对价格关注度高的消费者，而这类消费者会习惯于只购买打折商品。因此，一旦折价促销活动结束，他们就会马上转换到价格相对较低的其他连锁店购买。可见，折价促销不利于建立消费者的忠诚度。

（4）折价促销容易引起竞争对手的效仿，引发价格战。调整价格是市场竞争中最简单、最有效的竞争手段，但是高折扣促销会引发恶性的价格竞争，不利于维护商品的形象和维持企业合理的利润空间。

阅读材料 2.4

线上折价促销活动集锦

在“无促销不电商”的大环境下，电商运营人员需要想出各种奇招。玩法虽多，但万变不离其宗。

1. 打折（直接折价促销）

优点：快狠准，短期内能够刺激消费，增加购买量；处于主动的竞争地位。

缺点：导致利润下降；价格一旦下降，很难恢复到之前的价格水平。

2. 秒杀

秒杀与打折相比，力度更大，往往都是“10元内秒杀”“半价”“五折秒杀”的方式，由商家设定活动时间、秒杀价格、是否限量或限地区、包邮与否，等等。

优点：便于引进流量，增加店铺关注度、收藏度，并在一定程度上增加销售额。

缺点：引来的粉丝大多数情况下是“垃圾粉”（价格敏感者为100%）；利润下降甚至亏损。

3. 免单

免单分为限量免单和限时免单。它其实是免邮试用的衍生物，属于免费试用。不同的是，免单需要先购买，下单后系统自动返款或者下单时直接实拍金额为零。

优点：较大力度刺激消费；关注、加购物车后，提高商品自然搜索排名。

缺点：除天猫平台可系统设置免单以外，其他平台免单策略的公平性和可监控性，存在信任度问题。

4. 满减

满减分为领券式满减和系统自动满减两种方式，可设置多级、多档。

优点：能够刺激消费，尤其是领券式满减，能够吸引客户二次进店。

缺点：导致利润下降，若说明和操作不当，很可能会起到反作用，引起客户的不满。

5. 满送

满送即消费满一定金额送实物商品或者优惠券，可设置多级、多档。

优点：根据实际赠品的价值，不同程度上起到刺激消费的作用，提高客单价；创造产品的差异化；增强商品的吸引力。

缺点：导致利润下降，若赠品质量太差，会影响品牌信誉度和销量。

6. 满返

满返的形式包括现金、优惠券等。可设置全场商品或指定商品参与，可由人工或系统自动操作。

优点：对品牌形象影响较小；不会引发竞品间的价格竞争；能够刺激消费。

缺点：导致利润下降；刺激力度有限，不能引发消费者非常强烈的参与积极性。

7. 买送或捆绑

买送或捆绑是变相打折的一种，买送商品又可分为买A送A（送同款）和买A送B（送其他款）。

优点：变相打折，既刺激了消费，也不会产生直接降价带来的一系列问题。

缺点：导致利润下降；若捆绑产品质量太差反而会影响消费者对商品的评价。

8. 搭配销售

搭配销售，分为X件商品组合销售和加A元换购B商品两种方式。

优点：搭配销售，与单品叠加购买相比，消费者支付的金额更低。引流产品与爆款产品组合，将流量形成转化；关联销售提高转化率的同时，为其他商品导流。

缺点：导致利润下降；若搭配产品没选好，容易带来反效果。

9. 包邮

包邮对于消费者来说是一种心理安慰，邮费本身就是自己购买商品以外的费用，支付邮费只会增加自己这次购物的开支，而不会对商品本身的品质有任何影响。所以，如果能不支付，必然会省掉一小部分费用。对于消费者来说，通常会把包不包邮当成最后下不下单的决定因素。其实商家们都知道，羊毛出在羊身上，但这就是消费者心理。

优点：包邮策略配合店铺内部的关联销售，可以降低商品跳失率，提高客单价。

缺点：若因邮费成本过高而选择太差的快递公司，导致快递时效性差与派送范围不足等问题，会引起过多的中差评导致对商品的评分降低，得不偿失。

10. 好评/晒单就返

“返”的内容包括：实物商品、优惠券、现金。消费者心理分析1：消费者购买到满意的商品，他们不一定会来给好评。但是，买到质量差的产品，非常大的概率会来给差评。消费者心理分析2：消费者的购买流程为买东西→看店铺评分→看评价（尤其是买家秀）→下单。

优点：能够提高店铺信誉度、店铺评分，提高新客购买转化率，培养消费者的购物习惯。

缺点：导致利润下降，若客服对此政策不熟悉，反而会导致消费者对商品的差评。

11. 试用

试用是将商品（一般都是新产品或者试用装）赠送给潜在目标客户，并诱导购买的一种方式。试用包括付邮试用（申请用户需支付邮费）和免邮试用。

优点：能够提高产品的入市速度，能够有针对性地选择目标消费群体，形成传播效应，提高品牌的知名度、亲和力，增强互动。

缺点：成本相对较高，对于同质性强或者个性色彩较弱的产品，效果较差。

12. 抽奖

抽奖形式的奖品可为实物或虚拟商品，一般由商家设置抽奖条件和奖品。

优点：能够覆盖大范围的目标消费群体，促进消费；能够吸引新顾客尝试购买和老顾客再次购买。

缺点：刺激效果有限，消费者往往见多不怪，对品牌的提升没有太大的作用。

13. 积分/会员

建立会员制度和积分制度，包括会员专属折扣、积分换购等。

优点：能够刺激消费者多次消费，增强他们对品牌的忠诚度，提高产品的竞争力；运作成本低。

缺点：对新客户的吸引力比较差，投资回报效率较慢，需要经常性的维护，由于活动的周期长，效果也比较难评估。

14. 团购

团购设置单人成团或多人成团、成团人数、阶梯价格、团购时间等参数。单人团折扣有限，多人团折扣则需要根据人数而定。

优点：能够快速增长粉丝的数量。

缺点：导致利润下降。

15. 预售

预售即提前支付定金，发货时再支付尾款的活动形式。相当于提前把商品定下来了，但是发货要等到统一预告的发货时间。

优点：预售可减轻大促期间当天的工作压力（比如“双 11”），商家可根据订单数量备货，避免商品堆积，避免多余人工成本和生产成本；还可以增加商品曝光时间，拉长销售时间，从而增加销售额。

缺点：客户的心理一般都希望越早到货越好，预售会让消费者产生“等得不耐烦”的心理，如产品质量不好，很容易换来一个差评。

（资料来源：http://www.shenyongxiang.com/content-2611-4/）

2.4.3 折价促销的方式

1. 直接折价

直接折价是指连锁企业直接给予消费者的一种价格折扣方式。例如，“全场 6 折优惠”“部分商品 3 折起”“凡 5 月 1—7 日购买，均可享受 6 折优惠”等。直接折价一般要与促销主题配合，使消费者明确这是一种阶段性的促销活动。直接折价促销能够强烈引起消费者的注意，并刺激消费者做出购买决策，使消费者增加购买数量，或者改变消费者的购买时间（如提前购买）。对于品牌知名度较高的商品，以及购买频率高、消费者关注度高的日用消费品，直接折价的促销效果尤其明显。而对于同质化程度高的商品而言，如果品牌知名度不高，即使采取较高的直接折价，也很难达到预期的促销效果。

促销实践 2.8

北京某超市的灵活促销策略

北京某超市连续多年创造了不俗的经营业绩，在同行业的超市竞争中，始终处于领先的地位。除价格优势外，该超市采取灵活多变的促销手段产生了良好的效果。一到夏天，北京天气异常炎热，晚上居民不愿“闷”在家里，纷纷来到室外消暑纳凉。该超市适时地推出了“夜场购物”活动，将超市的闭店时间从原来的晚9点半延长至晚上12点。同时，在这一时段，将一些食品、果蔬等生鲜品类进行打折销售，既为附近居民提供了纳凉的好去处，又低价促销了大量的日用消费品。该活动很快就受到广大消费者的欢迎，也吸引了不少附近商圈的居民来此购物，此举使其在这一商圈的同业竞争中一举胜出。

（资料来源：胡玉玲. 超市营销. 北京：企业管理出版社，2003.）

2. 减价优惠

减价优惠是指标明原价和现价各是多少的促销方式。减价优惠一般需要POP的强力配合，如“原价100元，现价80元，为您省20元”，再在原价格上打上醒目的“×”，以此来吸引消费者。或者，在商品包装上标明零售价，再用POP标签写上减价后的优惠价格，如“仅售25元”等。

“统一价”是一种特殊的减价优惠方式，即采用取长补短的方式，制定出一个比所有商品零售价格都要低的价格统一销售。例如，全场牛仔裤无论原价是200元一件还是150元一件，现价全部只售100元一件。这种方式在价格上不给消费者任何选择的余地，但在款式及档次上充分给予消费者选择的空间。

促销实践 2.9

千份销魂人气美食，满足你的味蕾！

1元也能吃到主厨的招牌菜？大连恒隆广场撒下千份福利，原价低于69元的菜品最后只需支付1元钱！

大连恒隆广场的费尼餐厅，碳烤猪肋午餐，原价69元，现价1元。炭烤猪肋、黄油鸡蛋、番茄、芝士、三色薯块、蔬菜色拉、蒜香法棍的诚意组合，给你一顿营养丰富的午餐！

大连恒隆广场的Mangos，竹荪镶虾，原价38元，现价1元。鲜虾被包裹在新鲜竹荪之中，放入火锅中只需20余秒，就能充分吸取汤汁的鲜味，鲜虾的爽弹也随之而来，赋予鲜虾别样滋味。

大连恒隆广场的滇草香，汤底（酸汤/菌汤/鲜辣/煳辣/麻辣/高汤），原价22～48元，现价1元。正宗的云南特色菜，舌尖上的原生态。既满足火锅的味道，又能健康养生。6种特色锅底任你选择，带来不同的云南滋味。

大连恒隆广场的十八里苗寨，苗寨香肠，原价29元，现价1元。秉承贵州苗家风味，配料精致，腌制用料恰到好处，火候适度，口感层次丰富、细腻，香味回味悠长。

大连恒隆广场的鱼满塘，麻辣鱼皮，原价26元，现价1元。鱼皮为纯天然鱼皮，含有丰富的胶原蛋白。味道麻辣脆爽，入口滑嫩，是一道独具特色的凉菜。

……

（资料来源：半岛晨报）

3．数量折扣

数量折扣是对大量购买某种商品或服务的消费者提供的一种折扣方式。通常是按照购买数量的多少，分别给予不同的折扣。购买数量越多，折扣越大。数量折扣可以规定消费者一次购买一种商品达到一定数量时，给予一定折扣优惠，也可以规定消费者购买几种产品达到一定数量时，按总购买量给予一定的折扣优惠。数量折扣的目的在于鼓励消费者大量购买或集中购买，因此常用于购买频率高、产品之间相关程度大的日用消费品。

4．附加赠送

附加赠送是指当消费者每购买一定数量或金额的商品后，按一定的比例附加赠送同类商品的促销方式，以此吸引更多的消费者购买。"买一送一"是最常见的附加赠送的方式，消费者花一份产品的钱可以得到两份产品，相当于享受了五折优惠，其实质还是折价促销。例如，Wal-greens便利店，顾客在该便利店购买第2种商品，只要1美分。此外，Wal-greens提供了"混合搭配"的购物方式，让消费者每天都可以以特价买到促销品，而后再花1美分即可选购另一种Wal-greens便利店的商品。这种方法不仅可以有效刺激消费者的购买，而且能够帮助销售人员完成期末销售指标。附加赠送常用于单价较低、包装简单、使用频率较高的日用消费品。

5．加量不加价

加量不加价和附加赠送非常类似，区别在于该方式是在产品出厂之前，将赠送的产品装在包装内，在商品包装上标注"加量不加价"的优惠信息，让顾客能以同样的价格买到更多的产品。这种方式可以增加企业的销量，扩大市场份额。例如，用"500克的价格买到800克商品"。这种方式也能很好地刺激消费者购买，尤其对于消费者熟悉的品牌。如果是陌生品牌或新产品，消费者对这种方式的接受程度就要低一些。

6．购物返券

购物返券是在连锁店购物满一定数量或金额的商品之后，凭购物凭证到连锁店指定地点领取相应金额的购物券。例如，"买100送40"，即是购物金额达到100元，便可获得40元的购物券，可以用此券在连锁店里购买其他商品。购物返券相当于在原商品价格基础上打了一个折扣进行销售，但是延长了消费者在店内的购物时间，增加了商品的销售额。

促销实践 2.10

全场商品"满200返200"

2015年12月7日，当当网推出全场商品"满200返200"的促销活动，活动说明如下。

1．12月7日0点0分至12月12日23点59分期间，凡在当当网购买商品并且单日付款金额满200元（含200）的消费者，即可获得200元礼券！

2. 活动期间，参加当当网所有促销活动的订单均可参与“满返”活动，以实际支付金额计算参与标准。

3. 同一账户，同一IP地址，同一收货人，仅可参与一次活动，最高获得礼券上限200元。

4. 礼券会在活动结束后10个工作日内发放到您的账户，请留意账户信息及短信通知。

5. 本次活动所返礼券为4张50元礼券，礼券明细如表2-3所示。

表2-3 礼券明细表

礼券种类	使用范围	有效期
图书音像50元礼券1张	全场自营图书音像，满200元可用	2016年1月1日至2016年1月31日
图书音像50元礼券1张	全场自营图书音像，满200元可用	2016年2月1日至2016年3月31日
服装全场50元礼券1张	全场服装鞋包，满200元可用	2016年1月1日至2016年1月31日
年货季50元礼券1张	自营百货年货季专享礼券，满200元可用	2016年1月1日至2016年2月12日

6. 礼券使用规则。

（1）礼券仅限在有效期内使用，过期则无法使用。

（2）一张订单只能使用一张礼券，礼券不可合并。

（3）礼券金额大于订单金额，使用支付后剩余金额下次购物时可继续使用；礼券金额小于订单金额，需由用户支付差额。

（4）使用礼券的订单被取消后，礼券将在订单取消10分钟后按比例返还至账户，礼券有效期不变。

（5）使用礼券的订单发生退货的情况说明如下：

① 上门办理退货。快递取走货物后2天内（不含当天）可确认退款，确认退款后所使用的礼券将在10分钟后按比例返还至账户，礼券有效期不变。

② 邮寄办理退货。待商品退回当当网库房后，所使用的礼券将在10分钟后按比例返还至账户，礼券有效期不变。

（6）若使用礼券的订单未送达/未签收，订单配送失败后2天内（不含当天）可确认退款，确认退款后所使用的礼券将在10分钟后按比例返还至账户，礼券有效期不变。

（7）若使用礼券的订单部分缺货，订单发货后，所使用的礼券将在10分钟后按比例返还至账户，礼券有效期不变。

（8）礼券仅限购买使用范围内的商品。

（9）礼券不可与礼品卡同时使用。

（10）若订单需要分包裹配送，礼券金额会根据订单金额按比例分配。

（11）礼券不支持团购，凡是账户、IP地址、收货地址、联系方式、联系人、收货人等只要有一项相同的订单，均默认为同一顾客的订单，当当网有权取消该类订单获取礼券的权利。

（12）为防止恶意订单的产生，部分使用当当网十六周年店庆专用50元礼券的异常订单，将进行人工审核。

（资料来源：http://book.dangdang.com/20151205_kz5t）

7．套餐式折扣

套餐式折扣是将两件或多件同一商品，或者不同的商品组合在一起，以低于单件商品价格之和的价格出售，以此来吸引顾客成套购买的方式。例如，白猫集团在创业50周年之际，举办了一次赈灾义卖活动，原价43元的白猫系列产品组合包（包括佳美洗衣粉、洗洁精、超浓缩桶装无泡洗衣粉、高级百洁布、爱洁乐消毒洗手液、神奇抹布、4卷高级卫生纸）只卖25元，这属于典型的套餐式折价促销。另外，此次活动采取公益活动的形式，成功地避免了因套餐式折扣促销而可能给企业品牌形象带来的负面影响。这种方式适用于企业同时推出多种产品的情况。

促销实践2.11

肯德基套餐折扣促销

肯德基套餐折扣促销示例如图2-4所示。

愤怒的汉堡单人套餐，32.00元/份。套餐包含：愤怒的汉堡×1+香辣鸡翅×1+中杯可乐×1（可补差价换购其他饮料）。

愤怒的汉堡双人套餐，59.00元/份。套餐包含：愤怒的汉堡×1+香辣鸡腿堡×1+藤椒肯大大鸡排×1+二块新奥尔良烤翅×1+葡式蛋挞×2+百事可乐（小杯）×2。

图2-4 肯德基套餐折扣促销示例

2.4.4 实施折价促销

在频繁的折价促销活动中，谁是最大的赢家？是谁获得了更大的好处，是消费者吗？答案也许有点出人意料，企业是最大的赢家，最终获得最大好处的仍然是企业。

1．折价方式选择

折价促销并非放之四海而皆准，企业首先应明确折价的目的，以防过度使用和依赖折价促销。一旦确定使用折价促销，则需进一步明确使用何种折价促销方式。连锁企业在选择折价促销方式时，需要考虑以下因素：折价成本、厂商的接受程度、折价促销的时机、对企业形象的影响。

（1）折价成本。即使采用相同的折价率，不同的折价优惠方式，折价成本也不尽相同。例如，附加赠送方式和套餐式折扣方式，通常需要对促销品进行特殊处理，如分开包装、合并包装或分开存储、分开陈列等。因此，材料及处理过程的成本、存储成本以及陈列成本自然就会相对提高，从而导致整个折价商品成本上升。

（2）厂商的接受程度。由于该促销活动存在特殊处理、存货处理、结算等问题，折价优惠这种促销方式并非总能得到厂商的支持。资料显示，在美国只有 50%～60%的食品或药品厂商愿意接受折价促销方式。

（3）折价促销的时机。在每次运用打折手法招徕顾客时，应尽量把握促销时机，如选择母亲节、中秋节、儿童节等，且限期促销，这样不至于对企业形象造成负面影响。消费者购物心理有时候是“买涨不买落”，要把握时机，利用消费者的消费心理来促销产品。折价优惠如果频繁使用，则会有损企业形象。

（4）对企业形象的影响。如果经常进行折价促销，会给消费者带来一种产品因卖不出去而降价的感觉，容易引起消费者的逆反心理。因此，连锁企业在进行折价促销的时候，给折扣起一个“好听”的名字，也是相当重要的。

阅读材料 2.5

常见折扣促销方式的区别

1. 销售折扣

销售折扣是企业为了促进销售或为了鼓励购货方及时结清货款，给予购货方的折扣优惠的方式。销售折扣实际上是价格上的减让，折价的程度就是折价率，折扣金额的多少就是折扣额。销售折扣又分为商业折扣和现金折扣。

（1）商业折扣。商业折扣又称折扣销售，是指企业在销售货物时，为了促进销售，将货物按照一定折扣率（或折扣额）进行折扣，以折扣后的价格对外销售的方式。

（2）现金折扣。现金折扣是销售单位为了鼓励债务人在规定的期限内提前付款，向债务人提供的债务扣除的方式。企业为了鼓励客户提前付款，通常会与债务人达成协议，债务人在不同的期限内付款可享受不同比例的折扣，付款时间越早，折扣的比例越大。

2. 销售折让

销售折让是指企业在销售商品后，由于货物本身的原因（如质量问题）而给予购货方在销售总额上一定减让的方式。

3. 销售回扣

销售回扣是指企业在发生销售行为时或销售行为后给予购货方货币、货物或其他经济利益的统称。

4. 销售佣金

销售佣金是指企业在销售业务发生时支付给中间人的报酬，中间人必须是有权从事中介服务的单位或个人，但不包括本企业的职工。

5. 销售返利

销售返利是为了鼓励和促进购货方对本企业产品的销售，根据销售额的大小而给予购货方一定的利润返还的方式。

（资料来源：https://wenku.baidu.com/view/b874c5675f0e7cd1842536d0.html）

2. 折价率

无论选择何种折价促销方式，都必须先确定折价率。折价率如果过低，则对消费者的吸引力不足，无法达到促销的目的；如果折价率过高，则对企业来说会造成折价成本过高，影响利润。

确定折价率需要考虑以下因素：

（1）产品类别。产品类别不同，折价的幅度也有一定差异。一般而言，产品的折价幅度越大，对消费者的吸引力越强。

（2）品牌的知名度。如果品牌的知名度较低，则折价率需要更大一些，才能吸引消费者。

（3）品牌的生命周期。新品牌运用折价促销的效果优于老品牌，即新品牌可以用较少的折价获取较大的销售量。

（4）市场占有率。一个市场占有率低的产品，通常要比市场占有率高的产品付出更高的折价，才能吸引消费者，增加销售量。

（5）消费者类型。在连锁店，折价率较高才能吸引初次购买的消费者。当折价率只有6%～7%时，不管什么品牌、购买数量多少，对新客户几乎不会有什么效果，它只会吸引某些老客户的注意。

（6）购买数量。根据购买数量的多少给予不同幅度的价格折扣。一般购买量越大，享受到的价格折扣也越大。

3. 折价时间

折价促销活动如果运作正常，销量应比平时增长20%以上。折价促销对销量的影响在促销初期最为明显，随着活动的持续进行，增长幅度会逐渐下降。因此，一次折价促销活动的时长通常设定为2～4周，一般不应超过6周。如果活动时间过长，消费者就会习惯折价，今后很难再将价格恢复到正常水平。总之，作为促销工具，折价方式不能无限期地使用，连锁企业必须规定某种折价促销活动的时间，以防止折价固定化、经常化。

4. 折价标识

折价标识的作用是吸引消费者注意折价促销的商品，并明确折价促销的幅度。这里最重要的是必须让消费者一看就知道折价多少。标识的设计，虽然越大越能引起消费者的注意，却也不能大到把品牌商标都盖住的地步。通常，消费者购物时习惯辨认商品的颜色及包装设计，所以千万记住，别让折价标签掩盖了商品标签，只要做到一看即知就够了。

折价标识首先要做到简单易懂，并且用消费者喜欢的语句来表达。例如，“现在购买只要10元”的促销语，就不如“现在购买为您省10元”更有吸引力，后者更能令消费者产生共鸣。因为前者有种让消费者“掏钱买”的味道，而后者则有种“帮您省”的感觉，在心理上的这种差别会导致促销效果的显著差异。其次，折价标识要把原价及减价后的现价同时标注，形成鲜明的对比。最后标识牌的大小应讲求美观、清晰，但要不影响消费者对商品的观察视线。

最常用的折价标识的宣传方法是将折价标识与折价商品包装相结合。通常有以下几种形式：

（1）折价标识在商品的标签上。设计此类标识时应特别注意，标识的大小不能覆盖品牌商标，只要做到能令消费者一看即知的程度就够了。可以运用锯齿设计、旗形设计或其他创意设计，将折价优惠信息显著地告知消费者。图 2-5 所示为极富创意的一组折价标识设计，很有新意。

图 2-5　创意折价标识设计

（2）折价标识在软包装上。设计软质包装上的折价标识不太容易，要求设计者费些心思或请教有经验的设计制作人员。图 2-6 所示为适合运用在软包装上的折价标识设计。

（3）折价标识在联结式包装上。当几个商品联结在一起做折价促销时，设计者可以将折价金额标示在套带上。这种方式通常被香皂、口香糖、糖果等商品采用。例如，特价组合包装、保险刀架和新式刀片、文具盒和钢笔等组合方式。

一般而言，直接标示在商品上的折价信息，比任何其他促销方式更能带来快速的销售行动。所以说，越复杂的折价促销，越难引起消费者的兴趣，唯越简单、容易理解的折价促销活动，效果才会更好。

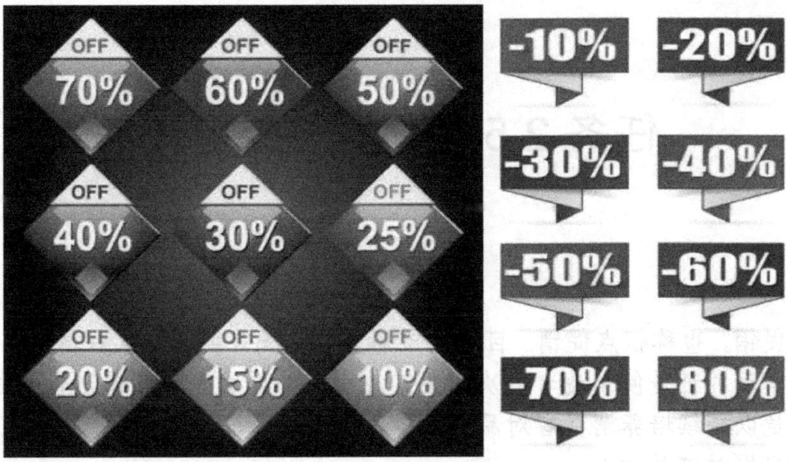

图 2-6　软包装上折价标识的设计

任务小结

折价促销，又称价格折扣促销，是指连锁企业通过降低商品的售价，从而促进消费者购买的一种促销方式。折价促销可以说是对消费者使用较多、冲击力较大，也是较有效的促销武器，尤其对短期销量的提升有立竿见影的效果。

折价促销方式虽然经常被连锁企业采用，但使用时要非常慎重，否则会极大地损害企业形象。折价促销一般适用于以下情况：品牌成熟度高的商品、消耗量大且购买频率高的商品、季节性强的商品、接近保质期的商品等。折价促销的方式包括直接折价、减价优惠、数量折扣、附加赠送、加量不加价、购物返券、套餐式折扣等。

折价促销的策划要点包括折价方式的选择、折价率、折价时间和折价标识。

任务训练

1．什么是折价促销？

2．折价促销的特点有哪些？

3．折价促销的方式有哪些？

任务 2.5 有奖积分促销

任务导入

有奖积分促销，也称积点促销。目前在市场上有奖积分促销形式种类繁多，花样纷呈，但其核心的促销目的都是使消费者再次购买某种商品或再次光顾某连锁店为主。大部分行业的积分促销是以持续培养消费者对品牌的忠诚度为目的，如银行、电信、航空、保险等，甚至论坛、B2C 网站亦是如此。

随着有奖积分活动的开展，消费者参与的积极性越来越受到打击，原因是开展过程中存在两个问题：积分过期和奖品不当。有部分客户反映，积分在不知情的情况下被清零或已经过期，从而享受不到应有的服务。也有的客户反映，商家配备的奖品有限，积分能兑换的奖品都是一些没有用的东西，让人心情很是不好，这种奖品还不如不兑换。

有奖积分促销活动，是培养客户忠诚度的有效措施，但如何不让积分过期以及让设置的奖品适合客户的需要，是商家必须考虑的两个问题。

任务实施

2.5.1 认识有奖积分促销

有奖积分促销也称积点促销，是一种先消费后获赠的促销方式。顾客在消费后得到分数或点数，当累计规定的分数或点数时，即可获赠相应的奖励，该奖励既可以是现金，也可以是礼品，或者是下一次购买商品的折价优惠券等。这种促销方式，对于使顾客再度上门消费或者使本店的顾客不被竞争对手抢走具有良好的效果。

1. 有奖积分促销的优点

（1）有奖积分促销可以利用会员制的形式来锁定目标消费群，降低营销成本。会员制是连锁企业普遍使用的营销方法，针对企业会员开展有奖积分促销活动，馈赠老顾客并给他们提供优惠，是在竞争激烈的市场上争夺顾客效果较好的促销方式。

（2）有奖积分促销可以培养消费者对企业的忠诚度。在促销活动过程中，消费者若要兑换奖品，必须累计活动规定的相应积分，这就需要多次消费或多量消费，从而达到了刺激消费的目的。若要换取更好、更高档次的奖励，则需要更多的积分，从而形成了更多的后续购买行为。同时，在重复消费过程中，通过行为对意识的影响，就会强化顾客对产品或服务的消费习惯。

（3）有奖积分促销成本较低。相对于赠品促销、折价促销等其他促销形式，有奖积分促销的成本还是比较低的。一方面，由于有奖积分促销活动不用在消费者每次购买商品时给予奖励，而是在反复消费达到相应积分后才可兑换，相当于将企业提供奖品的成本分解到顾客的多次消费行为中。另一方面，许多顾客在有奖积分促销活动中消费信心不足，累计较低档次奖励所需积分时就采取兑换行动，而很难累计高积分，兑换高档奖励。

（4）有奖积分促销可选择的奖品范围较大，这一点可以通过与赠品促销相比较看出来。赠品促销中赠品可选择的额度范围较低。例如，一个 30 元的商品，赠品额度就算按 10% 以内计算，赠品可选择的金额范围也只有 3 元以内。而有奖积分促销需顾客消费到一定额度才可兑换奖励，并且赠品额度可以随着消费积分数的增加而扩大。当顾客对较低积分所能兑换的奖励没有兴趣时，可继续累计积分，直至可以兑换自己喜欢的奖励。而可选择额度越大，赠品的品类就更加丰富，对顾客的吸引力也就更大，更能刺激消费者多次购买。

（5）有奖积分促销活动可作为广告宣传的主题。目前市场上各种品牌间的差异化程度越来越小，普通的广告很难引起目标受众足够的注意。有奖积分促销可以持续一段较长时间，企业可利用这段时间进行宣传，优质的赠品则可作为推广的诉求点。

（6）有奖积分促销能够提高连锁企业的竞争力。一旦顾客参加有奖积分活动，拥有了一定数量的积分，就不会轻易转向其他竞争店进行消费而浪费已有积分。同时，顾客持本店积分卡消费，会产生一种被认同的归属感，达到心理上的满足。另一方面，连锁企业可以让所属店面通用一卡，共享顾客群，巩固企业已有的消费群体。

2. 有奖积分促销的缺点

（1）有奖积分促销更适用于购买频率高、消耗量大的产品，对于一些购买频率低、消耗量小的产品则作用不大，如家电、家具等。

（2）有奖积分促销的方式吸引新顾客的效果较差。因为消费者在对连锁店没有认同感时，一般不会参加连锁店的有奖积分促销活动。

（3）有奖积分促销一般活动时间较长，特别是那些无时间限制的有奖积分促销活动，对顾客的耐心是一种考验，往往会使很多顾客对它丧失兴趣，除非积分要求非常低或者奖励非常诱人。

（4）有奖积分促销在兑换方式的设计上若难度较高，也会降低参与者的热情。兑换地点、兑换手续的方便与否都会影响兑换的难度。难度高会导致消费者对积分信心不足，对参与积分活动望而却步，缺乏参与活动的兴趣，甚至会使部分已参与者退出活动。

（5）有奖积分促销对活动期间的宣传效果要求高。如果连锁企业准备不够充分，宣传力度不够大，就不能使顾客产生参与的兴趣。因此，连锁企业在做有奖积分促销时，要求所属各店铺联动，营造浓烈的宣传氛围，否则很难达到预期的效果。

2.5.2 有奖积分促销的分类

根据是否有时间限制，可将有奖积分促销分为有时间限制的有奖积分促销和无时间限制的有奖积分促销。

1. 无时间限制的有奖积分促销

无时间限制的有奖积分促销是指顾客无论何时消费都可得到积分，只要积分累计一定数量，就可兑换规定的相应奖励的有奖积分形式。

无时间限制的有奖积分促销使顾客有足够的时间积累更多的积分，扩大受惠额度，使连锁企业有充足的成本以提供较低的折扣和更高额的奖励来吸引顾客。另外，充裕的消费时间可让积分信心不足的顾客打消顾虑，避免顾客因短时间内无法累积到足够的积分而放弃参加活动的情况，同时，通过长时间对积分卡上存储的顾客购买记录，可以掌握翔实的顾客购买数据，了解每位顾客每次购买的总量、主要偏爱哪类产品、产品使用的频率等信息，从而充分把握好向已有顾客销售的时机，有针对性地向顾客提出各项建议，更加有效地说服顾客接受企业销售的产品。例如，顾客今天买进了一台激光打印机，那么3个月之后，这位顾客就可能需要购买硒鼓。无时间限制的有奖积分活动有足够的时间来充分掌握顾客需求的各种信息，提高顾客满意度，有利于带动更多的后续购买行为。

没有时间限制的有奖积分促销活动不利之处在于，活动一经宣布，连锁企业就必须按照活动规则将活动进行到底，即使活动效果不佳或企业经营项目发生变化，都不能轻易终止，以免使企业形象和信誉受到不良影响。

促销实践 2.12

“贵妇人”积分卡，越积越美丽

“贵妇人”是一家很有特色的服饰连锁店，因为其服装都是为身材较为肥胖的女性设计的，因此，其顾客群相对来说比较稳定和单一，营销效果也受到了一定影响。

“贵妇人”的营销部门认为，其品牌的消费者是一个特殊群体，比较容易区分，只要找准了顾客，再用相应的办法留住这批顾客，就可以保证销量了。

于是，“贵妇人”推出了“‘贵妇人’积分卡，越积越美丽”的促销活动，只要消费，您就有可能获赠高档化妆品，“为您的美丽锦上添花，让您越积越美丽。”对前来店内消费的顾客实行实名制的消费方式，如果第一次消费的时候顾客留下详细资料并办理“贵妇人”积分卡，就可以立即享受一系列优惠活动，并开始进行积分。

第一次消费立即可以得到一份化妆品，积分卡上的金额按照原价计算。从第二次开始，在以后任何时间来店消费，只要购物金额比上一次积分卡的金额有所增加，就可以得到化妆品一份。每次赠送的化妆品可根据顾客的需要来提供，避免雷同。

在顾客生日和重大喜庆节日的时候，持有积分卡的顾客可以免费享受“贵妇人”提供的祝福贺卡和一份“贵妇人”生日或节日祝福化妆品一套。

积分不限时间，在顾客购物的累计金额达到5 000元时，将获赠价值500元的美白套装，获赠后累计金额又从零开始。

由于积分条件及积分礼品都相当诱人，“贵妇人”服饰连锁店留住了不少的老顾客，又通过老顾客的介绍和自身积分促销的宣传，吸引了一大批前来消费的新顾客，基本上形成了一个比较稳定的、可靠的顾客源，销量稳中有增。

（资料来源：祝文欣编著．促销实战攻略．北京：机械工业出版社，2006）

2．有时间限制的有奖积分促销

大多数积分促销活动都会规定一个时限，即在规定的促销时期内，顾客满一定额度的消费才能得到积分，并且只有在规定的促销期限内，顾客达到规定的积分数才能兑换奖励。如果超过了规定的促销期限，顾客消费不但得不到积分，以前的消费积分也会作废。

促销实践 2.13

“蒸发”了的积分

2015 年的“十一”国庆节期间，某女士在一家商场购物时，发现某知名化妆品品牌正在进行促销活动。通过营业员热情地介绍了解到，顾客在这个专柜购买 500 元产品，可免费获得一张积分卡，然后每消费 1 元便积 1 分，一年内积 5 000 分及以上，就可以得到公司赠送的新产品。

面对柜台上展示的一套只有积分才能换领的化妆品，她被说服了，当即购买 500 多元的产品，并获得了积分卡。此后，她又多次到该柜台购买价格不菲的化妆品，至 2016 年 7 月份，她的积分卡上已经有了 3 000 多分。但到了 2016 年 11 月份，她却意外地发现自己的积分竟全部“蒸发”了！

商场告知，由于从办卡之日起一年内，她的积分卡上的积分不足 5 000 分，积分已被自动归零，今年只能重新开始积分。感觉受骗的该女士这才想起，办理积分卡时，商家曾提醒过她积分有效期为一年，但并未说明“一年”的积分期限是从办卡之日起计算，遂投诉至当地消费者协会。

（资料来源：http://finance.sina.com.cn/roll/2017/01/13）

有时间限制的积分促销活动可以有效提高顾客在短期内的消费次数或消费金额，而且对于企业自身而言，有时间限制的积分促销活动更易于控制活动成本。因此，企业更愿意采用这种有时间限制的有奖积分促销活动。但是，因为有时间限制，如果活动的宣传力度不够，顾客的反应滞后，导致规定的时间内参与活动的人不多，就达不到企业促销活动的目的。因此，有时间限制的积分促销活动，企业一定要注意先期的活动宣传。并且，完成活动的难度不能太大，毕竟提供给顾客参与的时间有限。

此外，企业举办有奖积分促销活动还应注意竞争对手的动向，如果对手此时正在举办消费送赠品形式的促销活动时，那么有奖积分促销活动的效果肯定不佳，因为对大部分人来说，立即获得赠品远比慢慢等待获得赠品更有吸引力。

2.5.3 实施有奖积分促销

实践表明，在高效率的现代社会中，长时间的积累积分对许多繁忙的消费者来说太麻烦，会使部分消费者失去耐心，半途而废，吸引力逐渐变小。他们需要的是快，在短时间内就可以得到利益。所以企业在采用有奖积分促销方式时，事前需要周密地考虑和精心策划。

1. 奖品的选择

有奖积分促销是连锁企业常用的促销方法，活动中奖品的选择会直接影响促销效果和企业形象，因为顾客参加积分活动的目的就是使自己能享受一些优惠政策或者得到一些奖品。目前，很多连锁企业在终端奖品的选择方面存在很多问题，其实只要把握一些最基本的原则，就会让顾客和店铺实现双赢。

（1）注重奖品的价值。连锁企业在组织有奖积分促销活动时，往往会准备大量的奖品，希望通过活动带来更多后续的购买行为。在活动的宣传上，更多的企业将奖品作为活动的一大诉求。但是，许多企业出于对成本的考虑，往往选择低档次、质量不过硬的产品作为奖品，使顾客领到奖品后大失所望。还有一些企业，在宣传过程中故意夸大奖品的价值，一个六七元的剃须刀，摇身一变就成了六七十元。这样的奖品，有经验的顾客一看就知道是虚假宣传。如此选择奖品的行为，使消费者有被欺骗的感觉，不但不能提高顾客的忠诚度，反而会影响企业的信誉和形象。

（2）注意奖品的可得性。在有奖积分活动策划过程中，要特别注意以方便消费者为原则。活动规则尽可能简单易懂、一目了然，活动的时间、地点设置也要便于奖品的领取。为了防止消费者因积分信心不足而放弃的情况发生，要选择几款少量积分即可兑换的奖品。这样，消费者会更乐于参加有奖积分活动。如果消费者辛辛苦苦将积分攒到一定额度，但却发现赠品兑换手续非常烦琐，甚至由于宣传不到位而错过兑换时机，那么就会有被愚弄的感觉，也就更谈不上培养顾客忠诚度了。

（3）注意奖品和企业定位的关联性。在设计有奖积分活动奖品的时候，要选择能够体现企业定位的奖品。例如，美容连锁企业应选择护肤品作为奖品，服饰连锁企业应选择与企业服饰风格相匹配的精美饰品作为奖品……这些奖品使消费者随时能对连锁企业的形象定位产生联想。否则，要么奖品对消费者没什么作用，要么消费者在使用奖品的时候不会想起赠送奖品的企业。

京东会员和积分制度

2．成本的控制

对于一个连锁企业来说，对数量庞大的消费者进行积分管理，这其中的日常活动管理和促销沟通过程非常复杂。如果不进行有效的成本控制，将会达不到理想的促销效果。一般来讲，有奖积分促销活动的成本主要由奖励成本和推广传播成本构成。

（1）奖励成本。由于奖励成本可以分摊到消费者的多次购买行为中，与其他促销形式相比较，有奖积分促销在这部分成本控制上已经占得先机。在满足消费者价值观的前提下，合理设计奖励额度，就不会造成由于奖励成本过高致使企业无法承担的局面，从而达到理想的促销效果。

此外，如果活动能够获得供应商的支持，将会大大降低连锁企业的促销成本。通过积分卡的管理，供应商可以获得大量的消费者购买数据，为今后完善生产和销售行为提供了充分、翔实的依据。连锁企业和供应商联合促销，对达到规定积分数的消费者给予奖励，既加强了供应商与消费者的联系，提高了供应商的品牌知名度，又降低了连锁企业在活动中所承担的奖励成本，实现了双赢。

（2）推广传播成本。连锁企业在举办有奖积分促销活动时，要选择有效且经济的传播推广形式。在有限的目标市场里举办有奖积分促销的目的不可能是赢得更多的消费者，而是怎样增加单个消费者的价值，增加他的重复购买次数，所以直接和消费者建立联系的推广方式，既经济又有效。

目前，在单一连锁店举办有奖积分促销活动的基础上衍生出一种“积分联盟”形式的新型积分促销方式，旨在通过积分互认的方式共享各加盟企业的客户资源，以期达到包括加盟企业、客户和联盟在内的三者共赢。借助积分卡联盟，所有加盟企业联合奖励客户，使各企业以较低的活动成本，获得更大的促销效果。同时，根据对持卡者消费行为的分析，可整理出加盟企业的忠诚顾客、新顾客和潜在顾客，通过各种方式向消费者发布企业的促销信息，使企业的促销更有针对性，大大减少宣传中的无效成本。

3. 时间限制

作为活动传播的受众，消费者参与活动的行为有一定的滞后性，所以有时间限制的有奖积分促销活动的时间不宜过短，要留给顾客足够的时间以获得积分。活动时间短会给消费者造成一定的心理压力，使那些本来就对积分信心不足的消费者很可能因此而放弃参与活动。一般来说，有奖积分促销不能像其他促销活动只有一两个月，甚至仅仅几天的活动时间，有时候一个组织严密、策划周详的大规模积分促销活动需耗时半年，乃至一年的时间。

任务小结

有奖积分促销也称为积点促销，是一种先消费后获赠的促销方式，是顾客在消费后得到分数或点数，当累计规定的分数或点数时，即可获赠相应的奖励，该奖励既可以是现金，也可以是礼品，或者是下一次购买商品的折价优惠券等。

根据是否有时间限制，可将有奖积分促销分为有时间限制的有奖积分促销和无时间限制的有奖积分促销。有奖积分促销具有与其他促销活动不同的特点。实施有奖积分促销活动时应注意奖品的选择、成本的控制和时间限制。

任务训练

1. 什么是有奖积分促销？
2. 有奖积分促销中奖品的选择应注意哪几个方面的问题？

任务 2.6　POP 广告促销

任务导入

由于超级市场的出现，商品直接可以和顾客见面，从而大大减少了售货员的数量，节约了商场空间，加速了商品流通的速度，缩减了商业成本，促进了商品经济的繁荣。但碰到的问题是如何利用广告宣传，在狭窄的货架空间，在顾客浏览商品或犹豫不决的时候，恰当地说明商品的内容、特征、优点、价格、产地、等级等信息，吸引顾客视线，触发顾客购买兴趣，并充当起售货员的角色，使顾客很快地经历瞩目、明白、心动而决定购买的购物心理过程。在这种形势下，POP 广告这种广告形式就应运而生，它在整个商品销售过程中成为一个“无声的售货员”。

POP 广告起源于美国的超级市场和自助商店里的店头广告。20 世纪 30 年代后期，POP 广告在超级市场、连锁店等自助式商店频繁出现，并逐渐被商界所重视。20 世纪 60 年代以后，超级市场这种自助式销售方式由美国逐渐扩展到世界各地，因此，POP 广告也随之走向世界各地。

任务实施

2.6.1　认识 POP 广告

POP（Point of Purchase），其英文原意为卖点。POP 广告的主要目的是将商家的销售意图准确地传递给顾客，在销售现场直接促使顾客产生即时购买的冲动。

POP 广告的概念有广义和狭义之分。广义的 POP 广告，指凡是在商业空间、购买场所、零售商店的周围、零售商店的内部以及在商品陈设的地方所设置的广告物。例如，商店的牌匾、店面的装潢和橱窗，店外悬挂的充气广告条幅，商店内部的装饰、陈设、招贴广告、服务指示牌，店内发放的广告刊物、进行的广告表演，以及电子广告牌等。狭义的 POP 广告，仅指在购买场所和连锁店内部设置的展销专柜以及在商品周围悬挂、摆放与陈设的可以促进商品销售的广告宣传物。如图 2-7 所示，这是两则百盛超市的悬挂 POP 广告，顾客一进入店门，视线便被 POP 广告强烈地吸引了，该 POP 广告的设计采用了极富传播功能的字样：“店庆·新年”“双喜临门”“98 减 40 现金”等，广告效果明显。

POP 广告的特点如下：

（1）不受场合限制。POP 广告可以适应任何场合，它们陈列、展示在购物场所，不用通俗的语言自我赞美甚至吹嘘，而是用无声的图像说明商品存在的价值和品位，是一个最诚实的“推销员”。肯德基门店前的山德士大叔，不论刮风下雨，不论是在美国还是在中国，每天都笑容可掬，喜迎八方来客。麦当劳的金色拱门在全世界都是一样的颜色与造型，红、黄两色就是它最鲜明的标记。在任何国家，不用特意说明，都走不错麦当劳的店门。

（2）经济划算。成熟的连锁企业已经很懂得在广告投入和效益分析上算账了，广告的成本是应当精心核算的。目前，电视、广播、路牌、报纸及移动广告的费用正在大幅攀升，首都机场高速路上的一幅路牌广告，费用竟达百万元之多，这促使企业在对媒体的选择上不得不十分谨慎。

图 2-7 百盛悬挂式 POP 广告

相比而言，POP 广告的制作成本却相对较低，且在自家连锁店门内、门外设计，更可以随心所欲。如果连锁企业自己能够策划并拥有美工，几乎花不了多少钱。即使请策划公司来做，支出的费用也比较少。加上可随时根据季节、天气、消费者心理变化等情况做相应变动，其改造、创新、设计都很方便。

（3）引发消费者的潜意识购买行为。调查表明，人们进入连锁店并非一定都有明确的购买意识。有时虽有明确的购买意识，但却常常失望而归。原因固然有对商品本身的不满意，但有时也是因为商品之外的因素，如销售人员态度不好，店堂内环境不好等。更重要的是，一个消费者走进商店，他早已忘记了先前大众传媒告诉他的种种信息，常常变得不知买什么好，而此时店内的悬挂、张贴、摆放、展示等种种 POP 广告会唤起他的潜在意识，从而形成购买欲望。据统计，人们购买行为的 70%以上都是不在计划之中的。

（4）展示出“爱心”。表面上看，连锁店 POP 广告展示的是商品，其实那也是在展示“爱心”。如果店主与顾客是朋友，销售活动就成了一种情感的交流。消费者就不会再有被掏腰包，甚至上当的感觉。连锁店的“爱心”是通过 POP 广告表现出来的，运用设计得好，可以得到很好的效果。

当顾客面对各种各样的商品时，常为之迷惑，不知所措。这时，如果有一则杰出的 POP 广告提示顾客的话，就会让顾客喜出望外！POP 广告如同一个善意的向导，顾客会由衷地感谢店主的“爱心”。

（5）最终目的是为了促销。许多连锁店，在柜台上都有许多可供人们随时取用的印刷品。对连锁店而言，这是一笔费用，但它所起的作用却不言而喻。介绍新产品、说明使用方法、进行艺术渲染，诸如此类的宣传活动，目的都是为了促销，最终都是为了增加商品的销量。表 2-4 所示是对日本一家超级市场 POP 广告促销效果调查表。

表 2-4　日本一家超级市场 POP 广告促销效果调查表

商　品	没有用 POP 广告的销售量	使用 POP 广告的销售量	增长率	POP 广告语
洗衣粉（500g）	22 袋	40 袋	82%	清爽一片，浓情无限
醋汁（3 000ml）	51 瓶	60 瓶	18%	调出生活美味
洗发水（750ml）	30 瓶	42 瓶	40%	想拥有更自然的头发吗
牛奶（250ml）	221 盒	412 盒	86%	健康你的生活
浓缩果汁（500ml）	12 瓶	23 瓶	92%	营养丰富的果汁，送你美丽生活
炒锅	8 个	13 个	63%	盛满全家人的幸福
麦芽啤酒（250ml）	89 瓶	125 瓶	40%	让你的餐桌更营养更丰盛

2.6.2　POP 广告的分类

POP 广告促销在实际运用时，可以根据不同的标准对其进行分类，不同类型的 POP 广告，其功能也不尽相同。

1．按照 POP 广告的体现形式分类

按照 POP 广告的体现形式进行分类，可分为招牌 POP 广告、粘贴 POP 广告、悬挂 POP 广告、标志 POP 广告、包装 POP 广告、灯箱 POP 广告。

（1）招牌 POP 广告，包括店面、布幕、旗子、条幅、电动字幕等形式的广告，用来向顾客传达企业的识别标志、销售信息，如图 2-8 所示为北京同仁堂牌匾。

（2）粘贴 POP 广告，主要是以海报的形式显示店内商品信息、活动信息，如图 2-9 所示为某超市促销海报。

图 2-8　北京同仁堂牌匾

图 2-9　某超市促销海报

（3）悬挂 POP 广告，包括悬挂在连锁超市内的气球、吊牌、吊旗、装饰物、包装盒等形式的广告，主要用来活跃卖场气氛。

（4）标志 POP 广告，是连锁超市内的卖场引导的标志牌，用来向顾客传达购物方向、商品摆放位置，如图 2-10 所示为卖场引导标牌。

（5）包装 POP 广告，主要以礼品包装、赠品包装等形式促进商品的销售，如图 2-11 所示。

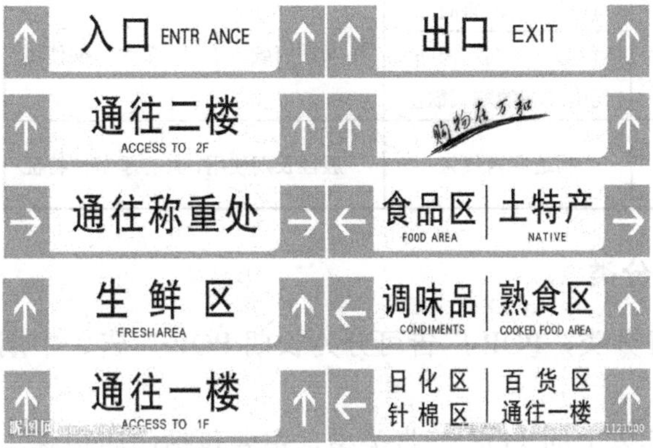

图 2-10 卖场引导标牌

图 2-11 包装 POP 广告

（6）灯箱 POP 广告，将灯箱固定在货架的两端或者顶部，起到指示商品的陈列位置的作用。

2. 按照 POP 广告摆放位置分类

按照摆放位置进行分类，POP 广告可分为外置 POP 广告、店内 POP 广告、陈列现场 POP 广告。

外置 POP 广告、店内 POP 广告及陈列现场 POP 广告的形式与功能，如表 2-5 所示。

表 2-5 外置 POP 广告、店内 POP 广告及陈列现场 POP 广告的形式与功能

名 称	具体形式	功 能
外置 POP 广告	连锁超市招聘、旗子、布幕、条幅	告知顾客这里有一家连锁超市
		告知顾客这家连锁超市所售商品的种类
		告知顾客这家连锁超市正在做促销活动
店内 POP 广告	卖场引导指针方向、特价标签、气氛 POP 广告	告知顾客某种促销商品的陈列位置
		告知顾客某种商品的促销形式及优惠幅度
		传达商品情报及厂商信息
陈列现场 POP 广告	展示卡、分类广告、价目卡	告知顾客连锁超市某种商品的品质、使用方法及厂商名称
		帮助顾客挑选商品
		告知顾客广告品或推荐品的位置、尺寸及价格
		告知顾客商品的名称、数量及价格，以便顾客做出购买决策

3. 按照 POP 广告所起的作用分类

按照 POP 广告所起的作用进行分类，POP 广告可分为气氛类 POP 广告和促销类 POP 广告两大类。气氛类 POP 广告主要是起烘托卖场气氛、体现卖场与众不同的个性文化风格的作用。促销类 POP 广告的功能主要在于通过简洁的信息，有效地刺激顾客的购买行为，成功实现交易。二者的区别如表 2-6 所示。

表 2-6 促销类 POP 广告与气氛类 POP 广告的功能与区别

名　称	具体形式	功　能	使用期限
促销类 POP 广告	手制的价目卡、拍卖信息卡、商品信息卡	代替店员出售商品 帮助顾客选购商品 促进顾客的购买欲望	拍卖期间或特价日，多为短期使用
气氛类 POP 广告	形象 POP 广告、消费 POP 广告、张贴画、悬挂小旗	制造店内气氛	一般性长期使用，具有季节性特征

4．按照 POP 广告在使用过程中的时间分类

按照 POP 广告在使用过程中的时间进行分类，POP 广告可分为长期 POP 广告、中期 POP 广告、短期 POP 广告。

（1）长期 POP 广告是指使用周期在一年以上的 POP 广告类型，主要包括门店招牌、柜台、货架及企业形象广告。这类 POP 广告一般由连锁企业统一设计并制作，它们所花费的成本比较高，使用周期也比较长。

（2）中期 POP 广告是指使用周期为一个季度左右的 POP 广告类型，主要包括季节性商品的广告、连锁店以季节性为周期进行宣传的 POP 广告、周期性使用的橱窗展示等，这类 POP 广告的使用周期一般在一个季度左右，故属于中期 POP 广告。中期 POP 广告的设计与投资成本，一般低于长期 POP 广告的成本。

（3）短期 POP 广告是指使用周期在一个季度以内的 POP 广告类型。例如，柜台 POP 广告展示卡、展示架以及连锁店的减价、甩卖招牌等。由于这类广告是随着连锁店某类商品的存在而存在的，只要商品一卖完，该类广告也就无存在的价值了。特别是有些商品由于进货的数量以及销售的情况，可能在一周、一天甚至几个小时就可售完，所以相应的广告的周期也可能极其短暂。这类 POP 广告的投资成本一般都比较低，设计也相对不太讲究。当然就设计本身而言，仍然在尽可能的情况下做到符合商品的品位。

2.6.3 实施 POP 广告促销

走进一家连锁超市，铺天盖地、多种多样的 POP 广告，让你眼花缭乱，目不暇接，一次次视觉冲击接踵而至，这无疑是 POP 广告期望带来的效果。

1．设计 POP 广告

根据 POP 广告的特性，在设计 POP 广告时必须做到如下几点：

（1）具有明显的视觉诱导性。POP 广告的首要任务是引起消费者的注意，并激发起他们的兴趣，诱导他们去购买商品，这是 POP 广告设计的根本。

（2）服从企业的整体形象。POP 广告策划必须与连锁企业的整体形象吻合，依据企业或品牌的整体形象来制作，同时应考虑连锁企业广告表现的统一性。

（3）具有鲜明的个性。POP 广告的策划与设计在形式上要新颖独特、别具一格。不同的 POP 广告应该使用不同的形式与风格，来达到很强的视觉表现力的效果。只有这样，才能有助于突出企业的鲜明个性，使人一眼就能识别。

（4）突出广告商品的特性。POP 广告作为商品交易场所的最终广告，具有直接的促

销作用。不同商品的POP广告设计，无论在造型或视觉处理上均应有明确诉求的对象，能够突出商品的内在特性，促使消费者能很快识别商品的特点与性能，刺激消费者的购买欲望。

总之，POP广告以促进购买、增加销售为目标，以准确传递商品信息为己任，POP广告定位于消费者，因此要了解消费者的生理和心理需求，只有这样才能起到介绍商品、引导消费、招徕顾客、扩大销售的作用。

2. 制作POP广告

（1）材料的选取。POP广告一般选用纸质材料，如海报纸、粉彩纸、丹迪纸、牛皮纸、色纸、绵纸、皱纹纸等。不管用哪种材料，均以白色长方形为好，使用有色的纸时以浅色为好，这样便于传达信息。

（2）书写方法及内容。POP广告以从左到右横写为原则，文字要说明商品的特征、使用方法、商品价值等。另外，POP广告是一种讲究"淡化艺术"的艺术形式，所以装饰性不要太强，以免减弱消费者对POP内容的认知。

（3）常用工具。POP广告制作常用的工具有三角板、直尺、美工刀、平头笔、各种型号的铅笔、剪刀、画板、胶带等。

（4）宣传文案的制作。在制作POP广告宣传文案时，要注意应选用简短、有力的文字来表现POP广告要传达的内容，而且要做到使顾客充分了解商品的特性及使用方法。字数控制在15～30字。

3. 设置与摆放POP广告

POP广告的摆放是否具备科学性，直接影响使用效果。因此，在POP广告设置与摆放过程中，需要注意以下几方面的问题：

（1）POP广告的设置与摆放高度要合适。如果POP广告采取的是悬挂式，则悬挂的高度既要避免因距离商品太远而影响促销效果，又要防止遮挡消费者的视线；如果POP广告采取的是张贴式，则张贴的高度要距离地面70～160cm的高度比较合适，这正是人们的最佳视觉范围。

（2）POP广告的设置与摆放数量要适中。POP广告并非越多越好，数量过多的POP广告会让人产生厚重感和压抑感，遮挡消费者的视线，影响购物心情，会产生适得其反的效果。

（3）POP广告的设置与摆放时间要与促销活动时间保持一致。过期的POP广告要及时清理掉，以免给消费者造成误导。

（4）POP广告与商品之间的摆放位置要合理。如果要把POP广告放在橱窗内或者货架上，要避免遮住商品；如果把POP广告直接贴在商品上，要注意POP广告的尺寸不能比商品的尺寸大，一般应该粘贴在商品的右下角。

（5）POP广告在使用过程中需要保持清洁整齐，如果有撕毁现象，应及时更换。

任务小结

POP广告的主要目的是将商家的销售意图准确地传递给顾客，在销售现场直接促使顾客产生即时购买的冲动。POP广告的概念有广义和狭义之分。POP广告具有不受场合限制、经济划算、引发消费者的潜意识购买行为、展示出"爱心"、最终目的是为了促销等特点。

POP广告在实际运用时，可以根据不同的标准对其进行分类。不同类型的POP广告，其功能也不尽相同。按照POP广告的体现形式进行分类，POP广告分为招牌POP广告、粘贴POP广告、悬挂POP广告、标志POP广告、包装POP广告、灯箱POP广告；按照摆放位置进行分类，POP广告可分为外置POP广告、店内POP广告、陈列现场POP广告；按照POP广告所起的作用进行分类，POP广告可分为气氛类POP广告和促销类POP广告两大类；按照POP广告在使用过程中的时间进行分类，POP广告可分为长期POP广告、中期POP广告、短期POP广告。

任务训练

1．POP广告的含义及特点是什么？

2．试比较外置POP广告、店内POP广告及阵列现场POP广告的形式与功能。

任务2.7 以旧换新促销

任务导入

新时代的人们懂生活、品生活、享生活，提倡节能、健康、时尚、绿色的环保生活。应人们生活要求，家居业催生出地板以旧换新的营销模式。这种营销模式不仅降低了地板的生产成本，同时又做到了低碳环保，可谓是无可挑剔的好方法。以旧换新的营销模式符合现代人们节能、环保的生活要求。

目前，国内消费者整体的购买能力逐渐增强，家具市场需求量随之逐步增大，地板业也是如此。因为地板行业是极度依赖林业资源的，随着林业资源的日益匮乏，地板产品的原材料成本提高。所以，如何在不降低地板品质的情况下降低地板的生产成本，便成为地板企业探讨的问题。以旧换新营销模式在这样的环境下应运而生。它不仅减少了地板原材料的使用量，提高资源的利用效率，同时也降低了地板生产过程中的碳排放量。这样的举措促进了节能减排和循环经济发展，也进一步扩大与促进了消费者的需求。

任务实施

2.7.1 认识以旧换新促销

以旧换新促销也就是以旧货换新货，在价格上对顾客实行一部分折让的促销方式。随着产品更新速度的加快，以旧换新促销必将越来越体现其独特的优越性。

以旧换新促销的优点，主要在于它能消除新产品销售的障碍，避免消费者因为舍不得丢弃尚可使用的旧商品而不愿意购买新产品的情况。另外，以旧换新促销活动也为那些过时的产品找到了一个折价的机会，鼓励消费者及时淘汰更换过时的商品，购买新型产品。

以旧换新实质上是变相降价，但能避免直接降价带来的种种副作用。在企业实际促销过程中，很多商家担心降价会损害商品形象，引起消费者对商品质量的怀疑，或担心降价会引发同行业竞相降价导致的价格战，往往会采用以旧换新变相降价的方法。这样做既能收到降价的促销效果，又可避免降价带来的负面影响。

以旧换新的缺点，主要是促销成本较高，且促销范围相对狭窄，只适用于促销高中档耐用消费品。另外，以旧换新促销操作起来较为麻烦，需要准确测算折价标准和折价幅度。

阅读材料2.6

汽车以旧换新办法

由财政部、商务部联合发布的《汽车以旧换新实施细则》（以下简称《细则》）于2009

年7月13日出台。《细则》规定，四类汽车可享受以旧换新补贴，金额从3 000元到6 000元不等。正式实施的《细则》将老旧汽车的补贴标准和“黄标车”的补贴标准进行了分开设定。

报废老旧汽车的补贴标准分别为：报废中型载货车，每辆补贴人民币6 000元；报废轻型载货车，每辆补贴人民币5 000元；报废微型载货车，每辆补贴人民币4 000元；报废中型载客车，每辆补贴人民币5 000元。

“黄标车”的补贴标准分别为：报废中型载货车，每辆补贴人民币6 000元；报废轻型载货车，每辆补贴人民币5 000元；报废微型载货车，每辆补贴人民币4 000元；报废中型载客车，每辆补贴人民币5 000元；报废小型载客车（不含轿车），每辆补贴人民币4 000元；报废微型载客车（不含轿车），每辆补贴人民币3 000元；报废轿车、重型载货车、大型载客车、专项作业车，每辆补贴人民币6 000元。

2012年7月25日，财政部、商务部联合发出公告，重新修订了老旧汽车报废更新补贴车范围及补贴标准。根据该标准，补贴幅度为18 000元和11 000元两档，主要针对农村客运汽车、城市公交汽车、重型载货汽车等商用车。根据该公告，2012年1月1日—12月31日期间交售给报废汽车回收企业的，符合条件的各种商用车，其中农村客运车辆补贴标准为每辆车11 000元人民币，不同载客数的城市公交车补贴标准为每辆车11 000元、18 000元人民币，重型载货汽车补贴标准为每辆车18 000元人民币。

2.7.2 以旧换新的主要类型

（1）消费者购买新商品时，只能用同一品牌或同一厂家生产的旧商品折价。这种做法主要是为了回馈和稳住老顾客，并吸引新顾客。

（2）消费者购买新商品时，可以用任何一种品牌的同类旧商品进行折价。任何品牌的同类旧商品均可折价换新商品的做法目前最为普遍，它能吸引所有拥有旧商品的顾客购买新商品，促销效果较好。

（3）消费者在购买新商品时，只能用竞争品牌的旧商品折价或兑换新商品。这种做法的目的显而易见，目的是为了吸引新顾客。

（4）消费者在一定的时间内，可以用任何品牌的同类旧商品折价购买新商品。一旦超过了这一时间的界限，就只能用同一品牌的旧商品折价来购买新商品。这种做法能刺激广大消费者在一定时期内尽快购买，同时又在一定程度上优惠了老顾客。

2.7.3 实施以旧换新促销

1．选择合适的产品进行以旧换新

以旧换新促销的商品主要是使用寿命长、价值较大的产品。

由于技术不断进步，产品换代越来越快，促使一些产品的市场生命周期短于产品的使用寿命。比如电视机，20世纪90年代以前生产的彩电其使用寿命还没有到期，可在样式和一些辅助功能上（如遥控、多频道）已明显落伍。这样就促使这些电视机的拥有者，颇有一种鸡肋的感觉——“用之无味，弃之可惜”。另外，厂商面对的市场仅仅是新组建的家庭，生产能力远远过剩，短期内甚至达不到规模效益。这就迫使厂商急于拓展消费市场，

促使拥有现有产品的家庭提前淘汰现有产品，促进新产品的上市，为新产品“催生”。因此，从某种意义上来说，以旧换新的促销手法，实质上具有通过以旧换新进行变相降价，以达到市场渗透的目的。但如果旧产品的生命周期并不长，或自身价格不高，则市场上并不存在因旧产品而阻碍新产品上市的阻力，以旧换新的作用就不大。

2．掌握旧商品的折价标准

以旧换新，消费者最关心的主要还是手中的旧商品如何折价。有些商家所采用的做法，挫伤了顾客参与活动的积极性，尤其是那些手头旧商品尚比较新的顾客。因此，在条件允许的情况下（指企业有充足的人力和精力），连锁企业应当确立不同的折价标准，以区别对待新旧程度不同、原有价格不同的旧商品。

3．控制旧商品的折价幅度

掌握旧商品的折价幅度，不仅关系到促销活动对顾客的吸引力的大小，也直接关系到促销活动的经济效益。因此，要根据企业的促销目标、促销预算以及市场上竞争产品的情况来科学制定折价幅度，使企业既扩大了商品的销量，又能保证一定的盈利。

4．把握促销活动的时间

以旧换新活动在什么时间开展，是长期开展还是定期开展，这些都要精心策划，关键是要根据促销效果来进行效益上的测算，如果得不偿失，就应停止以旧换新的促销活动。

任务小结

以旧换新也就是以旧货换新货，在价格上对顾客实行一部分折让的促销方式。随着产品更新速度的加快，以旧换新促销必将越来越体现其独特的优越性。

实施以旧换新促销，首先要注意以旧换新产品类型的选择，其次要掌握旧商品的折价标准，再次要控制旧商品的折价幅度，最后还要把握促销活动的时间。

任务训练

1．什么是以旧换新促销？
2．以旧换新促销的主要类型有哪些？
3．如何实施以旧换新促销？

任务 2.8 联合促销

任务导入

联合促销作为促销方式的一种，其理论渊源可以追溯到 1966 年，艾德勒（Adler）在《哈佛商业评论》上发表的题为《共生营销》（Sgmbiotie Marketing）的文章，文章中提出了共生营销的概念，这就是联合促销理论的雏形。

90 年代末，企业界掀起一股股强劲的兼并、收购、剥离潮流，标志着企业开始进入竞争与合作交替的时代。而联合促销的概念也就是这时真正被提出并开始应用的，其中，以美国的瑞克曼在 1998 年出版的《合作竞争大未来》一书中的阐述最为系统和全面。

我国对联合促销的研究始于 2000 年，主要从三个角度对联合促销进行分析：

第一，对联合促销进行概念性的描述；

第二，运用实际案例说明联合促销的具体实施情况及其效果；

第三，有针对性地将联合促销的实际运用进行分析。

联合促销，是促销的高级形式，是单独促销的转变和升华，对目标消费者和潜在的消费者构成的冲击波更大，影响力更强。

任务实施

2.8.1 认识联合促销

联合促销是指将两个或两个以上的商品、品牌或企业进行联合促销的方式，以扩大活动的影响力。这种方式的最大好处在于联合促销的各方能够以较少的促销费用，取得较好的促销效果。

2015 年 10 月 23 日，湖南卫视联合江苏卫视、东方卫视、安徽卫视，在黄金时段播放 1 分钟时长的气势逼人的广告大片，宣布 19 大品牌商家“双 11”联合营销活动，并推出劲爆的“红包优惠”玩法，正式吹响了一个名为“双 11 ALL IN”的电商营销的号角，立即引发业界热议。

这 19 大商家分别是：魅族、周大福、铁达时、小熊尼奥、小熊电器、良品铺子、特步、探路者、丸美、乐视超级电视、云南白药、TATA 木门、富安娜、iRobot、老板电器、伊芙丽、马克华菲、迪巧以及美赞臣。这 19 家行业领导性商家的创世纪式的众筹联合营销行动，震撼业界之余，更是给出了新的营销思路——与其各自为战，不如协同共赢！

1．联合促销的优点

（1）成本费用由联合方分摊，降低了各方促销的投资成本，但可以收到更好的促销效果。1998 年 12 月至 1999 年 1 月，全日美实业（上海）有限公司、北京汇联食品有限公司、美国雅培制药有限公司等婴幼儿产品企业，联合举办了“免费爱心大礼包”赠送活动。大礼包中有“嘘嘘乐”免洗尿裤4片，“汇力多”婴儿苹果泥1瓶，“雅培”奶粉试用装1包，“五月花”面巾纸试用装1包。这种多家企业联合起来派送的样品包，费用由几家企业分摊，花钱少而且效果好。

（2）能获得单独促销无法获得的效果。武汉市中南商业大楼的布匹销售专柜，曾专门聘请了几名技术高超的裁缝在其旁边开设“店中店”，此举吸引了很多消费者前去购买布匹，因为可以就近请好裁缝为自己量体裁衣。有的消费者干脆请裁缝做自己买布的参谋，不但布匹销售量增加了不少，裁缝店的生意也非常火爆，这种联合促销达到了单独促销无法达到的效果。

（3）名牌商品的联合促销，可以借助对方产品的知名度为自己的商品增加新的消费者群。摩托罗拉曾与桑塔纳进行联合促销，购买汽车的用户都可获得摩托罗拉DSP车载免提通话系统及手机1部。摩托罗拉与桑塔纳的这种捆绑式合作，目的在于通过不同产业间名牌产品的组合，以品牌的知名度激活各自的市场。

（4）弱势品牌如果能与强势品牌联合促销，可借对方的知名度提高自己品牌的形象，从而带动销售。当然，要做到这一点，弱势品牌在合作中通常要付出更高的代价。现实中，有的厂家把自己滞销品牌商品的折价券，放进畅销品牌商品的包装中或包装上，发放给消费者。还有的超市在收银机的账单纸带背面，印上电影票的折价券，不但促销了电影票，对超市的销售也有一定的帮助。

2. 联合促销的缺点

（1）联合各方所承担的费用难以商定，利益冲突较难解决，关系协调较难处理。

（2）促销活动的时间、地点、内容和方式较难统一，各方都希望选取对自己最有利的促销时间、地点、内容和方式。

（3）促销活动开始后，各方为了吸引顾客或提高自己产品的销量，有可能互相拆台，致使合作伙伴成为竞争对手。

（4）在联合促销活动中，要突出本企业或本企业经营商品的特色，有一定困难。

促销实践 2.14

麦斯威尔咖啡与日本面包公司的联合促销

20世纪60年代中期，美国的麦斯威尔牌咖啡在日本先后进行了3次大规模的样品派送活动，共送出咖啡样品1 800万份，派送办法是把咖啡样品封在500克装的面包包装内。

第一次派送时间是1965年3—5月。麦斯威尔牌咖啡与日本第一屋制面包公司合作，把咖啡样品夹在500克装的面包包装内，送出了200万份样品，范围遍及日本全国。结果面包销量和咖啡销量都有惊人的增长，使得日本其他面包公司纷纷要求参与派送活动。

第二次派送时间是1965年10月到1966年1月。麦斯威尔牌咖啡与日本7个地区的7家面包公司合作，其中6家面包公司是东京第一屋制面包公司、大阪的神户屋制面包公司、名古屋的敷岛屋制面包公司、福岗的粮友屋制面包公司、仙台的虎屋制面包公司、札幌的罗巴面包公司，7个地区共送出样品600万份。

第三次派送时间是在1966年秋季。除第二次派送样品的7家面包公司以外，新增加了静岗地区的惠比寿制面包公司、新泻地区的郁金香食品公司、福井地区的富士面包工业公司。10个地区的10家面包公司共送出样品1 000万份。

这一联合促销活动取得了很好的效果，具体表现在以下几个方面：

（1）麦斯威尔牌咖啡销量猛烈上升，过去不卖咖啡的面包店都开始代销该产品，并把这种咖啡陈列在货架上的黄金位置。

（2）面包店因销售附带了咖啡样品的面包，生意特别好。面包工厂的业务量因此而增加了35%，派送结束后，这种业务量仍持续增长了一段时间。

（3）消费者品尝咖啡样品后，才知道麦斯威尔牌咖啡的口味，从而改变了消费习惯，转为购买麦斯威尔牌咖啡。

这次联合促销之所以获得成功，主要原因如下：

（1）咖啡和面包有共同的目标消费者群。一般来说，以面包为主食的人，绝大多数有喝咖啡的习惯，所以选择面包作派送咖啡样品的载体，是非常合适的。

（2）合作双方互惠互利。附送咖啡增加了面包销量，选择面包派送能准确瞄准咖啡的目标消费者，双方有共同利益，当然一拍即合，同心协力。

（3）面包和咖啡搭配得当，符合人们的饮食习惯，从而能吸引更多的消费者。

2.8.2 联合促销的类型

1．不同行业、不同企业的联合促销

不同行业、不同企业的联合促销是联合促销最常见的形式，不同行业之间不存在竞争关系，而且还可以做到优势互补。众所周知，“小天鹅”与“碧浪”在许多大专院校开办了“小天鹅—碧浪”洗衣房。在碧浪牌洗衣粉的包装上写着：“推荐一流产品——小天鹅洗衣机”；小天鹅牌洗衣机在销售时，则赠送碧浪牌洗衣粉给顾客试用。由于小天鹅牌洗衣机与碧浪牌洗衣粉都是品牌产品，双方不存在竞争关系，这种不同行业、不同企业的联合促销能产生品牌叠加的效应，从而达到双赢目的。

2．同一企业不同品牌的联合促销

同一企业不同品牌的联合促销，也能达到单一品牌促销无法达到的效果。上海太太乐调味食品有限公司曾经推出了多品牌联合促销活动，消费者购买太太乐牌鸡精1袋、宴会牌酱油1瓶、任选两款调味包、一个礼品袋，一共只需支付10元人民币。这些商品原总售价为19元，接近50%的折价优惠。这种不同品牌的联合促销，可以用来促销滞销商品，比单一品牌折价促销效果要好。

3．制造商与经销商之间的联合促销

制造商与经销商之间的联合促销，也是常见的一种联合促销方式。例如，北京贵友大厦对全场商品实行8折促销，其中厂家承担10%的降价损失，贵友大厦承担10%的降价损失，商品打8折后双方都有钱可赚。又如，武汉中商集团曾经投入2 000万元，用于低价买断长虹29英寸超平彩电1.1万台，以低于市场价400～1 000元的价格抛售，不到半

个月的时间，就售出了 2 500 台。这种厂、商之间的合作促销，不但效果好，而且流通环节少，资金回笼快，产、销双方都乐于接受。

4．同行企业之间的联合促销

俗话说“同行是冤家”，但同行之间并不是没有合作的可能。由一家企业单独举办产品订货会，很难吸引众多客商；而多家同行企业联合起来，共同召开一个产品订货会，展示各自的产品，这样才容易吸引众多客商前来看样订货。同行企业之间也需要互相利用，借助对方的资源，达到双赢的目的。在目前同行企业众多的情况下，这也是一条提高本企业竞争力的重要举措。

促销实践 2.15

2017 年联合促销案例分享

案例 1: 微信与星巴克的用户运营

2017 年情人节，微信和星巴克推出了“用星说”活动。网友打开微信，在第三方服务平台界面，可以在线购买星巴克咖啡红包，赠送给朋友。

这次微信和星巴克的联合，主角不是星巴克，也不是微信，而是微信用户。微信用户本身就是星巴克产品的运营者，他们自己购买、转发、分享，增强了用户与用户之间的交流，用户和品牌之间也实现了良性的互动。

案例 2: 小米与初音未来的“二次元”

小米商城与初音未来动漫人物联合促销可能是国内较有深度的一次合作，这次联合促销，首发地不是小米商城而是动漫聚集地“B 站”。在首发时，还采用了应援的互动促销方式，就是“B 站”用户应援分享多少次，按规则折算成小米手机提前预售的天数。

小米选择初音未来作为促销伙伴，确实是定位明确，瞄准了“二次元”及其辐射到的年轻人群体。初音未来也借小米的促销力量，让更多中国“二次元”的年轻人了解它。

案例 3: 维维豆奶与滴滴出行资源对接

维维豆奶在联合促销前期，开始借助微信、微博推出了一系列的互动促销活动。维维豆奶用自己的微信公众号联合滴滴出行把温情的故事放大，并通过 H5 的方式大量派送滴滴出行卷，一方面起到预热活动的作用，另一方面通过大家免费乘坐维维豆奶专车，刺激网友的互动和转发维维豆奶的“一键维维”活动，不仅将它的品牌知名度延展到微信、微博两大平台，而且还借助了滴滴出行的 App 进行曝光，实现了维维豆奶与跨界资源的对接。

（资料来源：http://www.sohu.com/a/134003236_651653）

2.8.3　实施联合促销

联合促销主要分为两种形式：企业内部不同品牌的联合促销和不同企业不同品牌之间的联合促销。由于第二种形式相对比较难操作，因此，在这里主要介绍第二种联合促销的操作方法。

1．寻找合作品牌，达成协议

联合促销，最重要的是必须找到一个真正适合和自己品牌一起进行联合促销的品牌。通常情况下，任何合作的终极目标都是要实现双赢。因此，在寻找可以联合促销的品牌时，首先必须将双赢作为合作的前提。在现实操作中，并非所有的品牌都适合进行联合促销，可以用以下方法来寻找合作品牌。

（1）消费习惯法。即从自身品牌的功能、用途出发，按照消费者的消费习惯来寻找合作品牌。如酱油品牌与鸡精品牌的联合促销就比较合适，因为根据消费者的消费习惯，在煮菜的时候，消费者往往放了酱油，最后还得加点鸡精。同样，休闲食品品牌可以联合啤酒品牌，家具品牌可以联合电器品牌等。

（2）创新法。即突破传统的思维和模式，将不同产品或服务进行嫁接来寻找联合促销品牌。例如，中秋节期间，月饼生产厂家联合特快专递公司进行免费送月饼上门的促销活动。

（3）连锁法。即根据品牌本身上游或下游消耗品的使用情况来寻找合作品牌。例如，打印机品牌可以联合打印纸品牌，汽车品牌可以联合石油或润滑油品牌，洗衣机品牌可以联合洗衣粉品牌等。

2．寻找契合点，明确共同目标

任何促销都会有促销主题，有促销主题就会有围绕该主题的促销目标。因此，在找到了自己联合促销的品牌之后，就要明确促销的目的，找到联合促销的不同品牌的契合点，然后才能在这个基础之上，确立联合方所要达成的共同目标。无数企业联合促销的成功经验表明：联合促销的品牌契合点越多，共同目标越接近，联合促销的效果就会越好。所以，企业决不可忽视在如何寻找品牌之间更多契合点、制定更合理的促销目标上的努力。

三九药业曾经联合《新周刊》一起进行品牌的推广，实际上就是一场大型的联合促销活动。三九药业的一些新非处方药急需打开市场，扩大知名度；而《新周刊》也刚在媒体界出道，没有什么知名度，也迫切需要有知名企业在其媒体上做宣传。利用这个共同的契合点，双方一拍即合，举行了一系列的促销活动。在整个合作过程当中，三九药业只付给了《新周刊》很少的费用，就赢得了一个品牌宣传的机会；而《新周刊》也凭借和三九药业的合作，在医药界赢得了更多的广告客户。最终，联合促销的双方皆大欢喜！

3．制定一个双赢的方案

任何促销活动的成功实施，都离不开一套有效、可行的活动方案。联合促销最大的目的是要实现合作品牌双方的共赢，这也是联合促销能否取得成功的关键。因此，要达到这一目的，就必须制定一套高效、务实的双赢方案。值得注意的是，在方案的制定过程中，任何一方都必须以大局为重，均衡利益，决不能只顾一方利益而忽视另一方的利益。

至于联合的双方如何提供各自的资源，如何投入，可以根据双方所要达到的目标来分配。根据经验，在制定双赢的方案上，比较理想的方法是由联合的双方各自列出自己在促销中所要达到的目标，并提出各自与对方合作的方式和意向。然后由策划公司根据双方所列出的目标和合作方式，找出双方的共同点和可结合点，再根据共同点和结合点来进行具体的联合促销方案的制定。这样一来，双方都会对方案比较满意。通过这种方式制定出来的联合促销方案，较容易获得合作双方的认可，并很快可以得到执行。

4．贯彻执行活动方案

对于联合促销来说，制定了一个高效、可以实现双赢的方案，只是成功了30%，更重要的70%要看双方具体的配合执行情况。作为促销活动的类型之一，联合促销在具体执行时，也必须遵循事前测试、事中监督、事后评估的三个流程。

与一般的促销活动不同的是，联合促销进行的不是单一品牌的促销，两个不同背景和文化的品牌进行联合促销，难免会有磕磕碰碰的事情发生。因此，为了保证联合促销万无一失，联合的双方必须组建活动指挥中心，专门负责整个促销活动人力、物力、财力的配合和协调，并对联合促销活动的每一个细节进行把关，严格按照既定的方案执行到位，把联合促销整个活动项目的执行力发挥到极致。

促销活动执行得好坏和优劣关系到促销活动的成败，更关系到双方品牌的形象和美誉度。这一点对于联合促销来说，也是更为重要的事情。因此，为了保证促销的质量和把持联合双方利益的公平性，联合促销的双方还可以在第三方策划公司的参与下，成立由三方人员组成的巡视小组，专门负责监督联合促销的执行情况。一旦发现问题，巡视小组就可以及时向活动指挥中心汇报。而活动指挥中心也可以根据具体情况，在最短的时间内做出决策，将问题带来的损失控制到最小。

5．后续跟进、总结

当整个联合促销结束之后，进行联合促销的双方必须及时对促销中出现或等待解决的问题进行跟进。例如，承诺售后服务工作的跟进，承诺促销奖品的兑现。在所有问题得到解决之后，联合促销的双方还必须对整个促销活动进行总结，将一些非常宝贵的经验用于下一次的联合促销之中。

任务小结

联合促销是指将两个或两个以上的商品、品牌或企业进行联合促销的方式，以扩大活动的影响力。这种方式的最大好处在于联合促销的各方能够以较少的促销费用，取得较好的促销效果，是促销的一种高级形式。

联合促销主要分为两种形式：企业内部不同品牌的联合促销和不同企业不同品牌之间的联合促销。实施不同企业不同品牌之间的联合促销的步骤：第一步寻找合作品牌，达成协议；第二步寻找契合点，明确共同目标；第三步制定一个双赢的方案；第四步贯彻执行活动方案；第五步后续跟进、总结。

任务训练

1．什么是联合促销？
2．联合促销的特点有哪些？
3．联合促销的类型有哪些？

任务 2.9　特价促销

任务导入

拿到超市促销海报，还得费力去海量的商品中找到特价商品，这样是不是很累？为了方便消费者购买特价商品，家乐福推出了特价商品专区，供消费者挑选。家乐福所设置的特价专区，一般在扶手电梯的一端，顾客在电梯上就能看到，各种特价商品整齐明了地摆放在一起。

我们经常见到不少商家在卖场周围向消费者派发各种促销海报，特价商品需要消费者细心查找，有的消费者没有耐心，随手一丢，促销海报散落一地。这样的促销，既让促销效果打了折扣，也污染了卖场周围的环境。家乐福的这一小小变化，极大地方便了顾客购买，也为顾客节省了不少购物时间。

连锁企业促销活动，一定要以顾客为中心来开展，这是促销制胜的不二法宝。

任务实施

2.9.1　认识特价促销

特价销售又称商品降价销售、特卖、打折销售、让利酬宾销售、折扣优惠销售等。特价促销是商家使用最频繁的促销工具之一，也是影响消费者购物的重要因素之一。它是企业在一定时期内降低一定数量商品的售价，或适当减少自己的利润，以此回馈消费者的促销活动。

特价促销的优点在于能提高商品在货架上的吸引力，吸引消费者注意，并鼓励购买。降价能直接了当地给消费者带来切身利益，顾客选购商品考虑的主要因素仍是价格。另外，降价促销的另一个优势是该方式具有一定的弹性，企业完全可以掌握促销商品的数量，且能够对促销的每一个环节进行有效控制。

特价促销的缺点在于不能从根本上解决商品销售不畅的问题。特价促销只能达到短期内增加销量的目的，而且如果时机选择不当，可能会出现销量增加而利润下降的现象，商品的价格难以提升和复原。这种现象在批发市场尤其突出，批发市场最擅长的就是低价销售。如果采用不当，不仅损害企业利润，还容易造成虚假的市场繁荣，误导企业的营销决策。

2.9.2　实施特价促销

1．选择恰当的促销时机

在产品品质高度同质化、品牌形象相差无几的情况下，降价促销是企业促进销售、争夺市场份额的有力武器。降价促销的策划实施往往基于以下原因：

（1）价格因素是市场销售不畅的首要原因。

（2）商品接近保质期，又存在较大库存量。

（3）季节性很强的商品面临淡季，厂家急于回笼资金。

（4）抵抗竞争对手的促销行动。

（5）企业通过降价来对市场进行“洗牌”，夺取更多的市场资源。

2. 选择特价商品

并不是所有的商品都适合做特价促销，一般消耗量大、购买频率高的快速消费品，往往是特价促销运用最多的商品，如洗衣粉、奶粉和纸巾等。在特价促销时，一般每次只选择一个品种作为特价商品。特价促销商品的选择，往往会考虑以下因素：

（1）品牌成熟度高的商品。

（2）消耗量大、购买频率高的商品。

（3）季节性很强的商品。

（4）接近保质期的商品。

（5）即将被淘汰的商品，如技术、包装等已属于弱势的商品。

（6）同质化程度高的商品。

（7）有特点且利润高，虽然已销售时间较长，但尚未被顾客认可，仍需培育的商品。

3. 确定促销期限和降价幅度

特价促销活动的时间一般在 2 周左右，不要超过 1 个月的时间。事实上，几乎所有的连锁店在举办特价促销活动时，一次活动的持续周期均控制为 12～15 天，在这一段活动周期内含有两个双休日，这样才能够涵盖更多的消费人群。15 天周期一般是针对新产品或新品牌而言，随着新产品或新品牌在市场上的知名度逐步提高，一次特价促销活动的持续周期可以逐步缩短，成熟品牌大多数是在周末开展短期的特价促销活动。

特价促销的幅度要适当，特价幅度太小，不能引起顾客的购买欲望，促销效果不明显，也就等于浪费了促销资源；特价幅度太大，在提高短期销售额的同时，利润损失惨重，而且容易引起其他店铺的抱怨，也会带来破坏价格体系等负面影响。特价的商品降价幅度要有一定的竞争力，据调查，对快速消费品而言，特价幅度在 10%以下时，几乎收不到什么促销效果，特价幅度至少要在 15%～20%，才会产生明显的促销效果。

商品不同，特价幅度也不同。品牌知名度较低的商品，特价幅度要大一些；而知名品牌，小幅度的降价也会产生很好的促销效果。经常开展促销活动的品牌，其降价幅度要大些；而很少开展促销活动的品牌，其降价幅度可以小一些。此外，一个品种大幅度特价促销比几个品种小幅度特价促销效果要好。

4. 发布特价促销信息

特价促销要针对目标顾客将促销信息发布到位，让更多的人知道促销信息。在费用投入有限的情况下，一定要做好现场促销信息的发布。

（1）陈列在非常显眼的位置。连锁店可以设立特价品专区，置于大厅中央。特价促销要争取最显眼的陈列位置和最大的排场，采用堆码或端架的陈列方式，让顾客一眼就能看到特价商品。

（2）做好特价商品现场的宣传工作。在店外通过促销信息栏、自制的展板、横幅、海报和促销展示台等发布特价商品信息；店内通过广播、产品陈列、现场海报、导购人员导流与推荐、堆码及喊话器等手段吸引顾客和传递促销信息。

（3）利用好特价标签。特价标签要标出原来的价格和现在的特价，以方便顾客比较两种价格，有效突出“特价”。还可以写“特惠”字样，以增强顾客对价格的敏感度。标示清楚醒目的特价标签，是增加购买的动力之一，既可增加产品陈列醒目的宣传告示效果，又可让顾客买得明白。把特价标签直接挂在商品陈列架上，是最能吸引顾客立刻购买的方法。因为顾客不但一眼能看到特价金额、降价幅度，同时还能看到特价商品，从而达到刺激顾客立即购买的效果。

（4）利用好特价 POP 广告。特价促销时必须使用特别价格标识，即特价 POP 广告，内容应包括商品品牌规格、商品原价格、商品新价格、活动起止日期等信息。最重要的是必须让顾客能一目了然，一看就知道减价了多少，“一看即知”是特价 POP 广告的基本要求。

5. 管控特价促销过程

（1）备足货源，及时补货。特价促销事先要对销量有一个预估，查清卖场的库存，补足货，并有足够备用货源，库存不足时能及时补上，防止脱销。为了防止万一出现缺货的情况，最好在发布的促销信息上注明“数量有限、购完为止”，以免引起纠纷。

（2）加强导购，引导顾客。特价促销期间最好能安排导购员在现场，对顾客进行有效的引导。导购员不仅要引导顾客购买，还要及时理货和补货。

（3）及时恢复正常价格。特价促销活动结束后，连锁店要及时将价格恢复到正常价位，并拆除现场所有的特价促销信息发布工具。

（4）评估特价促销的效果。促销结束后，对于特价促销的效果从销量、费用、正/负面影响、顾客反应、竞争品牌的销售表现等方面进行综合分析，检查促销目标完成情况，总结经验与教训，并整理成文。

任务小结

特价促销是企业在一定时期内降低一定数量商品的售价，或适当减少自己的利润，以此回馈消费者的促销活动。特价促销的优点在于能提高商品在货架上的吸引力，吸引消费者注意，并鼓励购买；缺点在于不能从根本上解决商品销售不畅的问题。

企业实施特价促销需要注意：选择恰当的促销时机；选择特定商品为特价商品；科学确定促销期限和降价幅度；对目标顾客发布特价促销信息要有针对性；管控特价促销过程。

任务训练

1. 什么是特价促销？
2. 如何实施特价促销？

任务 2.10 折价券促销

任务导入

1995 年美国每个家庭平均拥有折价券达到 3 000 张，最终被使用的折价券平均每个家庭达到 80 张。大多数个人偶尔使用折价券，只有 27%的美国消费者表示他们每次在购物时都使用折价券。整体而言，女性比男性更加频繁地使用折价券，这可能是因为女性会更多地从事日常的购物活动。大量使用折价券的人更多的是儿童，他们购买食品时经常使用折价券；还有就是退休人员或全职家务劳动者，这可能是因为收集折价券需要花费大量的时间。证据表明，在经济不景气或消费者担心他们未来的经济状况时，消费者更有可能使用折价券。

任务实施

2.10.1 认识折价券促销

折价券（又称优待券或优惠券）是一种证明持有者在购买特定商品时可按规定少付一些钱的凭证。折价券促销，是指以折价券为购物凭证，消费者在购物时可以享受一定折扣优惠的促销方式。

折价券一般需要通过各种媒介送达消费者手中，其优惠内容如果能够引起消费者的兴趣，则消费者会收集保留，以便在下次消费时使用；如果优惠较小或不符合消费者的即时需求，则不能引起消费者的兴趣，也就不能达到促销的目的。例如，肯德基快餐厅往往向那些购买肯德基食品的顾客赠送一些折价券，凭借这些折价券，顾客可以在下次消费时以低于正常店面标价的价格买到指定的食品。这样的折价券促销对于那些忠诚顾客而言，无疑是具有强大的吸引力。我们经常可以看到很多年轻人或儿童拿着大量的折价券，在店内饶有兴致地考虑该用哪些折价券组合去购买肯德基的食品。

促销实践 2.16

肯德基快餐厅的折价券

肯德基快餐厅与老竞争对手麦当劳快餐厅的折价券之争由来已久。这些折价券以套餐优惠、折价优惠、学生优惠等方式，通过上门免费派送和消费赠送的途径派送到消费者手中。虽然这些折价券都标明有效日期，但新一轮的折价券很快就会产生，同时优惠内容组合也有新的变化。作为一种促销手段，肯德基快餐厅似乎打破了“产品促销期不宜过长”的促销原则，事实上这种长期促销手段已经成为一种变相的降价销售手段。他们的目标并不是促销后能提高多少销量，而是在长期促销价格下能产生的销量。

肯德基及类似的快餐企业将折价券作为吸引顾客就餐、培养忠实顾客的常规促销工具，这种促销策略由来已久。

折价券成功之处不仅在于它有引人入胜的精美设计，而且还在于每一次折价券促销活动所针对的都是不同的产品。从这个角度来看，折价券促销让消费者感觉新鲜，并为企业结合整体市场战略，推广不同类型的新产品做出了贡献。肯德基快餐厅的折价券如图 2-12 所示。

图 2-12　肯德基快餐厅的折价券

当然，这种方法的长期使用，会影响消费者的关注程度。在当今竞争激烈的市场状况下，虽然消费者需要持续不断的刺激，但刺激的途径可以通过其他促销方式的不断变换来达到，如赠送、免费试用等，而不是折价券这一种促销方法的重复使用。

（资料来源：https://baike.baidu.com/item/肯德基优惠券）

1．折价券促销的优点

（1）消费者对折价金额一目了然。折价券提供了一种针对消费者降低价格的凭证，同时与折价促销相比，折价券促销能够更明确地向消费者显示出节省的具体金额，有利于消费者购买前进行计算和比较。

（2）有利于知名品牌推广新产品。折价券促销方式能吸引对品牌有一定好感或已经试用过产品并对产品感到满意的消费者，所以，连锁企业可以配合知名品牌的厂商，借助折价券这种方法推介新产品或拓展新市场。

（3）鼓励重复购买，培养忠诚顾客。当企业经营的商品与竞争者的商品差异不明显时，要培养顾客消费偏好，除进行企业形象的宣传以外，还需要培养消费者购买本企业商品的习惯。折价券促销通常是对老顾客实行优惠政策，通过多次分阶段使用折价券的促销方式，达到提高顾客来本店购物的频率，使其成为企业忠诚顾客的目的。

2．折价券促销的缺点

（1）兑换的过程比较难控制。不同的地区和时间，不同的折价券分送方式，以及折价券的不同创意表现等，都会影响消费者的参与程度，而这些因素如何作用于消费者是一个很难预测的问题，由此带来的兑换率的不确定性，直接影响促销经费预算和成本收益估算。

（2）不适用于新品牌或知名度不高的商品。当消费者面对一个产品价值未知或并不了解的产品时，无论折价券提供了多大的折扣，他们都无法判断是否值得去使用折价券购买产品。因此，消费者的参与度比较低，也就达不到预期的效果。

（3）不成功的折价券设计会损害企业形象。折价券促销的本质还是价格折让，使用这种促销方法会在一定程度上损害企业形象。因此，连锁企业应精心设计和制作折价券，通过折价券尽可能传递出产品或服务的信誉度和美誉度，提高折价券的兑换率。

（4）和折价促销相比，折价券促销会增加额外的工作量。印制、分发和回收折价券，以及与厂商进行结算，都将增加连锁企业繁重而琐碎的工作，同时增加了运作成本。另外，要说服厂商协助连锁企业进行这类促销活动，也有一定困难。

2.10.2 折价券的适用范围

折价券主要用于向消费者提供即时折扣或延迟折扣，其目的是使消费者进一步增强对商品或服务的关注，从而刺激消费者产生强烈的购买欲望，扩大产品的销量。折价券的适用范围有以下几个方面。

（1）产品价格比市场上同类产品的价格高。如果连锁企业商品的销售价格比市场上竞争者同类商品的销售价格高，则使用折价券可以降低消费者的实际购买价格，促进销售量的增加。相对直接降价而言，折价券可以避免对品牌形象的影响。

（2）差异化不明显的商品。差异化不明显的商品，不能体现消费者的利益点，也就没有绝对的竞争优势。因此，可以通过长期采用折价券促销的方式，培养消费者对品牌的忠诚度，培养消费者购买该商品的习惯。

（3）消费者对商品的价格敏感度高。如果消费者对商品的价格敏感度高，而且当企业的商品销售出现停滞或下跌时，则使用折价券能够有效刺激消量的增加，从而增加销售收入。

（4）推广新产品或开拓新市场。不论是现有产品或新上市产品，运用折价券促销均能刺激消费者试用。所以，该方式可用来推广新口味、新规格的商品，或者是其他产品线的延伸。此时，折价券如果与免费试用装同时使用，则可以促使那些通过免费试用并感到满意的消费者使用折价券购买产品，从而实现第一次购买。

阅读材料 2.7

使用折价券最多的 18 种商品

1. 燕麦和早餐食品。
2. 药物和保健用品。
3. 清洁剂。
4. 宠物食品。
5. 护发用品。
6. 口腔卫生用品。
7. 盒装肉食品。
8. 调味品、肉汁和调味料。
9. 面包和烘烤食品。
10. 皮肤护理产品。
11. 肥皂和洗浴用品。
12. 治疗感冒的药品。
13. 速冻食品。
14. 纸质产品。
15. 冰激凌。
16. 家庭用品。

17. 维生素。
18. 除臭剂。

（资料来源：唐·舒尔茨. 促销管理的第一本书. 黄漫宇，译. 北京：中国财政经济出版社）

2.10.3 实施折价券促销

1. 选择分发方式

连锁企业在决定进行折价券促销活动之后，首先应该确定采用哪种方式分发折价券。折价券的分发方式一般分为四种：直接分发、媒体分发、随商品分发、特殊渠道分发。企业应根据不同分发方式的优缺点及其适用情况，选择相应的折价券分发方式。

（1）直接分发。连锁企业直接分发折价券，通常有直接邮寄、逐户分送、店内派送及店铺周围派送四种方式，其中又以店内派送为主。

① 直接邮寄。该方式是指用邮寄的方式将折价券送达消费者。这种折价券适用于有准确的目标客户资料、产品价值较高或目标消费群较特殊的产品，如高级化妆品、照相器材等。其优点是针对性强，缺点则是成本较高。这种分发方式以往较流行，现在采用的企业不多。

② 逐户分送。该方式是指通过登门拜访的形式将折价券送到消费者手中。这种方式针对性强，但是折价券分发的数量相对有限，并且辐射范围比较小。

③ 店内派送。在连锁店直接向消费者分发折价券，可以采用无条件分发的形式，在店内自由领取，也可以采用凭购物凭证分发的形式。其特点是针对性强，优惠券的使用率也较高。

④ 店铺周围派送。该方式是指通过店铺周围派送方式，将折价券送到消费者手中。这种方式的优点有两个：一是可以充分保证折价券的送达率；二是由于折价券的发送对象是有选择性的，因此使用率也相应提高。

（2）媒体分发。第二个主要发送折价券的方式是通过媒体发送。以往，消费者在报纸、杂志、周末或周日附刊或其他印刷媒体上，均可经常看到中外公司各类折价券的踪迹。随着网络技术和电子商务的发展，通过新媒体平台发送折价券，越来越受到消费者的欢迎。

① 报纸分发。报纸上的折价券既可单独刊登，也可多家联合刊登。单独刊登的折价券，通常是由一家企业自行刊登在报纸上。联合刊登式折价券，则是有几个零售商的折价券组合起来刊出广告。联合刊登式折价券的特点是由非竞争性的零售商组合起来，所有参加联合刊登的零售商的折价券，均在某一共同主题下，依统一格式排列刊登。

② 杂志分发。杂志上的折价券通常有两种形式：一种为刊于内页广告页上；另一种为彩色插页式。广告页上折价券，意指在杂志内页中的商品广告上，附带了企业的折价券。插页式折价券，通常设计成独立的折价券，插在商品的正常广告页间，或者是附在正常广告页上，其纸质一般比杂志用纸要厚，尺寸也较小，常直接装订或粘贴在杂志上。此种插页方式使折价券极易脱颖而出，读者很自然地立即看到它。因此，消费者对这类折价券的使用率，要比广告页上折价券的方式高出60%。

③ 周日附刊或特刊分发。在周日报纸附刊和杂志特刊上运用的折价券有两种形式：一种为一般折价券，通常为报纸或杂志正常广告页的一部分；另一种则称为独立式夹页，经常采用单页或单份，并不属于常态报纸周日附刊或杂志特刊的一部分。这种方式常将折价

券夹于报纸中或杂志中。之所以称为独立式，是因为无论任何情况，都不会依附于报纸或杂志上。

（3）随商品分发。随商品分发折价券，通常是为了吸引消费者下次购买时使用。其运用的形式可分为包装内、包装上和交叉分发三种。

① 包装内分发。所谓包装内分发折价券，即指将折价券直接附在商品包装里面，在包装上以标贴形式特别注明，以吸引消费者注意的方式。不过，当食品类商品使用包装内分发折价券时，应特别小心处理，因为对食品管理的规定极为严格。例如，对于何种材质的折价券才可置于食品包装内都有明确的规定，纸质材料、印刷方式等均在限制的范围之内。这种方式外资和合资企业运用较多，国内企业采用较少。

② 包装上分发。包装上分发折价券，意指在包装上某处附有折价券的方式，它可能是在包装标签纸上或印在纸箱上。例如，三花奶精的折价券即印在罐上标签的背面。

③ 交叉分发。某商品的折价券可以放在其他不同类别的商品包装内或包装上分发，称为交叉分发。例如，美国亚瑞（Arrid）公司想扩大连锁店的陈列空间和强调其止汗剂的产品特色，于是委托 Cross-Ruff 促销顾问公司协助，与另外 10 个品牌合作，举办一个联合促销活动，特别推出一种折价券，价值 1.55 美元，仅限购买这 10 个品牌的商品，此折价券则是附于亚瑞公司产品的包装盖上。亚瑞公司不仅为其他品牌提供分送折价券的机会，也为自己创造了额外的价值。

（4）特殊渠道分发。目前市面上出现数种小型但却成长快速的折价券发送方式，较常见的有通过折价券分发机器分发，将折价券印在收银机打出的商品明细纸的背面、商店的购物袋上、冷冻食品包装袋上、街头促销宣传单上等。

美国尼尔森促销顾问公司用 3 年的时间，对折价券的发送方式进行调查。调查显示，美国 20 世纪 80 年代通过日报刊登折价券的比率最高，高达 48%以上，第二为独立式夹页的方式，达到 18.49%，第三为杂志，达到 13.3%。

2．确定折价幅度

折价幅度的大小，也就说明折价券价值的大小。折价券促销的前提是让顾客能感受到具体的折价幅度，这样才会刺激顾客购买。

对于折价券的价值，很多顾客似乎有一个临界值，在某个价值以下他们不会对折价券产生兴趣，并将折价券用于购买特定的商品。因此，连锁企业必须了解他们的促销对象，然后将折价券的价值设定在顾客对他们产品预期的临界值附近。

近年来，折价券的价值在不断提高，折价券的使用已经为顾客节省了越来越多的钱。企业在设计折价券的折价幅度时，应考虑以下三个因素。

（1）产品的促销成本。折价幅度过大，会使得产品的促销成本上升，进而影响销售利润。

（2）产品的利润率。对于利润率较低的产品，降价空间本身不大，折价券促销无法发挥更大作用。因此，折价券促销多用于利润率较高的产品。

（3）产品的促销效果。折价幅度过低，不会引起太多消费者的关注，因而无法达到促进销售的目的。

因此，连锁企业应该如何设计折价券的折价幅度呢？研究认为，一般在零售价 10%～30%的金额是理想的折价券面值，也能获得很好的兑换率。

3. 制作折价券

折价券可以设计成任意大小或各种不同的形状。然而，对连锁企业而言，通常喜欢按照纸币大小和形状来印制，因为这种形状的折价券，易被消费者辨认。当折价券本身并无特殊的造型要求或限制时，其首要原则就是简单而清晰，因为用任何文字技巧或俏皮词句无谓的卖弄，只会令消费者觉得不知所云，混淆不清，进而减弱折价券的使用效果。所以折价券最好能与促销主题紧密相连，其信息的传达理应清晰且能引人注目，至于“艺术美感与创意技巧”则是次要工作，可以置后考虑。

折价券的内容应该简单而清晰，一般包括以下内容。

(1)折价券的使用条件。最好加上一小段极具销售力的文案诉求，以鼓励消费者多多使用。

(2)折价券的有效期限。在折价券背面的文案中，应醒目地注明折价券的有效期限，使人易看、易读，防止过期的折价券误兑。

很多连锁企业发行折价券时往往对折价券的兑现有一定的条件限制，比如只有购买指定的商品才能打折，或者只有在指定的时间内才能打折等，这些条件必须在消费者领取折价券时给予充分说明。如果不做说明，则很容易在折价券兑换时引起消费者的不满，让消费者觉得有受骗上当之嫌，不但难以达到预期目的，反而会使顾客满意度下降，得不偿失。

4. 管控兑换率

确认折价券的兑换率是折价券促销活动中较难的一件事。尽管平均兑换率已设定，但是却总在最后还是有不寻常的结果出现。在折价券促销活动中，兑换成本是影响兑换率最主要的部分，但是，很不幸地说，我们对预测兑换成本工作实在没什么信心，因为影响它变化的不可控因素有许多。基于此，我们只好运用常规的经验法则来作为判断的依据。

不同途径分发折价券的兑换率不一样，产品包装内、产品包装上折价券的兑换率比较高，如图 2-13 所示是通过不同途径分发折价券的兑换率示意图。分发方式只是影响兑换率高低的因素之一，还有许多其他影响因素存在。例如，在连锁店内各类商品规格的大小、数量的多少、同级或同类型商品的销售率高低等，这些因素对折价券兑换率也有较深的影响。调查研究表明，同类商品在连锁店内销售越多时，此类型商品的折价券兑换率也越高。例如，假设某一商品在连锁店内的销售率为每 1 000 元约占 6 元，则其折价券兑换率会比销售率为每 1 000 元只占 2 元的商品高 3 倍，更比销售率为每 1 000 元约占 1 元的商品高 6 倍。此外，影响兑换率的重要因素为折价券的折价比率，即折价券的金额与商品售价的比率。通常，实际的折价金额对折价券兑换率的影响也较大。研究表明，零售价 10%～30%的金额是理想的折价券面值，也能获得较高的兑换率。而周转快速的商品，其兑换率也常常较高。

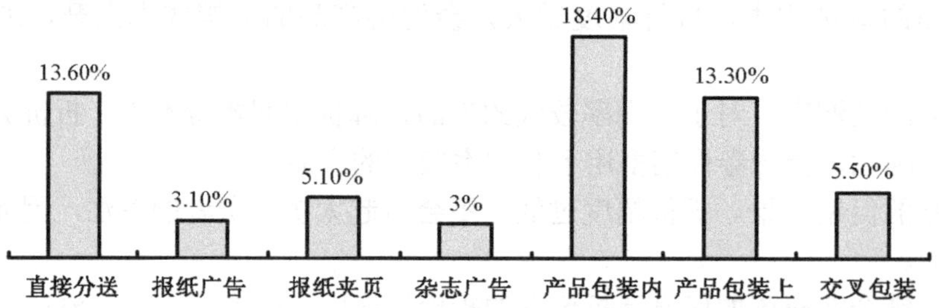

图 2-13　通过不同途径分发折价券的兑换率示意图

另外，商品铺货比率也是影响折价券兑换率高低的一大因素。例如，某一商品拥有90%的铺货率时，其兑换率为50%铺货率时的2倍。但令人意想不到的是，商品的市场占有率、竞争品牌的活动及消费者对商品的认知度等，对兑换率的影响竟然小得出乎正常的预料。

影响折价券兑换率的主要因素，概括如下。

（1）折价券的递送方式。

（2）商品的等级、规格。

（3）折价券的到达率。

（4）消费者对商品的需求度。

（5）品牌忠诚度。

（6）品牌的营销能力。

（7）折价券面值。

（8）商品品牌的新旧程度。

（9）折价券促销广告的设计与表现。

（10）折价券的折价条件。

（11）使用范围。

（12）竞争品牌的活动内容。

（13）消费者对品牌的认知度。

5. 避免误兑

折价券的兑换非常重要，因此，误兑的状况必须尽量避免。误兑问题的产生，不是因为消费者故意欺骗，而是因为消费者一时疏忽。尽管迄今仍没有一个完整的数据来预测确实有多少误兑率或数额发生，但是美国布莱尔的一项研究表明，消费者的误兑率最高为54%，最低为14%，平均约为33%。由此可见，误兑确实是一个相当严重的问题。唯有小心翼翼地规划并执行折价券活动，才能尽量避免误兑情况的发生。记住，折价券就等于是金钱！表2-7所示是由美国唐纳利营销公司统计的折价券误兑预估表。由表2-7得知，某些媒体的折价券误兑率竟高达45%。因此，每一次折价券促销在策划如何控制兑换率时，企业必须重点注意误兑问题。

表2-7 折价券误兑预估表

分送方式	误差程度
杂志	
广告页	8%～10%
插页式	12%～15%
报纸	
联合刊登	25%～30%
独立插页式	30%～45%
周日附刊	12%～15%
直接信函	
联合刊登	0～1%
单独刊登	0～1%
产品包装	

续表

分送方式	误差程度
包装内	0～1%
包装外	0～1%
现场立即兑换	8%～10%
其他	
定点分送	15%～20%
附样品的折价券	3%～5%

降低误兑的方法有以下几种。

（1）通过对设计、发送及处理的过程监控，防止大量的误兑。

（2）折价券的价值切勿过高，以合理的折价金额幅度为准。

（3）单一品牌的折价券的价值不应超过产品本身的价值。

（4）力求兑换办法清晰易懂，不易混淆。俏皮或耍小聪明的手段，只会造成消费者对活动更加难以理解。

（5）某商品在区域内的铺货率超过50%时，才可运用折价券促销的方式。

（6）务必让消费者易于承兑。

（7）依照活动规则严格执行。不按规则办事只会引人口舌，同时也是明显的欺骗行为。

（8）先对促销方案和分发方式进行测试，如果无法确定此活动是否可行，则请勿在全国范围举办，甚至只是局限于某个区域内也没有必要。

总而言之，折价券误兑的问题是一个极为严重的问题，无论如何应尽可能地设法运用各种方式，减少其发生的可能性。

6. 控制费用

与折价券有关的费用有两种：分发费用和兑换费用。

分发费用是将折价券送达顾客所发生的费用，包括印刷费、版面费或插页费，以及直邮的邮资。计算一次折价券促销的费用相当容易，企业只需统计所有实际发生的费用或可能发生的费用，两者合计即可。举例说明，假设某连锁企业在某一地方报纸上刊登一则广告，上面附有0.15元的折价券，顾客下次再来店购买商品时，可享受折价0.15元的优惠。连锁企业在预估此次折价券的活动花费时，首先假设报纸广告费是1 000元，发行量是10万份。如果此时企业希望借助报纸刊登折价券促销广告，则预估的折价券促销费用会是多少呢？

第一步，必须先加上报纸广告费1 000元。另外，假设广告制作费为250元（此费用包括设计、打字、插图、撰稿、图片摄影等，这些都是刊登报纸广告必须的花费）。所以，在核算兑换费用之前，企业先支出了1 250元。

接下来，企业采用报纸刊登折价券广告，预估可达一般的兑换率，按报纸发行量的2.8%计算。如果发行量10万份，则约有2 800张折价券会来兑换（100 000×2.8%）。2 800张折价券的费用如下。

每张折价券面值0.15元，2 800张计420元（0.15×2 800）；

每张处理费0.07元，2 800张计196元（0.07×2 800）；

每张的邮资及促销公司费用0.035元，2 800张计98元（0.035×2 800）；

以上费用合计714元。

由此可见，每张折价券的兑换成本，不再是面值0.15元，而是0.255元（714÷2 800），或者可以说成2 800张折价券兑换支出总计为714元。若是再加上报纸版面费1 000元、制作费250元，则此次折价券促销的费用合计达1 964元。以此金额推算2 800张的兑换支出，平均每张高达0.7元（1 964÷2 800）。当然，如果折价券兑换率高于2.8%，则促销费用势必提高，但是每张折价券的平均支出费用却相对降低。

运用这种计算方式，可预估任何类型的折价券兑换费用。连锁企业可利用各种类型兑换率来推算折价券的兑换数量。

任务小结

折价券（又称优待券或优惠券）是一种证明持有者在购买特定商品时可凭此券按规定少付一些钱的凭证。折价券促销是指以折价券为购物凭证，消费者在购物时可以享受一定折扣优惠的促销方式。

连锁企业在利用折价券促销时，一要选择适当的方式分发折价券，如直接分发、媒体分发、随商品分发、特殊渠道分发；二要确定折价幅度，一般在零售价的10%～30%为宜；三要设计和制作简捷而清晰的折价券；四要管控兑换率；五要避免误兑；六要控制好促销费用，包括分发费用和兑换费用。

任务训练

1．折价券的优点及缺点有哪些？
2．请说明折价券的适用范围？

任务 2.11 主题促销

任务导入

餐饮企业一年中常见的促销主题如下。

一月份促销主题：元旦迎新；新春优惠；结婚送好礼；年终优惠购物。

二月份促销主题：年夜大团圆；浪漫情人节；欢乐元宵节；快乐寒假。

三月份促销主题：春游烧烤；快乐春游；“三八”妇女节活动。

四月份促销主题：愚人节玩具礼品展销；清明节踏青郊游。

五月份促销主题：劳动节活动；母亲节活动；端午节活动。

六月份促销主题：儿童节活动；父亲节活动。

七月份促销主题：欢乐暑假；暑假自主旅游。

九月份促销主题：中秋节礼品；教师节贺卡。

十月份促销主题：秋季美食；国庆节旅游；重阳节登山。

十一月份促销主题：冬季火锅；烤肉节。

十二月份促销主题：圣诞节；岁末迎春。

抓住有利时机开展主题促销活动，吸引八方宾朋，不仅可以提升营业额，而且还可以树立良好的企业形象。

任务实施

2.11.1 认识主题促销

主题促销是一种非常规的促销方式，是指围绕某一个主题而实施的促销活动。主题促销活动有时是配合社会或商圈特定事件而进行的，其目的是从目标消费群体中发掘形式新颖、特色鲜明、富于感染力的主题，并以此作为活动推广的核心，整合各种要素，在终端与消费者之间创造互动的氛围，从而最大限度地拉近消费者与产品、消费者与企业的距离，发展并巩固一批忠诚的消费群体。所以，主题促销除要促进销售外，还应力求提高企业的美誉度，对企业形象产生正面影响，从而有效推动企业销售业绩的持续增长，这才是其最终目标。

主题促销的特点如下。

（1）针对性强。主题促销最大的特点就是针对性强。针对一种商品门类而展开的主题促销活动，会使这种商品门类销量有数倍甚至高达 10 倍的爆发性增长，类似特卖会的作用，可以聚集相当高的人气。当然，对消费者而言，主题促销还有一个好处，就是让理性消费者可以避开消费的高峰期，从容地选择消费时间。

（2）指导性强。由于主题促销具有非常规性的特征，所以在实施活动时，需要由专业人员对工作人员进行指导。通常情况下，是由连锁企业的策划者负责在方案实施、活动流程、活动规模、媒体传播等方面给予指导。

（3）主题明确。主题促销活动之所以能在顾客心中留下深刻的印象，是因为它具有明确的主题。主题促销通常都会在整个活动中提出一个有吸引力的活动主题或口号，以引起更多人的关注，明确传达企业及品牌的形象，凸显企业的经营特色。如果缺乏明确的主题，则促销活动将会陷入失败的困境。

（4）时效性明显。主题促销都有明显的时间限制，活动仅限于一定时期，过期不候。这种时效性也是主题促销活动吸引顾客的一个重要特征，因为这无形中给顾客造成了一种紧迫感。

阅读材料 2.8

什么是一个好的促销主题？

好的促销主题具有如下特点。

一是主题有广泛关注的社会意义。有社会意义的主题才会引起消费者、公众、媒体的关注，才会有人气。比如“三八”妇女节主题是“关注弱势妇女群体，三八免费妇检”；母亲节促销活动主题是“献给母亲的爱”；“六一”儿童节促销主题是“关注你孩子的情商”。

二是主题传达的信息清楚明白。明白你要干什么，真正有兴趣的人自然会来参与。如果一个主题难以同时具有社会意义和清楚明白的主旨，这时可以用副标题的形式来说明。比如，某心脑血管药品重阳节的促销主题的标题是“老吾老以及人之老”，副标题是“高血压防治知识咨询义诊”。

三是主题通俗顺口，容易记忆。比如，“××送健康，买也赠，换也赠!”凡购买××产品或用同类产品的空盒子，均可以换取××产品的赠品一盒。

四是促销主题要本着公关第一、广告第二的原则。可以以公关手段制造事件营销话题，使得促销活动主题从一开始就具有较深刻的社会意义，从而取得较高的公众关注度。

（资料来源：http://doc.mbalib.com/view/8f4f2976af181fdc96bed0a5c30ab638.html）

2.11.2 主题促销的分类

1. 以商品为主题的促销活动

主题促销的商品一般选择特色鲜明的商品。主题促销活动要有针对性地策划一系列活动，如螃蟹节系列活动、啤酒节系列活动等。在举办以商品为主题的一系列促销活动时，尤其是作为促销活动的第一届，要加大宣传力度，在视觉上要给消费者一定的冲击力。广告语要简洁、明快，统一所属连锁店的视觉形象，达到使消费者过目不忘的效果。

2. 以季节特点为主题的促销活动

由于商品本身的某些特性，使很多商品的使用具备一定的季节性，相应地，这些商品的销售就有了销售的旺季和淡季之分，如饮料、啤酒等商品。针对这些特点，可以把以季节特点为主题的促销活动分为应季促销活动和反季促销活动。

企业在商品旺季采取一定的促销手段来迅速提升销售额的做法称为应季促销；在销售淡季以较大的优惠力度来进行反季商品的销售的做法称为反季促销。在市场竞争日趋激烈的状况下，如何在商品的销售淡季提升销售额，成为完成全年销售计划的关键。而企业在进行季节性主题促销的时候，往往会把应季促销和反季促销结合起来，而且反季促销的力度越来越大、手段越来越多。

促销实践 2.17

2017 青岛国际啤酒节，六大会场同市区联动狂欢

第 27 届青岛国际啤酒节于 2017 年 8 月份拉开序幕，啤酒节作为青岛夏季一项传统的全民狂欢活动，仍以“青岛，与世界干杯”为主题，在保留黄岛、崂山、李沧世博园、平度四个会场的同时，增设即墨、胶州会场，并在市南区、市北区、李沧区、城阳区、莱西市举办啤酒节主题活动。

第 27 届青岛国际啤酒节黄岛会场主题活动于 2017 年 8 月 4 日（周五）至 8 月 27 日（周日）在黄岛区金沙滩啤酒城举行。其活动主题为“音乐啤酒节”，拟举办开幕式、闭幕式及全民海选啤酒酒王大赛活动，并为市民奉上音乐专场演出、互动表演等文娱活动，营造“青岛啤酒节，醉美西海岸”的浓厚气氛。

第 27 届青岛国际啤酒节崂山会场主题活动于 2017 年 8 月 11 日（周五）至 8 月 27 日（周日）在崂山区世纪广场苗岭路以南至海口路以北的三个广场举行。崂山会场活动突出精细化、市场化、国际化和常态化的特点，规划设置高雅时尚、生态休闲的啤酒花园，搭建规模宏大、装饰美观的啤酒屋。崂山会场活动开幕式定于 8 月 11 日上午在世纪广场啤酒城南大门举行。

第 27 届青岛国际啤酒节李沧世博园会场主题活动于 2017 年 8 月 5 日（周六）至 8 月 27 日（周日）在李沧世博园内举行。李沧世博园会场活动将以“啤酒世博，五洲畅享”为主题，在啤酒畅饮区设置啤酒大棚 6 个，在地池周边区域设置嘉年华活动，场地面积约 30 万平方米，拟举办开幕式、啤酒畅饮、文化演艺等 9 项活动，目的在于丰富产品、提升人气、锻造品牌，营造更加热烈的“市民节”“狂欢节”气氛。

第 27 届青岛国际啤酒节即墨古城会场主题活动于 2017 年 7 月 29 日（周六）至 8 月 13 日（周日）在即墨古城举行。会场内设置啤酒吧经营区、啤酒畅饮区、特色小吃街、古风商业街、顾客游乐区等活动区域，举办开幕式、闭幕式、艺术巡游、百年老照片展等活动，打造出一场独具古城气质的国际啤酒盛会，丰富了啤酒节的节庆文化内涵。

第 27 届青岛国际啤酒节胶州会场主题活动于 2017 年 7 月 28 日（周五）至 8 月 6 日（周日）在胶州经济技术开发区高新技术企业孵化器南侧创新大道与珠江路交会处举办。活动占地约 43 万平方米，搭建 1 500 平方米的啤酒大棚，设置品酒区、美食区、舞台演艺区、亲子嘉年华娱乐区、车展区、灯光节等活动区域。同步举办“少海 • 大沽河生态旅游节”“洋河慢生活体验节”“胶北桃乡采摘节”等活动，提高了市民参与度。

第 27 届青岛国际啤酒节平度会场活动于 2017 年 8 月 12 日（周六）至 8 月 27 日（周日）举行。为方便市民就近积极参与，在城东圣水浮金公园和城西天桥智慧农业园两个场地同时举办。圣水浮金公园设置千人狂欢现场活动区、平度特色美食风味区、平度名优特产区等活动板块；天桥智慧农业园设置啤酒历史文化区、“食在平度”名优展区、啤酒主题大棚和快乐采摘体验区等活动板块。届时，平度会场还结合大泽山和茶山自然风景区、天

柱山历史文化风景区、三合山红色旅游区等特色资源，在节日期间开展一系列丰富多彩的文化展演、农特产品采摘和文化教育活动。

其他各区市主题活动。市南、市北、李沧、城阳、莱西等区市，结合啤酒节开展了19项主题活动，活动内容涵盖啤酒节嘉年华、水上啤酒节、登州路开街仪式、酿酒大赛、葡萄采摘、庙会等，时间自6月份持续至11月份，让市民与游客参与和感受节日的狂欢气氛。

“全城欢动，激情共享”，经过20多年的精心培育，青岛啤酒节已经成为青岛走向世界的靓丽名片。

（资料来源：半岛网，2017-07-26）

3．结合特定节日的主题促销活动

我国的消费者有一个消费思维定式，即平时攒钱，关键时刻或重要时刻集中消费。节日正是这样一个关键和重要时刻。在消费者的消费思维定式中，节日期间各商家一定会举办促销活动，价格会降低，产品种类更丰富，不急需的商品等到节日再买。在我国，从春节、端午节、中秋节、重阳节等中国传统的节日到劳动节、儿童节、国庆节、建军节、教师节等现代节日，再到父亲节、母亲节、感恩节、圣诞节等西方节日，甚至开业、店庆等商家自己的节日，一年大大小小的节日有数十个，如何做好节日期间的促销活动，利用节日提高销售额、扩大企业影响力是每个连锁企业必须要考虑的事情。

节日促销与一般的促销最大不同之处在于，节日促销受节日特点的影响较大，所以更加需要注意节日的各种风俗、礼仪、习惯等细节，慎重选择促销商品和促销手段。

做好节日促销，首先要有准确的活动定位，即准确找到促销活动和节日恰当的结合点，确定促销主题。结合任何节日举办的促销活动，一定要让促销活动与这个特定节日相关联。针对不同节日，结合企业理念与节日文化来塑造不同的活动主题，可以明确传达品牌形象、凸显企业自身的特色，实现差异化促销。设计自己企业独特的促销主张与促销诉求，把更多顾客吸引到自己的柜台前，营造现场气氛，达到节日销售的目的。

结合特定节日的主题促销活动，节日前后的时间安排也至关重要。节日促销的时间一般在节日及之前的一段时间，而时间的长短则视节日的隆重程度而定。春节、国庆节等节日促销活动的时间一般很长，而教师节、重阳节等通常只在节日当天有促销意义。如果与周末相连，则时间一般可以适当延长。

此外，在节日促销的活动中还要注意媒体运用的效果，一方面是媒体的宣传效果，主要是通过报纸、电视、海报及网络给顾客传达促销活动的安排信息；另一方面是媒体的渲染效果，通过对促销现场节日氛围的烘托和品牌亲和力的彰显，从视觉、听觉、味觉、嗅觉、感觉等来调动消费者的购买情绪，使消费者的情绪得到感染和“不正常”起来，消费者的节日情绪得到了活动氛围的回应，企业的主题活动也就得到了回报。

阅读材料 2.9

2014年“双11”八大主题促销

1．马克华菲

主题：女神穿男装，挑战“荷尔蒙”

创意点：逆向思维，投其所好

2. 魅族

主题：梦想使者，零点送货

创意点：别人还在抢货，我已经到货了

3. 骆驼

主题：游戏营销，送韩寒去好莱坞

创意点：有参与感，有名人效应

4. 研祥

主题："逆袭节"，一起来约"惠"

创意点：剑走偏锋，自己造节

5. gxgjeans 服装

主题：下雨就免单，湿身就脱单

创意点：悬念营销

6. 阿芙精油

主题："双 11"我们"约架吧"

创意点：公开"约架"，制造爆点

7. 林氏木业

主题：万万没想到

创意点：视频营销，跨界联姻

8. 小猪班纳

主题：你买衣服我送"猪"

创意点：不一样的礼物

（资料来源：http://bbs.paidai.com/topic/311274）

4．以特定事件为主题的促销活动

以特定事件为主题的促销活动特别强调对特定事件或突发事件时机的把握，若把握得当，则常会提高企业的知名度及业绩。特定事件或突发事件，往往因为其出乎意料，没有心理准备，使企业难有敏锐的反应。然而，精明的经营者会像快速反应的部队那样，迅速决策，及时分析，总能先他人一步抢占商机。

首先，应经常关注并及时了解社会及商圈内有关事件及新闻，并研究其对企业经营及消费者购物心理的影响。其次，若发现良好的促销主题，则应立即确定促销的商品及方案，在最短的期限内推出促销活动以抢夺先机，塑造企业的经营特色和差异化。例如，我国台湾的 7-11 便利店除以社区为商圈举办活动以外，还举办过多次极具创意的主题性促销活动。其中，非常成功的一次是针对我国台湾多起绑架儿童案而及时赞助举办的"把爱找回来"的活动——呼吁父母们不要让孩子走得太远，以免误入歧途，并在每个 7-11 便利店设立信箱，希望通过信箱的协助，让想回家的孩子和想念孩子的父母一起把爱找回来。这一活动温馨、令人感动，成为连锁企业关心社会的成功典范。其结果，不仅凝聚了顾客对 7-11 便利店的好感，而且也使他们的服务层次得到提高，让商圈或社区的居民视其为日常生活中不可缺少的便利店。

阅读材料 2.10

主题促销的六大难题

1. 主题与消费者利益如何关联

主题促销活动的主题一定是“讲给顾客听的，而不是给老板看的”。但很多企业策划的促销活动主题与消费者利益没有什么关系，可谓“我行我素”。这好比谈恋爱的时候，总是跟女朋友讲纳斯达克股市跌了多少和美国总统大选谁会赢等，对你的恋爱进程不会有太大帮助。一家纸业公司在10周年庆典时，举行了一场以“真情十年”为主题的促销活动，你的“真情十年”和消费者有关系吗？消费者在乎你的“真情”吗？在乎你的“十年”吗？

2. 主题与品牌定位如何关联

也有些企业的主题促销活动与其品牌定位毫不相干，形成“两张皮”。要么就设计一个非常牵强的概念，硬邦邦地推下去；要么和自己品牌的定位、特色没有任何关系。一家奶粉企业曾经举办了一次以“健康对口”为主题的买奶粉送牙膏活动。结果怎样？活动一开始就有大量牙膏送不出去，造成赠品积压。一个讲营养，一个讲固齿，怎能走到一块呢？“健康对口”的主题是否有些牵强了？

3. 如何使主题更加明确或更加独特

一些企业做主题促销活动时，要么主题内容不明确，要么主题数量过多，从而失去主题活动的聚焦点。巩俐的《漂亮妈妈》电影上映后，不少美容院、健身房积极响应，举办了一系列以“漂亮妈妈”为主题的促销活动。乍一看这个主题不错，很有时代感。但仔细琢磨就会明白，“漂亮妈妈”到底说明了什么，是美丽？还是瘦身？或是健康？主题并不明确。

4. 主题难以传播

企业进行主题促销活动，总是喜欢用些好听的词语，诸如真情回报、关爱生命、辉煌十年、让爱永恒等。但从来没有考虑过这些主题到底怎么传播。线上还好，大不了拍一支广告片，但线下怎么办？尤其把这些主题落实到具体活动中的时候，该怎么处理？例如，类似“辉煌”等主题，通过什么样的促销活动表现出来，是赠送、路演、特价等方式吗？你的促销人员到底该如何实施，很多问题都不好解决。

5. 游戏规则太复杂

每当要策划主题促销活动的时候，领导一般强调两点：一是活动要环环相扣、趁热打铁，要有突破；二是活动要扎扎实实地抓下去，各部门要全力配合。领导的本意是好的，但这往往会误导市场人员，尤其“环环相扣”一词，往往会误导市场人员设计出错综复杂的游戏规则。例如，你看到报纸广告，首先剪一角可申请会员；然后购买一次产品便获得优惠券；接下来购买达到一定量可免费获得一份礼物；最后把产品包装收集到一定数量，就可以免费兑换该产品一个等。消费者有这种耐心吗？

6. 容易被竞争对手效仿

无论是主题促销活动还是其他传播活动，一定要考虑竞争对手的情况。必须在详细分析竞争对手的情况下，才能考虑如何“取悦”消费者。否则，你做的事情对手也跟进就麻烦了，也许你前期的一切努力因此而毁于一旦。有一家牛奶企业举办了一个以“享天然赢健康”为主题的买牛奶送自行车活动。但遗憾的是，活动一开始他们的“冤家”就开始跟进，买牛奶送电动车。其实，这种效仿是可以阻止的，但他们忽略了。

（资料来源：http://huahong.hz.bodu.com/bloggermodule/blog_viewblog.do?id = 535001）

2.11.3 实施主题促销

主题促销必须能够抓住顾客的需求和市场的卖点。一个好的促销主题会成为一个好的市场卖点，而要有好的促销主题，促销人员的创意是非常重要和关键的。

1. 寻找一个有效的主题

促销主题是整个促销活动的灵魂，选择了一个好的促销主题，主题促销活动就成功了一半，所以连锁企业要针对自身的具体情况，制定一个有吸引力的鲜明主题。

一个有效的促销主题应符合以下要求。

（1）相关性。主题促销活动的主题是和消费者的利益息息相关的，所以一定要有可信度，不能使消费者觉得有欺诈的嫌疑。同时，活动的主题必须要能够吸引消费者的注意，让消费者感兴趣，使消费者能从中感受到一种亲和力，并留有深刻的印象。

（2）统一性。主题促销活动的主题必须与连锁企业的定位一致，必须能够向消费者传达企业所倡导的信息，切忌所选主题与企业的定位脱节。只有这样，企业的经营理念才会通过促销活动在消费者中有所积淀，进而影响消费者的长期消费行为，这一点是通过主题促销活动来实现企业战略的关键所在。

（3）独特性。独特性是指主题促销的主题必须鲜明而有特色，结合企业、商品自身的特点，避免陷入甩卖风、打折风、赠送风等促销误区。有的企业搞了点特价、免费品尝、路演等活动，就说自己举办了一次主题促销，结果除提升了短期业绩以外，对扩大企业影响力和提高顾客忠诚度没有太大的影响。由于市场竞争日趋激烈，许多企业一窝蜂地举办各种主题促销，如何选择一个明确的主题使消费者觉得新颖、时尚，使媒体觉得有价值并愿意报道，使竞争对手难以效仿和跟进，这些成为主题促销活动成功的关键。

（4）传播性。促销活动的主题必须易于传播，只有传播出去才能被消费者所认知。因此，所选主题一定要简洁、易记，让消费者一目了然、朗朗上口、过目不忘，最好能在一定程度上引起正面的社会舆论，使促销主题深入人心。另外，活动的主题一定要便于表现。活动的主题是通过具体的促销手段表现出来的，从什么角度确定活动主题更有助于提升活动的表现力，一定要考虑在内。

2. 掌握促销规则

连锁企业在策划主题促销活动时，要解决策略层面和操作层面所涉及的诸多问题。

策略层要解决下列问题：本次促销活动是否符合促销产品的生命周期；是否可以有效阻止竞争对手；是否有足够的活动预算经费等。

操作层要解决下列问题：活动计划是否易于执行；消费者是否容易感知；媒体和厂商等合作伙伴是否能够接受等。如果活动规则太复杂，具体执行人员无法充分领会要点，厂商不予支持，则活动就很难开展下去。

要想克服这些问题，则在充分把握活动规则的同时还要做到：活动规则的制定过程要严谨、合理，尽可能考虑到所有相关问题；活动规的执行过程则要简单化、易操作、易控制。

3. 传播促销主题

企业开展促销活动的主要原因是巩固老顾客和吸引新顾客。但是，如果促销活动传播不到位，则老顾客会因为购买习惯而不能从活动中得到实惠，而新顾客会因为不了解活动内容而未被吸引。所以，要实现促销目标，就要在考虑预算的前提下，做好主题促销活动的传播工作。传播促销主题需要从以下几个方面着手。

（1）设计并统一图标。在确定促销主题后，这个问题很容易被忽略。为了便于主题的传播，要设计一个图标，而且表现手法要符合企业视觉设计系统（VI）要求，并统一使用。无论是在广告里，还是在海报上，使用方法要严格统一，大小比例及颜色都要严格把关。

（2）要均衡传播。许多企业认为促销活动是线下的事，可以通过促销包装、终端展示和人员推广等手段达到传播的目的。线下传播的确非常重要，尤其是终端展示，能够将连锁企业所属店面活动的气氛充分营造出来。事实上，主题促销活动一定要在线上和线下均衡传播。线上主要靠电视、报纸、杂志和网络等媒体，必要时采取新闻等传播方式进行补充。

（3）要不断更新传播内容。促销传播是有时段性的，要紧随活动进程及时调整传播角度和方向，更新活动的传播内容。充分考虑促销活动短期性特点，可以在节约费用的原则指导下，拍摄2～3支电视广告影片。媒体和终端传播，也可以根据活动节奏随时更新内容，这样也可以提高与消费者的沟通效率。需要注意的一点是，没有特殊情况，促销活动的主题不能变更。

（4）促销资源要均衡匹配。企业自身的市场定位、短期的市场目标、商品策略、价格策略、物流能力、企业资金来源、竞争格局、宏观环境等，影响着促销活动的投入和回报。因此，连锁企业在制定促销政策时，必须对全部资源进行均衡匹配，不能在某一方面投入过多的资源，而在其他方面投入的资源却不足。

在具体促销的传播管理方面，应充分利用店面的场景、媒体的宣传攻势来营造和凸显连锁企业自身的整体形象。例如，利用企业大型宣传看板、店内指引标识、企业周围的灯箱道旗广告、DM 的发放等使消费者清楚地知道促销的内容；利用电台、电视台、相关报刊等多种媒体将促销活动最大限度地宣传出去。宣传的重点是企业形象、连锁店的服务理念、活动的主题及内容、活动举办的时间及地点。

4. 寻求厂商的支持

连锁企业运作一次主题促销活动，往往需要一定的人力、物力和财力的投入，仅凭连锁企业一己之力开展活动，很容易因为资源不充裕或具体活动实施不够专业而影响最终结果。如果能够通过有效的沟通获得厂商多方面的全力支持，则活动效果会有明显改善。但是，目前大多数厂商的经营战略是针对全国或局部重点地区的整体运作，对于处于销售终端的连锁店往往是鞭长莫及，甚至根本不关注、不了解其实际运营状况。而且，即便对连锁企业有所支持，往往是锦上添花而非雪中送炭，销售状况越好的连锁企业越能得到厂商的支持。

对于连锁企业而言，在提倡自我管理、自我创新的同时，还要加强与厂商的沟通和合作，避免因得不到厂商支持而影响促销活动的效果。要想做好一次大型主题促销活动，需要争取厂商在以下几方面的支持。

（1）争取厂商在商品供应或铺货、赊销等方面给予支持，或者给予折扣点上的特殊支持。

（2）争取厂商给予促销费用上的支持，如配发免费宣传用品，给予一定额度的广告投入费等。

（3）争取厂商派专业人员提供与活动相关的专业培训与指导。

（4）争取在活动期间厂商给予让利或奖励返点的支持。

任务小结

主题促销是一种非常规的促销方式，是指围绕一个主题而实施的促销活动。与其他促销活动最大的不同在于，主题促销活动不仅可以提高营业额，而且还可以树立良好的企业形象。

主题促销的关键是有一个好的主题。企业既可以以商品为主题，又可以以季节为主题，也可以以节日为主题，还可以以特殊事件为主题。除寻找一个有效的主题外，企业在实施主题促销时，还要注意掌握促销规则、传播促销主题和寻求厂商的支持等事项。

任务训练

1．主题促销的含义及特点？

2．主题促销分为哪几种类型？

3．一个有效的促销主题应具备哪些条件？

任务2.12 会员卡促销

任务导入

会员卡泛指普通身份识别卡，包括商场、宾馆、健身中心、酒店等消费场所的会员认证。会员卡的用途非常广泛，凡涉及需要识别身份的地方，都可以应用到，如俱乐部、公司、机关单位等。

会员制服务也是比较流行的一种服务管理模式，它可以提高顾客的回头率，提高顾客对企业忠诚度，很多的服务行业都采取这样的服务模式。会员制的服务多数以会员卡的形式来表现。企业发行的会员卡相当于该企业的名片，在会员卡上可以印刷企业的标志或图案，为公司形象做宣传，是公司进行广告宣传的理想载体。同时，发行会员卡能起到吸引新顾客，留住老顾客，增强顾客忠诚度的作用，也能实现打折、积分、客户管理等功能，是一种确实可行、增加效益的促销方式。

任务实施

2.12.1 认识会员卡促销

会员卡促销又称俱乐部促销，是指连锁企业以某种利益或服务为主题，将顾客组成一个团体，开展宣传、销售、促销等营销活动的促销方式。加入会员俱乐部的条件可以是缴纳一笔会费，或者是购买一定数量的商品，也可以是只需提供身份信息即可办理。

如家酒店会员卡管理手册

实行会员卡促销最大的好处是通过俱乐部形式将顾客凝聚在企业周围，与顾客直接沟通，使之成为企业的忠实客户。

实行会员制的企业，其会员可以享受以下利益。

（1）享受连锁企业提供的价格优惠。会员在购物时可以享受比非会员更大的折扣，购买超过一定金额的商品时，还可以享有分期付款的待遇。此外，连锁企业还可以对会员实行特殊优惠日活动，对持卡会员每半个月或1个月中有一天提供优惠购物的机会。

（2）享受连锁企业提供的优质、全面的服务。会员在购物时可以享受保险及送货上门等服务，享受连锁店定期举行的会员联谊活动，并获得精美礼品。此外，连锁企业还定期为会员提供最新商品信息，介绍商品的性能、用途、价格等。会员可以享受连锁企业提供的电话订货、送货上门等优质服务。

（3）享受年底提供的现金返还。连锁企业可以根据会员在一年内的消费总金额，在年底时给予一定比例的返还，从而增加会员的实际利益。

促销实践 2.18

华住集团汉庭酒店会员特权

华住集团汉庭酒店标识如图 2-14 所示，其会员享有以下特权。

（1）低价保证。可预订 300 多个城市、6 000 家酒店，官方渠道低价保证。星会员预订房间享受 95 折，银会员预订房间享受 92 折，金会员预订房间享受 88 折，铂金会员预订房间享受 85 折。

（2）畅享积分。每 1 元人民币房费等于 1 积分。铂金会员最高享受 2 倍积分。积分可用于支付房费，也可购买礼品，精彩享不停。

（3）专属特权。免费早餐、延迟退房、免费 WiFi 等酒店权益应有尽有，生日礼券、升级礼包、邀请特权缤纷权益不断开放。

（4）更多惊喜。微信绑定赠礼券，App 下载有“彩蛋”，会员储值享受返现，下一个惊喜就在你身边。

图 2-14　汉庭酒店标识

（资料来源：http://www.huazhu.com/Member ）

2.12.2　实施会员卡促销

1．申请会员卡

连锁企业招募会员的办法和入会的条件，通常有以下几种方式。

（1）只要缴纳一小笔会费，并填写会员资格申请表，就可以成为会员。武汉徐东路平价商场就是采用这一办法招募会员的。

（2）只要购买了企业的产品，并填写会员资格申请表，就可以成为会员。江苏隆力奇集团征集会员的办法是：顾客在指定时间内，将一个隆力奇纯蛇粉外包装上的指定标志及本人姓名、身份证号码、地址、邮编、电话号码等寄往指定地点，就能成为隆力奇的会员。

（3）既要缴纳会费，又要购买商品，才能成为会员。贝塔斯曼书友会入会的必要条件是：缴纳 18 元入会费，并购买 2 本图书。

（4）顾客在购买企业的商品后，企业通过有奖征答，吸收其中一部分优胜者成为会员。博士伦公司的明眸一族俱乐部就是用这种办法吸收会员的。

（5）顾客只要提交有关材料，证明自己符合会员的必要条件，就可以成为会员。

2．登记会员卡

会员在第一次进行会员登记时，连锁店也就获得了消费者的基本信息，包括消费者姓名、性别、年龄、职业、性格偏好、受教育程度、居住范围等，这些信息对于连锁店针对会员进行个性营销分析提供了可靠的依据。在顾客消费结算时，通过读卡机读取会员卡，客户关系管理数据库就会保存该会员的消费记录信息，并且将会员此次消费商品的品牌、型号、价格、数量、消费时间等信息都记录下来，为企业以后的增值服务提供可靠的依据。这些是连锁企业完善会员卡系统、进行客户关系管理的第一步，也是关键的一步。没有这些信息，在以后的活动中就不能进行准确定位，也就不能进行人性化、个性化的服务。

3．补办会员卡

如果会员遗失了会员卡，则可以采取以下办法重新办理。

（1）由原持卡人到连锁企业重新办理一张会员卡。

（2）由连锁企业有关人员根据挂失人提供的单位名称和持卡人姓名，在系统中找到原有的用户资料，补发同号码的会员卡。

需要特别说明的是：会员卡遗失期间，连锁企业不对消费积分所造成的损失负责。

4．会员卡的使用与积分

持卡顾客在购物时出示会员卡，或者提供会员卡编码，由销售人员根据卡号在会员销售界面中录入销售订单，并给以相应的优惠政策。购物完成后，会员卡管理系统自动根据购物金额和预先定义的积分规则增加该会员积分。会员卡一般采用积分和奖励制度，积分和奖励制度由连锁企业统一制定。

任务小结

会员卡促销又称俱乐部促销，是指连锁企业以某种利益或服务为主题，将顾客组成一个团体，开展宣传、销售、促销等营销活动的促销方式。加入会员的条件可以是缴纳一笔会费，也可以是购买一定数量的商品。实行会员卡促销最大的好处是通过俱乐部形式将凝聚在企业周围，与顾客直接沟通，使之成为企业的忠实顾客。

任务训练

1．什么是会员卡促销？

2．实行会员制的企业，其会员可以享受哪些权益？

任务2.13 网络促销

任务导入

网络虚拟市场的出现，将所有的企业，无论其规模的大小，都推向了一个统一的全球大市场，催生了一种新的业态——“互联网+”。

“互联网+”就是“互联网+各个传统行业”，但这并不是简单的两者相加，而是通过信息通信技术及互联网平台，让互联网与传统行业进行深度融合，创造新的发展业态。它代表了一种新的社会形态，即充分发挥互联网在社会资源配置中的优化和集成作用，将互联网的创新成果深度融合于经济、社会各个领域之中，提升全社会的创新力和生产力，形成了更广泛的以互联网为基础设施和实现工具的经济发展新形态。

如果一个企业不想被淘汰，就必须学会在这个虚拟市场中做生意。

任务实施

2.13.1 认识网络促销

网络促销是指利用计算机及网络技术向虚拟市场传递有关商品和劳务的信息，以引发消费者需求，唤起其购买欲望和促成其购买行为的促销方式。

网络促销是通过网络传递商品和服务的各种信息的。多媒体技术可以实现商品近似于现实交易过程中的表现形式，双向、快捷的信息传播模式，将互不见面的交易双方的意愿表达得淋漓尽致，也留给消费者充分思考的时间。因此，网络营销者不仅要熟悉传统的营销技巧，而且还需要掌握相应的计算机和网络技术知识，以一系列新的促销方法和手段，促进双方达成交易。

随着网络经济时代的到来，网络促销与传统促销相比有着其自身的优势。

（1）节约费用。网络促销是理性的、消费者主导的、非强迫性的、循序渐进式的、个性化的、低成本的促销，因此，降低了广告等促销成本。

（2）良好的沟通方式，使个性化的产品和服务成为可能。利用网络，顾客可参与产品的设计、开发、生产，从而获得自己真正喜爱的、符合个性的产品和服务。

（3）形式多样。互联网超越时空限制，传播信息速度快、容量大，能检索、可交互，具备传送文字、声音、动画和影像的多媒体功能，较之传统的媒体，表现要丰富得多，正可发挥营销人员的创意。

2.13.2 网络促销方式

网络促销是在网络营销中使用的手段之一，在适当时候利用网络促销，可以更好地促进销售转化，更好地为销售服务。一般来说，网上促销主要有以下几种形式。

（1）打折促销。打折促销是最常见的网络促销方式了，这需要所销售的产品必须有价格空间，才容易打折，或者是有比较好的进货渠道。

随着网络技术的发展，很多人热衷于在网上团购。团购就是团体购物，是指互相认识或不认识的消费者联合起来，加大与商家的谈判能力，以求得最优价格的一种购物方式。根据薄利多销的原理，商家可以给出低于零售价格的团购折扣价和单独购买得不到的优质服务。团购作为一种电子商务模式，通过消费者自行组团、专业团购网站、商家组织团购等形式，提升消费者与商家的议价能力，并极大程度地获得商品让利，引起消费者及业内厂商，甚至是资本市场的关注。

阅读材料 2.11

折扣网

折扣网是为消费者提供折扣商品，使高追求、低消费的消费者享受服务的网站。消费者可以在折扣网购买自己需要而又便宜的商品，折扣网也提供折扣信息方便用户自主选择。

折扣网的主要功能如下。

（1）折扣团购。折扣团购是指互不认识的消费者，借助互联网的“网聚人的力量”来聚集资金，加大与商家的谈判能力，以求得最优价格的一种购物方式。根据薄利多销、量大价优的原理，商家可以给出低于零售价格的团购折扣价和单独购买得不到的优质服务。

（2）折扣返利。返利是一种商业行为，是指厂家或供货商为了刺激销售，提高经销商（或代理商）的销售积极性而采取的一种正常商业操作模式。该模式一般要求经销商或代理商在一定市场、一定时间范围内，达到指定的销售额的基础上给予多少个百分点的奖励，也称返点。

（3）折扣商城。折扣商城是B2C电子商务类购物平台，主要经营各类品牌产品。产品价格都是比较优惠的。

（4）团购导航。随着团购网站大全等一批优秀团购导航网站的推出，使网民的团购体验得到了进一步的提升，消费者只要登录就可以快速获知各个团购网站的热门打折信息，从而省去了逐个浏览单独团购网站的麻烦。

（资料来源：https://baike.baidu.com/item/折扣网/）

（2）拍卖促销。由于快捷方便，网上拍卖市场能吸引大量用户参与网上拍卖活动。拍卖促销就是将产品不限制价格在网上拍卖的促销方式。

一种极端的网上拍卖叫秒杀。秒杀（Sec Kill）一词，来自足球赛事，最早用来形容一场足球赛事最后阶段的进球，因为这时的进球是一击致命的，没有反击的时间。秒杀用于电子商务，就是指网络卖家发布一些超低价格的商品，所有买家在同一时间网上抢购的一种销售方式。由于价格低廉，商品往往一上架就被抢购一空，有时甚至只用一秒钟。

阅读材料 2.12

秒杀

秒杀是一种网上竞拍方式。所谓秒杀，就是网络卖家发布一些超低价格的商品，所有买家在同一时间网上抢购的一种销售方式。通俗一点讲，就是网络商家为达到促销的目的，组织的网上限时抢购的活动。由于价格低廉，商品往往一上架就被抢购一空，有时只用一秒钟。

1. 秒杀前的准备

（1）账户余额。参与秒杀者的支付宝、网银等账户要有足够的余额，以用于支付秒杀商品的费用。秒杀商品成功者，秒杀之后半个小时或更短时间之内未完成付款的，卖家将会关闭其交易，秒杀者可能要承担违约责任。

（2）注册账号。所有秒杀活动都必须登录之后才能参与，如果决定参与，则请先在该网站注册账号，并保持登录状态，秒杀活动开始之后即可参与。注册账号之后，请先到个人中心完善个人信息，如收货人姓名、收货地址、邮编等，秒杀活动开始之后就可以直接选择，无须再次填写，这样可以节约时间，提高"秒中"概率。

2. 秒杀的方式

（1）1 元秒杀。此种秒杀方式一般都是限量 1 件或几件商品。此种秒杀方式一般在活动开始之后 1~3 秒之内就会秒杀完毕，抢购速度相当快。有意参与此种秒杀的顾客的电脑配置一定要好，而且网速一定要比其他顾客的网速快，这样才能够提高"秒中"概率。

（2）低价限量秒杀。此种方式也可以理解为低折扣秒杀，限量不限时，秒完即止。此种秒杀方式由商家提供一定数量的商品，直至"秒"完即止，对于顾客来说，在时间的把握上没有那么苛刻，能够"秒"中的概率相对来说是非常大的。

（3）低价限时限量秒杀。此种方式也可以理解为低折扣秒杀，限时限量，在规定的时间内，无论商品是否秒杀完毕，该场秒杀活动都会结束。对于"秒客"来说，在时间的把握上没有那么苛刻，但是下手一定要及时，过了规定的秒杀时间就不能参与活动，"秒中"的概率一般都会非常大，但是时间上一定要把握好。

3. 秒杀操作技巧

（1）硬件是关键。参与秒杀的顾客，首先，确保您的电脑硬件配置正常，电脑操作流畅，不会临时出现故障。其次，确保您的网速正常，您的网速越快，在秒杀的过程中将会占有更大的优势。所以，建议您选用较大带宽的宽带接入您的电脑，在秒杀活动开始之前及时刷新页面，一般在秒杀活动开始的前 1~2 秒钟及时刷新。

（2）执行操作规程。秒杀活动开始之后，请按照秒杀活动的规则和操作方式一步一步操作（当然速度一定要快，因为同时有多人在抢购），直至完成支付。

（3）准备充分，不掉"链子"。很多秒杀活动的商品是超低价限量秒杀，拼抢非常激烈，在 1~2 秒的时间内可能就会被"秒"完，很多时候在您刷新到正常显示的时候，就会看到该商品已经下架或不能购买了，这完全属于正常现象，一定要以平常心对待。超低价限量秒杀，本来拼的就是速度，并不是卖家作假。

（资料来源：https://baike.baidu.com/item/秒杀）

（3）搜索引擎促销。搜索引擎促销是通过搜索引擎优化、搜索引擎排名及研究关键词的流行程度和相关性，在搜索引擎的结果页面取得较高排名的促销手段。搜索引擎优化对网站的排名至关重要，因为搜索引擎在通过特定程序收集网页资料后，根据复杂的算法来决定网页针对某一个搜索词的相关度并决定其排名的。当客户在搜索引擎中查找相关产品或服务的时候，通过专业的搜索引擎优化的页面，通常可以取得较高的排名。

阅读材料 2.13

搜索引擎优化

搜索引擎优化（Search Engine Optimization，SEO）是一种利用搜索引擎的搜索规则来提高目的网站在有关搜索引擎内的排名的方式。研究发现，使用搜索引擎的用户往往只会留意搜索结果最前面的几个条目，所以不少网站都希望通过各种形式来影响搜索引擎的排序。

搜索引擎定位（Search Engine Positioning）和搜索引擎排名（Search Engine Ranking）是较为流行的搜索引擎优化方式，主要目的是增加特定关键词的曝光率以增加网站的能见度，进而增加销售的机会。搜索引擎优化的主要工作是通过了解各类搜索引擎如何抓取互联网页面、如何进行索引及如何确定其对某一特定关键词的搜索结果排名等技术，来对网页进行相关的优化，使其提高搜索引擎排名，从而提高网站访问量，最终提升网站的销售或达到宣传的效果。

（4）微博促销。随着微博的火热，催生了微博促销、微博推广等促销方式。每个企业都可以在新浪、网易等网站注册一个微博，然后更新自己的微博内容，或者提出大家感兴趣的话题，或者发表意见与大家交流，这样就可以达到促销的目的。微博促销，就是企业借助微博这一平台进行的，包括品牌推广、产品宣传等一系列促销活动的方式。

促销实践 2.19

黑黛公司的微博促销

上海黑黛增发服务有限公司（以下简称黑黛公司）成立于2008年，以创新的“健康物理增发技术”闻名全国。该公司在新浪网开通微博后，让14个直营中心的70名员工写微博故事，内容是客户对新技术的体验，并链接到博文。有兴趣的客户会通过链接进入24小时咨询中心，还可以预约线下直营中心体验。一般来说，客户在经过几次浏览和体验以后，接受服务的比例会很高。一旦接受了服务，新的故事又源源不断地出现在微博上，形成促销上的良性循环。

（5）论坛促销。企业利用论坛这种网络交流平台，通过文字、图片、视频等方式发布企业的产品和服务信息，从而让目标客户更加深刻地了解企业的产品和服务，达到宣传企业品牌、加深市场认知度的营销目的。论坛促销是以论坛为媒介的促销方式，通过参与论坛讨论，可以建立自己品牌的知名度和权威度，并顺带着推广自己的产品或服务。运用得好的话，论坛促销可以是非常有效果的网络营销手段。

（6）短信促销。短信促销，顾名思义就是通过短信平台发送手机短信的方式来达到促销目的的促销方式。短信包括文字短信和彩信。短信促销是基于中国移动、中国联通、中国电信直接提供的短信接口，实现与客户指定号码进行短信批量发送和自定义发送，从而达到促销的目的。随着经济的不断发展和营销手段的不断更新，短信促销已经成为一种重要的促销方式。

（7）电子邮件（E-mail）促销。电子邮件促销是通过电子邮件的方式向目标用户传递价值信息的一种网络促销方式。E-mail 促销有三个基本要素：用户许可、电子邮件传递信息、信息对用户有价值，三个要素缺一不可，缺少一个要素，都不能称为有效的 E-mail 促销。

2.13.3　实施网络促销

对于任何企业来说，如何有效实施网络促销都是一个难题。促销是刺激消费者迅速或大量购买某一特定产品的激励工具，具有信息沟通、刺激消费和诱导消费三个明显特征。目前，全球有几百万个站点都想引起用户的注意，因此，每个营销人员都必须摆正自己的位置，深入了解产品信息在网络上传播的特点，分析网络信息接收对象的特征，设定合理的网络促销目标，通过制定合理的流程，打开网络促销的局面。

根据国内外网络促销的实践经验，实施网络促销主要包括以下六个方面的内容。

1．明确网络促销对象

现代顾客需要的是个性化服务，网络技术为向顾客提供个性化服务创造了条件，全天候、即时、互动这些特点迎合了现代顾客个性化的需求特征。但要使产品的销售真正得以实现，首先就必须分析市场，确定本企业产品的目标消费者，选择网络促销对象。所谓网络促销对象，就是在网络虚拟市场上能产生购买行为的消费者群体。这一群体主要包括以下三部分人群。

（1）产品的使用者。产品的使用者是指在网络上购买商品的实际使用者或顾客本人。这些顾客购买商品是为了满足自身的实际需求，所以企业一定要抓住这部分人群，他们是企业促销对象的重要组成部分。

（2）产品购买的决策者。产品购买的决策者是指实际决策购买商品的人。在许多情况下，商品的使用者与购买者是一致的，在网络虚拟市场上更是如此。但在另外一些情况下，产品的使用者与决策者是分离的。例如，中小学生在网络上看到富有挑战性的游戏卡，非常希望购买，但实际对购买行为做出决策的是学生的父母。婴幼儿的用品更是如此。所以，网络促销同样应把对产品购买决策者的研究放在重要的位置。

（3）产品购买的影响者。产品购买的影响者是指其看法或建设对最终购买决策可以产生一定影响的人。由于耐用消费品购买者在选购时比较谨慎，所以产品购买影响者的影响力较大；而在低价、易耗日用品的购买决策中，产品购买影响者的影响力较小。

2．设计网络促销内容

消费者购买商品的过程是一个复杂、多阶段的过程，在设计网络促销内容时，应根据购买者目前所处的购买决策过程和产品所处生命周期的不同阶段来决定。一般来讲，一种产品从投入市场开始到退出市场为止，要经历四个阶段：投入期、成长期、成熟期和衰退期。应根据产品所处生命周期的不同阶段的特点，来设计网络促销的内容。

在产品刚刚投入市场时，由于消费者对该产品还不十分了解，所以促销的内容应侧重宣传产品的特点，以引起消费者的注意；在成长期，该产品在市场上已经有了一定的影响力，消费者已逐步认识和了解该产品，那么促销活动的内容应具有唤起消费者购买欲望的作用；而当产品进入成熟期后，市场竞争将变得十分激烈，促销活动的内容除对产品本身进行宣传以外，还应对企业的形象做大量的宣传，以树立消费者对企业的信心；在产品的衰退阶段，主要是进一步加强与消费者之间的感情沟通，通过让利促销活动，延长产品的生命周期。

3．选择网络促销组合方式

促销组合的选择是一个非常复杂的过程。网络促销活动主要是通过网络广告促销和网络站点促销两种促销方法展开。但是，不同的产品种类、销售对象和促销方法将会产生不同的网络促销组合方式。企业应结合实际，根据网络广告促销和网络站点促销两种方法的特点，扬长避短，合理组合，以达到最佳的促销效果。

一般来说，日用消费品，如化妆品、食品饮料、医药制品、家用电器等，网络广告促销的效果比较好；而大型机械产品、专用品则采用网络站点促销的方法比较有效。在产品的成长期，应侧重网络广告促销；而在产品的成熟期，则应加强自身网站站点的建设。所以，企业应根据自身产品的特点，选择不同的网络促销组合方式。

4．制定网络促销预算方案

如何制定网络促销预算方案，是企业在网络促销实施过程中的一道难题。因为运用互联网技术进行促销是一件复杂的事情，对所有的价格、条件都需要在实践中做比较、学习和体会，只有这样，才能利用有限的资金收到尽可能好的效果。

制定网络促销方案应处理好以下三个方面的问题。

（1）明确网络促销方法及促销组合方法。因为不同的信息服务商，收取的促销费用可能悬殊较大。所以，企业应在认真比较所选站点的服务质量和服务价格的基础上，选择适合本企业产品服务质量和服务价格的站点。

（2）明确网络促销的目标。企业进行网络促销的目的是为了宣传产品，还是为了宣传售后服务，或者是为了树立企业的形象。只有明确了网络促销目标，才能据此策划投放时间的长短、投放频率和投放密度的高低、广告宣传的位置、内容更换的时间间隔及效果检测的方法等环节。这些环节是预算整体投资金额的主要依据。

（3）明确网络促销的对象。明确网络促销的对象就是需要明确该企业的产品信息希望传递给哪些群体、哪些层次、哪些范围。因为不同的站点有不同的服务对象、不同的服务费用。一般来讲，侧重学术交流的站点的服务费用较低，专门从事产品推销的站点的服务费用较高，而某些综合性的站点的服务费用最高。企业的促销人员应熟知自己产品的销售对象和销售范围，根据自己的产品选择适当的促销方式。

5．评价网络促销效果

网络促销的实施过程进展到了一定的阶段，就必须对已经执行的促销内容进行评价，衡量促销的实际效果是否达到预期的促销目标。促销效果主要评价两个方面的内容。一方面，要充分利用网络上的统计软件，及时对促销活动的数据做出统计。例如，主页访问人数、点击次数、广告成本等。利用这些统计数据可以了解自己在网上的优势和不足，以便对网络促销方式进行调整。另一方面，可以通过销量、利润、促销成本的变化数据，判断促销决策的正确性。同时，还应注意分析促销对象、促销内容、促销组合与促销目标的因果关系，以便对整个促销工作做出正确的决策。

6．加强网络促销过程的综合管理

由于网络促销是一件复杂的事情，要想在这个领域取得成功，就必须实行科学管理，不断进行信息的沟通与协调，并对偏离预期促销目标的活动及时进行调整，以保证促销活动取得最佳效果。

任务小结

网络促销是指利用计算机及网络技术向虚拟市场传递有关商品和劳务的信息，以引发消费者需求，唤起购买欲望和促成购买行为的促销方式。随着网络经济时代的到来，网络促销与传统的促销相比，有着其自身的优势：节约费用、良好的沟通方式、形式多样。

网络促销主要有以下几种形式：打折促销、拍卖促销、搜索引擎促销、微博促销、论坛促销、短信促销、E-mail 促销。

实施网络促销主要包括六个方面的内容：确定网络促销对象、设计网络促销内容、决定网络促销组合方式、制定网络促销预算方案、衡量网络促销效果、加强网络促销过程的综合管理。

任务训练

1．常见的网络促销方式有哪些？

2．如何实施网络促销？

任务 2.14 现场演示促销

任务导入

诗人屈原在《天问》一诗中提到："师望在肆，昌何识？鼓刀扬声，后何喜？"意思是说："姜太公吕望人在肉店，姬昌为何就能认识？听到挥刀振动发声，文王为何那么欢喜？"姜太公在铺子里卖肉的时候，总是有意把刀剁得叮当叮当响，并高声吆喝以招揽顾客，说明在古代演示促销就已经开始萌芽了。如今，现场演示促销更是在各行各业大行其道，因为现场演示无疑给消费者形成了强大的视觉冲击，这种冲击力要优于广告何止百倍、千倍？

什么是现场演示促销？现场演示促销成功的心理原理是什么？如何进行现场演示？这些都是我们关心的问题。

任务实施

2.14.1 认识现场演示促销

现场演示促销是连锁企业为推广或销售某种商品或服务而进行的各种说明、示范的促销方式，旨在向顾客宣传商品，让顾客近距离接触商品，从而使顾客接受并购买商品。

现场演示促销，实际上是促销的多种方法中的一种，通常在进行现场演示时，让顾客了解产品的同时提供咨询服务，以更大程度地方便顾客对企业及企业商品有深入的了解。

1. 现场演示的优点

（1）商品或服务要想得到顾客的认可和接纳，首先必须取得顾客的了解和信任。现场演示能让顾客深入地了解商品，将商品的性能、特点全面而真实地展现在顾客面前。

（2）现场演示能向顾客提供强有力的说服证据，可以加深顾客对商品的实际感受，强化媒体广告的宣传效果。

（3）现场演示还可以节省促销费用。

2. 现场演示的缺点

（1）现场演示往往受商品特征的限制，也就是说，并不是每一种商品都可以做现场示范。但对于服务类产品来说，各项服务产品都可以在顾客面前演示与展示。

（2）演示对象的范围比较窄，只能是来店的顾客。

（3）演示的效果好坏受演示者的演示水平影响很大，如演示不当，反而容易产生相反的效果。

2.14.2 实施现场演示促销

1. 选择适合的演示商品

一般来说，并不是所有的商品都适合采用现场演示的促销方式。在通常情况下，进行现场演示的商品有以下三个特点。

（1）能立即显示使用产品的效果。演示过程中，顾客只有确切地感受到产品的使用功效，才可能产生购买兴趣。如果产品使用后的效果不能立竿见影，则现场演示的效果就会大打折扣。

（2）有新型的使用功效。如果本产品与市场上已有的其他同类产品相比，并没有更先进、更优越的性能，就没必要演示，因为演示的结果并不能激起顾客的好感和购买兴趣。

（3）技术含量比较低，属于大众化消费品。由于这类商品演示起来比较方便，演示的过程和效果比较直观，顾客容易理解和把握。

2．设计演示方法

成功的现场演示往往能够一下子抓住顾客的视线，激发顾客了解、参与的欲望，并迅速达成交易。因此，在设计演示方法时必须综合考虑如何吸引顾客，如何独出心裁，如何区别于竞争对手？通常，出众的演示方法应有以下几个鲜明的特征：

（1）突出演示重点。突出演示商品或服务最能吸引顾客的优点和利益点，如某幼儿英语教育培训机构，经常邀请家长参与试听，让家长感受其独特的教育方式和方法，尤其是与孩子的互动教学，让孩子随时感受到自己的优秀，也让家长看到孩子的成长。

（2）趣味性强。趣味性强的现场演示能够快速吸引顾客的注意。例如，唐山有一家火锅连锁店，只要在这家连锁店吃过火锅的人都会记得一个场面，那就是街舞拉面表演，该表演令人大饱眼福。只见一个白衣“舞面王子”，踩着街舞的曲子，手持面片上下翻飞，他把面片儿当作彩带，在头、腰之间任意舞动，将面拉得长而不断，好似蛟龙狂舞，赢得满堂喝彩。

（3）创造良好的现场气氛。一个好的演示一定要让顾客参与其中、乐在其中，从而由衷地称赞商品或服务带给他们的享受。因此，在设计演示方法时，一定要考虑如何邀请顾客参与，参与哪些演示环节，以实现良好的现场互动气氛。

（4）综合考虑演示的规范性、安全性。整齐划一的演示道具，干净的台面，演示人员得体的穿着不仅让顾客看着舒服，而且也有利于提升品牌形象。设计现场演示活动必须为演示人员设计一整套的标准演示用语和演示动作，将演示活动流程化、程序化。演示人员必须熟练掌握要点后才能安排上岗。

当然，一个成功的现场演示活动，还必须综合运用其他方式来提高现场演示的成功率，如赠品促销、特价促销、限量销售等。

3．坚持“一个中心，两个基本点”的原则

（1）以一个卖点为中心。通常，一场演示可能有3～5个卖点，但一般只有一个卖点是最独特的，那就是它的“个性”。演示人员必须反复宣传这个“个性”，让顾客接受它、认同它。现场演示最忌讳面面俱到，以至最后变成没有重点。

（2）注意两个基本点：演示要点、顾客关心点。演示要点包括现场演示的动作要点和讲解要点。演示要点在演示现场一定要表演到位。

经常去规模较大的美容院洗头的顾客都知道，洗头也是有一套标准动作和程序的。先按哪个穴位、后按哪个穴位，哪个穴位需要重点按摩都有明确规定。容易打动顾客的关键点一定要按标准来演示，不得任意为之。

讲解要点，一定要遵循FAB法则来对商品或服务的特性进行分解，将商品或服务的特性转化为顾客的利益点，让顾客觉得是在享受真正能够满足他需要的服务。需要强调的是，讲解一定要生活化、口语化，而不是死守着标准说辞一成不变。应该像拉家常一样，非常随意，顾客根本感觉不出你是在做促销宣传。

现场演示除要注意演示要点以外，还要注意顾客的关心点。顾客对产品或服务的哪些要点比较关心，是价格、品质，还是售后服务？

阅读材料 2.14

FAB 法则

FAB 对应的是三个英文单词：Feature、Advantage 和 Benefit，按照这样的顺序来介绍，就是说服性演讲的结构，它能达到让顾客相信你的产品是最好的效果。

1. 属性（Feature）

有人经常把Feature翻译成特征或特点。特征，顾名思义就是区别于竞争对手的地方。如果现场演示时将自己的产品与竞争对手的产品进行比较，就会让顾客产生一定的抵触情绪。原因是什么呢？因为在FAB法则中，不应把Feature翻译成特征或特点，而应翻译成属性，即你的产品所包含的客观实际的内容。例如，讲台是木头做的，木头做的就是产品所包含的某项客观属性。

2. 作用（Advantage）

很多人顾名思义地把Advantage翻译成优点，优点就是你的产品比竞争对手的产品好的方面，这自然也会让顾客产生更大的抵触情绪。因为你所面临的竞争对手非常多，相似的产品也很多，你的产品不可能比所有的产品都好。现实中的每一个产品都有各自的特征，当你说产品的某个功能比竞争对手好的时候，顾客就会产生非常大的抵触情绪。实际上，在演示中把Advantage翻译成作用会更好一些，作用就是产品能够给客户带来的用处。

3. 益处（Benefit）

益处就是产品给顾客带来的利益。例如，讲台是木头做的，那么木头做的给顾客带来的益处就是非常轻便。运用FAB法则应该这样解释，这个讲台是木头做的，搬起来很轻便，所以使用非常方便。这样的结构，就是说服性演讲的结构。只有这样的结构，才能让客户觉得你的产品能满足他的需求，并且愿意购买你的产品。

（资料来源：http://hi.baidu.com/8667586/blog/item/）

4. 掌控现场演示的效果

现场演示活动往往具有较强的市场效果，通常表现在以下几个方面。

（1）能够有效地解除顾客对商品的顾虑。在现场演示活动中，演示者所使用的道具都是实实在在的商品，直观形象、毫无装饰，商品的造型、功效性能、使用方法全部直接展示在顾客面前，可以直接消除顾客的疑虑，引导顾客当场购买所宣传的商品。

（2）对于那些没有消费需要的顾客来说，现场演示具有激发购买欲望的作用。当顾客亲眼看过商品演示以后，了解到了商品的优越性能，也学会了商品的使用方法和基本技巧，觉得自己的生活特别需要这种商品，从而萌生了购买欲望。这在客观上壮大了商品的消费队伍。

（3）能够有效地活跃现场气氛，吸引更多的人观看演示活动并参与到促销活动中来，扩大企业和商品的销售范围。

（4）通过现场演示活动，顾客了解到高科技的商品与使用技巧，有利于提高自己的生活质量，进而更加感激商品的生产者与经营者。这对于强化顾客对企业的品牌忠诚度具有良好的促进作用。

任务小结

现场演示促销是连锁企业为推广或销售某种商品或服务而进行的各种说明、示范的促销方式，旨在向顾客宣传商品，让顾客近距离接触商品，从而使顾客接受并购买商品。现场演示促销，实际上是促销的多种方法中的一种，通常在进行现场演示时，会同时提供咨询服务，以更大程度地方便顾客对企业及企业商品有深入的了解。

根据现场演示的特点，销售服务人员或演示人员进行现场演示时需要注意以下操作要点。

（1）选择适合的演示商品，一定是效果明显、卖点独特的商品。

（2）设计演示方法。出众的演示方法应有几个鲜明的特征：突出演示重点、趣味性强、良好的现场气氛、注重演示的规范性和安全性。

（3）坚持“一个中心，两个基本点”的原则，以一个卖点为中心，突出演示要点和顾客关心点。

任务训练

1．什么是现场演示？

2．现场演示的特点有哪些？

3．如何实施现场演示？

任务2.15 付费赠送促销

任务导入

有线电视公司：缴收视费，送机顶盒；
通信公司：存话费，赠手机；
美容店：购美容年卡，送化妆品一套；
汽车4S店：购汽车，送汽车装饰品；
教育培训机构：交学费，送学习资料；
……

这样的事例，想必我们并不陌生，这就是付费赠送促销。付费赠送促销，是所有促销工具中被用得最广泛、最长久的一种，被称为“老而可信的促销方式”。

任务实施

2.15.1 认识付费赠送促销

付费赠送促销是指企业为吸引消费者而采取的一种促销方式，即只要顾客在购买某种特定商品或服务的同时，免费或支付赠品的部分费用即可得到赠品。它的实质是顾客购买商品或服务后，卖方按一定比例将货款的一部分以实物形式退还顾客，以此促进销售的行为。

付费赠送的特点如下。

（1）付费赠送促销除具有花费低、易处理的优点以外，还可以用来实现提升品牌形象和增强广告效果。

（2）付费赠送促销活动在全年的任何季节均适合举办。在活动中即使有某些季节性极强的商品，消费者也会照常购买。这种促销活动的最大好处就是时间的安排极富弹性，活动可以随时展开，也可以随时结束。

（3）如果付费赠送促销运用得当，在培养消费者的忠诚度方面还具有极其神奇的效果，也许对消费者仅仅只有百分之几的优惠幅度，却塑造出企业体贴顾客、回报顾客的良好形象。

促销实践2.20

中国联通“11·11沃4G狂欢节”火爆开幕

11月9日，中国联通“11·11沃4G狂欢节”火爆开幕，持续11天的疯狂“大促”正式登场。中国联通一向注重回馈老用户，在历届大型线上活动中，均有老用户专享优惠活动推出。那么，本次狂欢节活动老用户可以享受到哪些专属福利呢？

专属福利一：组合套餐再升级，充100元话费赠50元话费。

作为中国联通网上专属的4G组合套餐，因其最低消费8元的超高性价比和语音流量自由组合的酷炫玩法，成为套餐类销量冠军。活动期间，中国联通重磅推出4G组合套餐3.0版，升级后的组合套餐包含了更丰富的语音包、流量包档位，满足用户更多的个性化需求，可谓将“自由”玩法进行到底。

为庆祝版本升级，在网3个月及以上的4G组合套餐老用户，一次性充值100元话费，即可获赠50元话费。

专属福利二：在网越久越实惠，办套餐赠240元话费。

活动期间，在网2年及以上的联通老用户办理4G全国套餐，无需预存话费即可直接获赠240元话费；在网1年及以上的联通老用户办理4G全国套餐，预存60元话费即可获赠240元话费。

专属福利三：主副卡免预存款办理，一份套餐多人享用。

主副卡业务是中国联通推出的全新业务，一份套餐，多人共享，互拨免费，受到广大用户的好评。活动期间，用户可以在办理手机合约或4G全国套餐时，直接在线办理主副卡业务，并且免收300元的预存款。

（资料来源：http://www.quanmama.com/zhidemai/）

2.15.2 实施付费赠送促销

1. 选择适当价值的赠品

实施付费赠送，选择赠品时必须考虑的因素有：赠品的价值、促销费用的支出是否充足、是否符合消费者的需求等，而赠品的价值则是考虑的主要因素。

一般来说，付费的赠品能评估出市场零售价，最易于获得消费者的认同与承兑。最理想的兑换赠品付费，应是比赠品市场零售价低30%～50%。总而言之，尽管赠品的价格正在逐步攀升中，但大部分的付费赠品的价格仍以10～80元为其主要范围。

独特而卓越的赠品，常能提升其本身的价值。尤其是在一般店内买不到的赠品，与那些随处可见的赠品相比，对消费者更具有吸引力。

2. 赠品的选择范围

（1）用“饥饿”产品作为赠品。某些高价值、高知名度的产品常常采用饥饿营销法来开拓市场，先用各种手段提高品牌知名度，广铺渠道，然后再人为地造成缺货，让市场“饥饿”起来，让消费者很难买到，给人一种高贵、难求的感觉。

付费赠送促销选择这类“饥饿”产品作为赠品，给人的感觉是，在这里能买到这种赠品，而且价格比市场价格要低，何乐而不为？当然，前提是需要购买你的产品才能获得购买赠品的资格。

（2）用低成本、高利润的产品作为赠品。选择低成本、高利润的产品作为赠品，是因为连锁店可以集中采购这类赠品，再以成本价向消费者付费赠送，形成较大的付费赠品吸引力，从而带动连锁企业商品的销售。顾名思义，低成本、高利润产品其成本并不高，而零售价格很高。对于那些平时想购买此类产品而又因为价格过高而望而却步的消费者，这时的付费赠品价格与市场价格形成强大的反差，将对他们具有很大的吸引力。

（3）用名牌产品、流行时尚产品、特殊产品作为赠品。名牌产品的知名度、美誉度都比较高，选择名牌产品作为赠品，可以利用名牌产品的知名度来提高待售产品的价值。付费赠品需要消费者支付的价格仅仅是成本价格，因此，可以形成名牌与价格两大优势，从而促进销售。

3. 付费赠送所需费用

连锁企业在进行付费赠送活动时，通常只需花费较少的费用，甚至无须任何费用就可以运用自如。假如将赠品费用、赠品处理费、邮寄费等全由消费者承担，那么付费赠送活动的真正支出，应只限于广告和促销的费用，一般包括下列三项。

（1）媒体广告费，一般由厂商支付或由连锁企业和厂商联合支付。

（2）促销辅助物支出的费用，如海报、邮寄优待券、POP 广告、陈列架及其店头宣传品等支出的费用。

（3）其他代理、执行费用。

4. 同时提供多种赠品，以吸引尽可能多的消费者

付费赠送促销活动，可通过提供多种赠品来提升活动效果，即使某一种赠品不能吸引消费者，但是另一种赠品或许能获得消费者的青睐。通常，这些赠品总是成套组合的，或者是由互相关联的商品组成的。

5. 付费赠送效果的评估

通常情况下，对于付费赠送活动效果的评估，常以消费者兑换赠品的数量作为评估的依据。但评估促销成败与否的最正确的方法，应该是以促销活动的目标为评估的标准，而不是以赠品兑换的多少来评定。

一个普遍认同的原则是，付费赠送的兑换率大约不会超过此活动的媒体广告总发布率的 1%。影响兑换率最主要的因素在于赠品本身的好坏、顾客阶层、商品的售价和消费者对促销优惠价值的认同等。

6. 付费赠送应注意的问题

成功的付费赠送促销活动在实施过程中会遇到许多困难，因此必须注意以下几个问题。

（1）强化包装效果。一个魅力十足的付费赠送商品若想要在包装效果上加以强化，商品包装不仅要在媒体广告上体现，而且还要在连锁店内体现，这样才能从竞争者环拥的丛林中脱颖而出。

（2）赠品是独一无二的。出色的付费赠送促销活动，关键在于所提供的赠品只能从此次赠送活动中获得，绝对无法从别处找到。越来越多的连锁企业极力挖掘具有独具特色的赠品，特别是流行又时髦的商品，因其特殊性而大受欢迎。

（3）注意赠品的兑换问题。赠品邮递遗失、运送时间的耽误、投递错误和一些潜在而未知的意外问题，加上付费赠送必须支付费用，因此，消费者对赠品处理的失误较其他促销（如邮寄）所导致的失误更为失望和反感。

任务小结

付费赠送是指企业为吸引顾客而采取的一种促销方式，即只要顾客在购买某种特定商品或服务的同时，免费或支付赠品的部分费用即可得到赠品。它的实质是顾客购买商品或服务后，卖方按一定比例将货款的一部分以实物形式退还顾客，以此促进销售的行为。

企业实施付费赠送，需要注意以下操作要点：选择适当价值的赠品；赠品的选择范围；付费赠送所需费用；付费赠送效果的评估。

任务训练

1. 什么是付费赠送？有哪些特点？
2. 付费赠送中赠品的选择范围有哪些？
3. 付费赠送应注意哪些问题？

任务 2.16 DM 促销

任务导入

谈到 DM，我们都不会陌生，它是继报纸、电视等传统大众媒体后能有效、准确地传播信息，被广泛使用的小众媒体之一，也是众多企业重要的促销方式之一。

DM 快讯已经成为连锁店不可缺少的宣传工具，随着连锁企业在国内外不断发展的需要，如何运用和制作好 DM 快讯，使它发挥应有的作用，是我们必须要做好的工作。

任务实施

2.16.1 认识 DM 促销

DM（Direct Mail），可译为直复营销、直效行销、直接营销或直接回复式营销，在很多人的理解中，它仅仅是“直邮广告”的代名词。带着这种理解，DM 业务在国内众多企业常常处于微不足道的地位。他们认为，由简单的产品广告和内容不详的推广活动介绍组成的邮件，没有任何实际意义。在互联网上，这种粗糙的广告邮件几乎已成为垃圾邮件的代名词。在各搜索引擎里，它的出现甚至越来越多地和诈骗事件联系在一起。这导致更多的企业放弃自己的 DM 业务，所以在国内较为常见的 DM 仅局限于夹在报纸中的零售商打折信息。

由于 DM 快讯具有直接、快速的特点，更兼有成本低、认知度高的优点，为连锁企业宣传自身形象和商品提供了良好的载体。传统的媒体，如电视、电台、报纸、杂志等媒体有它们自身的特点。但是，在如何兼顾快速、直接、低成本、认知度高这几个方面，DM 快讯有着它不可代替的独特作用。

DM 思想的延伸

DM 促销的特点如下。

（1）可以自由挑选目标对象。DM 促销可以针对企业所需要的目标对象邮寄，这是其他广告及促销方法所没有的优点，尤其与传统传媒的广告相比，这一优点更为突出。

（2）规模不受限制。DM 促销与宣传广告单一样，是一种连锁企业广泛使用的促销方法，几乎可以说不受连锁店规模大小的限制。从大型连锁店分发上万份 DM 快讯，到小型连锁店分发上百张 DM 快讯，都可以操作。一般而言，任何广告分发都有一个量化的界限，不达到一定的规模是不能发挥作用的，即存在最低费用与效果的比例关系。但 DM 快讯可以根据目标顾客的规模，制订不同规模的 DM 计划，用较小的费用投入，发挥更大的促销效果。

（3）说服力强。一般广告是在看节目或新闻时偶然映入眼帘的，往往并无主动看广告的意思，然而 DM 快讯却在收件人打开信封时，可以在某一时间内独占其注意力。再者，因无空间的限制，DM 快讯可以加入详细的内容，所以具有较强的说服力，让收件人可以理解较为复杂的产品信息。

（4）表现方法多元。几乎所有可以邮寄的东西，都可能作为 DM 快讯的邮寄对象，颜色、大小、材料等限制较少。例如，有一种极富创意设计的商品，在打开信封时能够自动跳出来，颇引人注意。当然，我们也可以用高级的彩色印刷使人产生愉悦的情绪，随附布料的样品以产生更强的说服力，或者加入香料、附送光盘、VCD、录音带等。依企业能力，可以创造出多元的表现方法。

（5）诉求的亲切感。信件本来可以体现寄信人的个人形象，信封上写着本人姓名、“×××阁下亲启”的文字，可以给收件人一种“交心”的亲切感。关于DM信封的书写方式，有几点需要注意：收件人姓名书写避免用印刷方式，姓名和地址最好采取手写方式；字迹力求端正明晰；书写姓名和地址千万不要有错字别字；职衔称呼不能有误，“以高称低”或“以低称高”都不好；信封上可加印“非收信人不得拆开”或“重要通知请即拆开”之类信息。

2.16.2 实施DM促销

1. 收集、整理、储存顾客名单

DM促销的成败视通信录的有效性及数量的多少而定，所以收集、整理、储存顾客通信录的工作都非常重要。

（1）收集顾客通信录。DM快讯能否寄给有效的顾客，足以决定DM促销的效果。一般而言，DM快讯通信录的收集方法有五种：一是以送赠品为条件，记录顾客的姓名、住址，并妥善保管；二是做调查工作时，附送小赠品，并记录顾客的姓名、住址；三是组织联谊会；四是通过通信录供应商合法购买；五是从各种名录中挑选，诸如名人录、毕业生名录、纳税人名录、企业家名录等。

（2）挑选适当的对象。要从许多的名录中挑选出适当的对象并不容易，一般可以将名录予以卡片化，依其项目类别（如区域、兴趣、家庭构成、年龄等）予以分类，仔细整理，也可以将多个不同项目分别予以交叉，从而挑选出所需要的对象。

（3）淘汰无用的通信录数据。根据欧美、日本等国家的经验，平均每年有15%～20%的人会变换住址，若在DM快讯的名单中有无法寄送的地址，就会白白浪费这一份DM快讯的邮费。为了避免浪费，必须不断地整理更新通信录，DM快讯决不能建立一个名单就毫无变更地使用下去，而必须经常核对并随时更新。

（4）顾客通信录的内容一般包括姓名、性别、年龄、住址、电话、E-mail、职业、工作单位、收入等。

2. 设计、制作DM快讯内容

DM快讯的最大反效果是将Direct Mail变成了Dustbin Mail（垃圾邮件），因此，如何提高DM快讯的被开封率及其发送方法，提高精确的内容设计就成为重要的课题之一。

为此，在有效运用DM快讯优点的创意及活用DM快讯多种表现力的同时，千万要注意如何表现出个性化的特点。

此外，DM快讯使用信封的大小、形式、功能、重量等，均可能受邮政局有关规范文件的限制，不仅会影响邮资，甚至会有不被受理而无法寄出的问题产生，所以需要特别加以注意。

信封可以说是DM快讯成败的关键，故应特别讲究形状与式样，使顾客产生拆阅的兴趣。内容最为重要，是顾客决定是否购买的关键，故应使用具有吸引力的标题，传达销售的卖点。在文字上，要巧妙地强调对顾客的好处。

3. 封装及填写姓名和地址

由于封信机、收件人名址印刷机等已广泛应用，通过它们封装信封和印刷收件人联系方式，可以大大提高作业的效率。例如，利用打孔卡片系统，卡片本身就是顾客名单，因有打孔记号，可以随时检抽，其背面因涂有碳素颜料，可以当作印刷原版，从而达到一物三用的目的。但因其每张制作成本较高，要注意保存。

利用计算机系统，将顾客名单从抽送到信封到收件人名址一次完成，并有直接一费装封付邮及其他便利方法，可以大大提高 DM 快讯的作业效率。但要注意，过分追求方便，会丧失 DM 快讯个人化的亲切感，让收件人产生例行公务的、机械化的刻板感觉。如何补救这一缺点，是值得研究的课题。

4．发送邮件

发送邮件最重要的是掌握最佳的时效，依据其可能于何时被开封才最有效来决定发送时机。另外，也要考虑邮局的作业方便，事前的运送也很重要。

5．评估 DM 促销效果

效果评估是 DM 促销的一项重要工作。评估 DM 促销效果的方法有以下三种。

（1）要求顾客回信。

（2）附有赠送小礼品的兑换券。

（3）询问意见单。

除这些一般的方法外，还可以附加回信用的明信片，作为询问期望及意见等互相沟通的手段，也颇具效果。

DM 促销操作流程如图 2-15 所示。

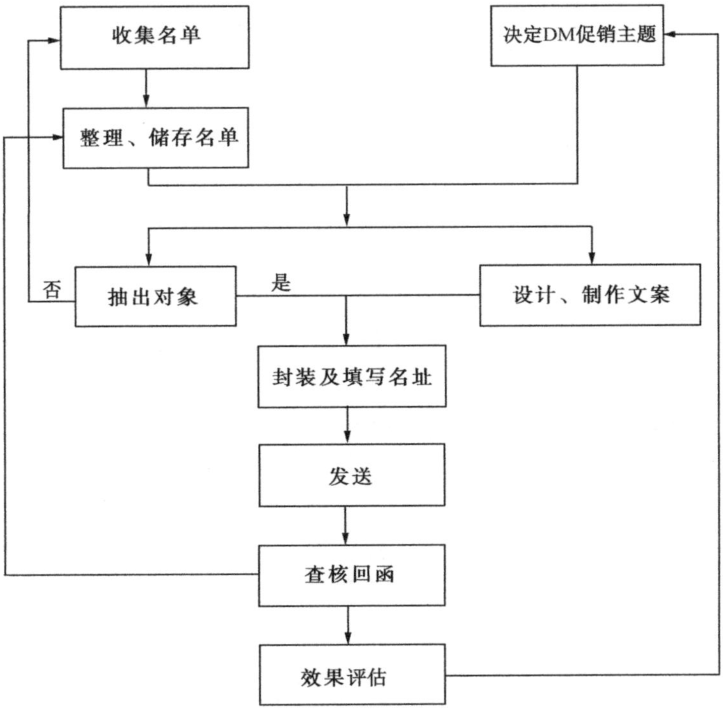

图 2-15　DM 促销操作流程

任务小结

DM（Direct Mail），即直邮广告，是企业将商品或服务信息直接邮寄给目标顾客，吸引顾客购买的促销方式，是西方企业促销的主要方式之一。它有其他促销方式无法比拟的优势：目标对象自由挑选、规模有弹性、说服力强、表现方法多元、诉求亲切。

DM 促销的工作流程：收集、整理、储存顾客名单；决定 DM 促销的主题设计、制作 DM 促销文案、图片；封装及填写姓名和地址；发送邮件；评估 DM 促销效果。

任务训练

1．DM 促销的特点有哪些？

2．请绘制 DM 促销操作流程图。

任务 2.17 广告单促销

任务导入

有人列举了街头广告单的以下“四宗罪”。

（1）欺骗性：没经过审批，是不是“陷阱”？

（2）污染性：被丢得满地都是，环卫工人苦不堪言。

（3）低俗性：有的内容和配图不堪入目。

（4）随意性：自己印制，想怎么吹就怎么吹。

广告单促销是很多企业普遍采用的一种促销方式，尤其是一些中小企业和连锁企业。但如果广告单像人们所说的那样欺骗顾客、污染环境、内容低俗、言过其实，岂不悲哀！

连锁企业如何利用广告单促销，充分发挥其宣传优势，是我们必须考虑的问题。

2.17.1 认识广告单促销

对于连锁企业、服务业者来说，广告单促销是针对以自己店铺为中心的地区消费者，采取直接将产品的相关信息展现在宣传单上的一种促销方式。

广告单促销的特点：

（1）时效性好。广告单的做法较简单，可迅速做成，比其他宣传用品费时更少，能结合时机做广告，宣传效果好。

（2）减少浪费。广告单促销方式能自由选择发布的地区，故减少了不必要的浪费，并能自由地选择广告范围。

（3）收效快。该促销方式可以对准某一个地区寄出广告单，故容易快速达到效果。

（4）样式多样化。广告单的形状能自由选择，色彩与印刷没有限制，故可充分发挥创意。

2.17.2 实施广告单促销

1. 制定广告单促销方案

一个好的广告单促销方案，必须具备下列条件：

（1）广告单的内容一定是消费者目前最需要的、有价值的购物信息。

（2）发放广告单前需先将商品、陈列工具、POP 广告等准备好。如果广告单与卖场的情况不相符，必定会导致顾客的不满。

（3）广告单一定要介绍一组相关商品。如果广告单只介绍某一种对顾客有吸引力的商品，就不会产生相应的群体效应。所以，制定广告单方案时，一定要考虑特定的商品群。

2. 设计广告单

企业在策划广告单促销时，一定要注意构成广告单的三要素。

（1）文案。文案是广告单的文字主体部分，包括广告的主题及传播的内容。

（2）图片。图片是广告单中与文字相配合的图画、照片、漫画等，能将产品信息直观地呈现在消费者面前。

（3）设计。广告单的设计，对广告单的促销效果有非常大的影响。

这里，需要注意广告单文案的一些特殊写法，列举如下。

（1）广告单要有一个易读的宣传语，如“分享健康每一天”“生有限，活无限”“钻石恒久远，一颗永留传”等。

（2）广告内容要有清楚的节奏感。

（3）要充分考虑文案与图片的关联度。

（4）选用让人容易理解的文案类型：消息型，如“今年的游泳衣会涨价”；询问型，如“太太！年终奖金的用途决定了吗？”；实证型，如“每个月的使用者越来越多”。

3．制作广告单

要让自己的广告单充满魅力，关键在于广告单的策划与制作。

（1）注意颜色的视觉冲击性和信息位置的科学性。一项涉及报纸广告色彩效果的研究表明，减价商品新增销售额的 41%，是由于零售商在黑白报纸广告中增加了一些颜色所致。另外，某些颜色较其他颜色更加引人注目，如红色和黄色。

（2）在广告单上加一个编号，并说明号码在某时某地进行抽奖活动，抽到者将获得一份礼品。当然，这必须让发广告单的人边发边讲清楚奖品的种类、数量、金额及价格。

（3）增加个性设计和文化品位。例如，在广告单的反面或某个位置印上一个故事、一则笑话、一幅漫画、一个谜语或一盘象棋的残局。这些内容会给人一种精神享受，一定会产生较好的效果。

（4）变换样式，把广告单制成小而精致的广告卡。在这张卡片的某个部位印上一份来年的年历，这样，一定有人把你的广告卡珍藏起来。如果你的广告是面向学生宣传的，还可以把你的宣传单制成书签。

（5）将广告单变成公交车票。你可以与公交公司进行合作，把广告内容印在公交车票上。虽然每张宣传单的成本会有所提高，但产生的广告效果却是巨大的。

（6）把宣传单和招聘广告捆绑在一起。如果你是新起步的经营者，既需要招聘店员，又需要促销商品，可以把两个广告制作在一张宣传单上。一般来讲，招聘启事的吸引力是远强于促销广告的。当这张广告单发出去以后，你不仅可以招纳贤才，同时还起到了很好的宣传效果。

任务小结

广告单促销是针对以自己店铺为中心的地区消费者，采取直接将产品的相关信息展现在宣传单上的一种促销方式。广告单促销的特征：时效性好、减少浪费、收效快、样式多样化。

实施广告单促销工作流程：制定广告单促销方案、设计广告单和制作广告单。

任务训练

1．广告单促销的特点？

2．如何实施广告单促销？

任务 2.18　电话促销

任务导入

促销员：“先生，您好，这里是 HR 公司个人终端服务中心，我们在进行一项调研活动，您有时间回答我两个问题吗？”

我说：“请讲。”

促销员：“您经常使用计算机吗？”

我说：“是的，工作无法离开计算机。”

促销员：“您用的是台式机还是笔记本电脑？”

我说：“在办公室用是台式机，在家就用笔记本电脑。”

促销员：“我们最近有一个笔记本电脑特别优惠的促销活动，您是否有兴趣？”

我说：“你就是在促销笔记本电脑吧，不是进行调研活动吧？”

促销员：“其实，也是，但是……”

我说：“你不用说了，我现在对笔记本电脑没有购买兴趣，因为我已经有了，而且，现在用的很好。”

接下来你就知道这位促销员得到了什么样的结果。

现代人们追求快节奏、高效率的生活，电话促销是一种很好的促销方式。但是，电话促销最大的问题是对方的挂机而导致促销失败。怎样才能让对方不挂机，耐心地听我们讲话呢？

任务实施

2.18.1　认识电话促销

1．电话促销的内涵

电话促销是通过电话来宣传产品和公司业务的一种促销方式。电话作为一种方便、快捷、经济的现代化通信工具，正日益得到普及。随着电话的不断普及，电话促销越来越受到企业的重视，尤其是一些中小企业。

“与不正确的人对话就是在浪费时间和金钱”是电话促销永恒不变的真理。如果电话促销人员在促销过程中始终在和不正确的人对话，即使你其他方面做得很到位，你也不会有好的业绩。从营销学的角度来说，这是客户的定位问题，在电话促销过程中，就是你没有找到正确的人。

电话促销的内涵：电话、信任、需求。

首先，电话促销是通过电话进行的，而不是通过面谈，此为电话促销人员与其他促销人员最大的不同点。

其次，信任是电话促销的基础。人们重点强调的电话促销过程，其实就是通过电话与客户建立信任关系的过程。任何生意的基础，靠的就是双方建立起来的相互信任关系，人们经常会讲，他只与了解的、喜欢的和信任的人做生意。因此，信任是电话促销的基础。

最后，电话促销的目的是了解并满足客户的需求。客户的需求有两种：个人需求和商业需求。这就要求我们要想在电话中成功地完成销售，不但要求电话促销人员能把握客户的商业需求，还要能把握客户的个人需求（在电话促销中，个人需求往往体现在情感的需求上），只有了解了客户的需求，才能去满足客户的需求。

2. 电话促销的形式

电话促销的形式，通常有以下三种：

（1）企业自建呼叫中心（Call Center），通过自己的电话促销人员来完成销售。采用这种方式的企业一般规模都比较大，电话促销体系比较成熟，属于完整意义上的电话促销。

（2）企业与一些呼叫中心运营商合作，将自己的产品委托给呼叫中心进行销售，属于电话促销外包。这种形式对企业来说，优点就是省事，也减少了投资，在初期就将风险降到了最低。

（3）企业有自己的电话促销人员，没有呼叫中心，有几条电话线，企业规模不大，销售的产品简单，易于被用户接纳，只要找到合适的用户就会成交。这是最简单的一种电话促销形式。

2.18.2 实施电话促销

1. 准确地定义目标客户

你的目标客户在哪里？哪些客户才有可能接受你的产品或服务？这些信息一定要非常清楚，否则的话，即使每天打出再多的电话，可能这些电话也都是徒劳无效的。池塘里面有非常多条鱼，各种各样，你希望钓到哪种鱼呢？你要先观察，想得到的那种鱼大多集中在什么地方，不要没有目标的胡乱钓鱼。在目标客户最集中的地方，去寻找客户，取得的促销效果才会更好，效率才会提高，所以一定要准确地定义你的目标客户。

2. 准确地建立客户数据库

有了目标客户，你还需要建立一个客户数据库。由销售代表每天从数据库中去调出自己的客户信息，然后去打电话、跟进客户等，这样促销效率也会有很大的提高。

3. 良好的系统支持

如果有一个客户关系管理系统来支持，你的很多资源都可以实现共享，你的销售效率和管理效率也都会有很大的提高。除此之外，电话促销过程中，非常大的挑战就是怎么样在电话中跟客户建立起一种信任关系。这种信任关系其实基于两个层面：企业与企业的信任关系；企业与个人的信任关系。客户接受产品或服务的理由，可能是出于对企业的信任，也可能是出于对促销人员的信任。

4. 其他方面的支持

电话促销一定要有广告、直邮等方面的市场支持，尽可能地扩大产品或服务的影响力。所以，企业要想实施电话促销，一定要想尽各种办法，从企业层面上把自己的产品或服务品牌建立起来，建立起来以后会吸引更多有需求的客户主动打电话咨询，这时销售代表的促销效率也会有一个很大的提高。

5. 多方参与的销售流程

电话促销在很多情况下需要各个部门的参与，尤其是在那些复杂的销售活动中，电话促销人员需要和外部销售代表、售前工程师等多方协调工作，如果这个流程不清楚、不明确的话，会造成职责界定不清楚，有些事谁都可以负责，但有些事谁都可以不负责，有时会给客户一种混乱的感觉。例如，电话促销人员是负责寻找销售线索的，有时电话促销人员确认是销售线索，但外部销售人员却认为该线索并不真实，同时在跟进客户时，有时外部销售人员与电话促销人员会出现沟通上的不顺畅，可能同时会给同一个客户打电话，这都会给客户造成不良印象。所以，一定要有一个明确的电话销售流程，规范不同阶段、不同部门、不同人的职责，同时加强各个部门之间的沟通。

6．高效专业的电话促销队伍

一个高效专业的电话促销队伍与几个因素有关：招聘、培训、激励、组织体系管理和计划等。拥有一支高效的电话促销队伍显然是电话促销成功与否的一个重要的因素，因为销售是由电话促销人员完成的，与客户的关系是由他们来维护的，信任关系是由他们来建立的，很多客户都是通过电话促销人员而形成对企业的第一印象的。

2.18.3 电话促销技巧

1．电话联系找对人

电话促销人员必须在电话接通的前三句话中，敏锐地判断电话另一端的人的身份，确定他是不是你要找的人，他是不是对你的产品或服务感兴趣，是不是有权决定购买你的产品或服务。只有判断准确了这些信息，才能为下一步的沟通打下良好的基础。

如果对促销对象的信息判断出现重大失误，将直接导致你这次电话促销活动的失败。如果电话确定对方是与你的产品或服务无关的人员，他们就是不正确的人，电话促销人员一定要迅速摆脱他们，找到正确的人。要想找对人，对方的信息资料相当重要。一些比较专业且高效的方式是通过购买企业名录的方式来得到企业的信息资料。企业名录是专门为电话促销人员开发的客户数据库。有了这类数据信息，电话促销人员就可以轻松地找到正确的人，从而达到促销目的。

2．分析促销对象

当找对了沟通的对象，我们就是在与潜在客户进行沟通。所以，在沟通的前期必须通过对方的语言来分析客户的性格。针对不同性格的人采用不同的方式与其沟通。

（1）对于那些做事果断、注重效率的人，电话促销人员与他们沟通时，要注意语言简洁、具体，介绍业务要简明扼要，最好是直入主题，切忌毫无目的的语言表达，这样对方会认为是在浪费他们的时间，很可能挂断你的电话。

（2）对于那些做事比较系统化、条理化的人，电话促销人员与他们沟通时，要注意语言一定要有条理，语速不要太快，强调一些事实和数据。切忌语言杂乱无章，说话太随意，这样会给客户造成不可靠的印象，也会导致促销活动的失败！

电话促销不同于面对面的促销，促销对象的性格只能是通过对方的语言表达方式、语气、语调等来判断。准确判断促销对象的性格是一个电话促销人员必须具备的基本素质。作为电话促销人员，最忌讳对不同的人采用千篇一律的促销语言和方式，那样你就不是一个合格的电话促销人员，而只是一个“录音机”。

3．介绍业务讲对话

判断对了对方的性格，就可以比较有信心地向对方介绍产品或服务，这是整个电话促销过程中最主要的环节。因此，介绍业务时每一句话都得是对的，是经过深思熟虑提炼出来的，不能有一句错误的话。如果出现错误的话，对方就不会信任你，你的促销行为也不会成功。在这个环节应该坚持的原则如下：

（1）前三句话要把你的来意及产品或服务介绍给对方，语言要清楚，不要啰唆。

（2）介绍产品或服务的语言要适当润色，要有吸引力，语气要适当加重，以引起对方的兴趣。

（3）在语言、语气、语调等方面要尽可能配合对方，争取创造一个良好的对话氛围。

（4）在对方的专业领域里沟通时，如果感觉自己的知识和能力与对方有差距，要采用请教式的语气与对方沟通，进而熟悉对方的业务，为销售自己的产品或服务做好准备。

（5）有的客户对你的产品或服务不太熟悉，你可以采用专业的语气与其沟通，加强对方对你的信任。

（6）沟通过程要做到有礼、有节。电话促销人员代表的是公司，电话促销人员的语言就是代表公司的形象，每一句话都体现了公司的实力和素质。不论对方是怎样的人和怎样的语言表达方式，电话促销人员都要控制好自己的情绪，做到有礼、有节，即使对方暂时不需要你的产品或服务，也要有礼貌地让对方留下你的联系方式。

4．成交之前报好价

报价是一个困扰着每个电话促销人员的问题，也是一个订单成与不成的最后一道坎，这让每个电话促销人员噤若寒蝉。需要强调的是，要根据不同的人采用不同的报价方式。借用一个足球教练的话："当你不知道这样的球怎么踢时，你就向着球门踢。"同理，当你不知道怎么报价才合理时，你就按公司给你的报价单报价，最好在报价单的基础上多报点，毕竟大多数中国人有砍价的习惯。

任务小结

电话促销是通过电话来宣传产品和公司业务的一种促销方式。电话作为一种方便、快捷、经济的现代化通信工具，正日益得到普及。随着电话的不断普及，电话促销越来越受到企业的重视，尤其是一些中小企业。

电话促销的内涵：电话、信任、需求。企业如果实施电话促销，需要把握六个成功的关键因素：准确地定义目标客户、准确地建立客户数据库、良好的系统支持、其他方面的支持、多方参与的销售流程和高效专业的电话促销队伍。

电话促销的四个经典技巧：电话联系找对人、分析促销对象、介绍业务讲对话、成交之前报好价。

任务训练

1．"与不正确的人对话就是在浪费时间和金钱"，你对这句话怎么理解？

2．实施电话促销需要把握的六个关键因素是什么？

3．电话促销有哪些技巧？

任务 2.19 微信推广促销

任务导入

微信是一款即时通信工具，可以发送语音、视频、图片和文字。同时，微信还提供公众平台、朋友圈、摇一摇、信息推送等功能，将微信内容分享给好友或朋友圈。

截至 2016 年第二季度，微信已经覆盖中国 94%以上的智能手机，微信用户已经达到 8.06 亿人。从市场营销的角度来讲，微信既是一个通信工具，也是一个推广工具；既是一个通信终端，也是一个推广平台。

任务实施

2.19.1 关于微信

微信是腾讯公司于2011年1月推出的一款为智能终端提供即时通信服务的免费应用程序。微信支持跨通信运营商、跨操作系统平台，通过网络快速发送免费（需消耗少量网络流量）语音短信、视频、图片和文字，同时，也可以使用通过共享流媒体内容的资料，使用基于位置的社交服务插件，例如，“摇一摇”“朋友圈”“公众平台”“语音记事本”等。

1. 微信是一个即时通信工具

与 QQ 一样，微信也是一个即时通信工具，也可以发送语音短信、视频、图片和文字等信息，可以通过手机客户端和网页登录。微信与 QQ 最大的不同在于微信与手机通信录建立了联系，形成了更加真实的关系链，打通了用户真实关系与互联网之间的联系。

2. 微信是一个简化的 App

打开智能手机，应用最多的 App 可能就是微信了。对于那些没有 App 开发能力的个人和企业，微信提供了一个低成本、高效率的解决之道，只要建立一个微信公众账号，在几乎没有生产成本、维护成本、渠道成本的情况下，直接推送有关产品或服务的信息。

3. 微信成为自媒体的主要形式

自媒体又称公民媒体或个人媒体，是指私人化、平民化、普泛化、自主化的传播者，以现代化、电子化的手段，向不特定的大多数或者特定的单个人传递规范性及非规范性信息的新媒体的总称，包括博客、微博、微信、贴吧、论坛等。

在移动互联网时代，每个人获取信息的方式发生了巨大的变化，还有多少人去资料室查阅资料？还有多少人打开电脑浏览信息？无疑，微信成为自媒体的一种主要形式，微信成就了一个自媒体时代。

2.19.2 微信的功能

1. 基本功能

（1）聊天功能。微信支持发送语音、视频、图片（包括表情）和文字，是一种聊天工具。

（2）添加好友。微信支持通过查找微信号添加好友、查看QQ好友添加好友、查看手机通信录添加好友、分享微信号添加好友、摇一摇添加好友和二维码查找添加好友6种添加好友的方式。

（3）实时对讲。用户可以通过语音聊天室和一群人进行语音对讲，与在群里发语音不同的是，这个聊天室的消息几乎是实时的，并且不会留下任何记录，在手机屏幕关闭的情况下也仍可进行实时对讲。

2. 支付功能

微信支付向用户提供安全、快捷、高效的支付服务，以绑定银行卡的快捷支付为基础。用户只需在微信中关联一张银行卡，并完成身份认证，即可将装有微信App的智能手机变成一个全能钱包，之后即可购买合作商户的商品及服务。用户在支付时，只需在自己的智能手机上输入密码，无须任何刷卡步骤即可完成支付，整个过程简便流畅。

3. 其他功能

（1）朋友圈。用户可以通过朋友圈发表文字和图片，同时可以将文章或者音乐分享到朋友圈。用户可以对好友新发的照片进行评论或点赞，用户只能看共同好友的评论或赞。

（2）通信录安全助手。开启后可上传手机通信录至服务器，也可将之前上传的备份通信录下载至手机。

（3）QQ邮箱提醒。开启后可接收来自QQ邮箱的邮件提醒，收到邮件提醒后可直接回复或转发。

（4）查看附近的人。微信会根据您的地理位置找到在用户附近同样开启本功能的人。

（5）微信摇一摇。微信推出的一种随机交友功能，通过摇手机或点击按钮模拟摇一摇，可以匹配到同一时段触发该功能的微信用户，从而增加用户间的互动和微信黏度。

（6）群发助手。通过群发助手把消息发给多个人。

（7）微信公众平台。通过这一平台，个人和企业都可以打造一个微信的公众号，可以群发文字、图片、语音三个类别的内容。

微信（7.03版）“发现页管理”及“辅助功能”如图2-16所示。

2.19.3 微信推广促销方式

1. 向“附近的人”进行广告推广

微信中植入了基于位置服务的功能（LBS，Location Based Service），借助查看“附近的人”，用户可以查找自己所在地理位置附近的微信用户。在这些附近的微信用户中，除了显示用户姓名等基本信息，还会显示用户个性签名的内容。所以，用户可以利用这个免费的广告位，为自己的产品打广告，使更多的陌生人看到自己的广告。

图 2-16　微信（7.03 版）“发现页管理”及“辅助功能”

随着查看“附近的人”使用者数量的上升，这个简单的签名栏也许会成为移动的“黄金广告位”。

促销实践 2.21

饥肠辘辘时，“饿的神”来了

网络上流传着这样一个故事：一家叫“饿的神”的快餐店，在午间通过微信向“附近的人”打招呼，以宣传自己的快餐店。看来微信这种交友利器，已经突破了传统交流工具的定义，开始向更宽的领域延伸。“微信太酷了，我正饥肠辘辘，拿不定主意吃什么好呢，就收到了来自附近的快餐店的信息，我吼上一嗓子就有人送餐上门了，太方便了!”有着如此经历的小王如是说。

如今，无论是学生、白领工人、明星、艺术家还是个体商户从业者，微信都已经成为大多数人生活中必不可少的工具。从日常沟通交友的利器，到商家推广的工具，俨然地球人已无法阻止微信了。所以，对“饿的神”这样的快餐业主来说，完全可以向“附近的人”推广订餐服务。

（资料来源：https://book.2cto.com/201307/26515.html）

2. O2O 折扣式“扫一扫”

二维码给人们之间的交流带来了很大便利，微信用户可以通过扫描识别二维码来添加好友、关注企业账号。所以，企业可以设定自己品牌的二维码，用折扣和优惠来吸引用户关注，开启微信推广模式。

二维码发展至今，其商业用途越来越多，所以微信也就顺应潮流，结合 O2O 展开微信推广活动。用户将二维码图案置于取景框内“扫一扫”，即可获得会员折扣、商家优惠或一些新闻资讯。

3. 朋友圈分享

朋友圈分享功能可以将手机应用、网站中精彩内容分享到朋友圈中，支持以网页链接的方式打开。朋友圈的交流比较封闭，所以，朋友圈分享比较适合口碑推广形式，如私密小产品的推广，否则可能引起朋友的反感，以致被朋友拉黑。

4. 微信公众平台

微信公众平台推广是一种门槛比较低的微信推广模式，用户可以用一个 QQ 号码申请自己的微信公众号，并在微信平台上实现与特定群体的文字、图片、语音的全方位沟通、互动功能。

利用微信公众平台进行自媒体活动是一种一对多的沟通方式，如果平台再接入微信会员云营销系统，可以展示微官网、微社区、微会员、微推送、微支付、微活动、微报名、微分享、微名片等众多应用，推广效果会更好。

另外，微信公众号平台可以对用户进行用户分组和地域分类，从而可以实现精准推送相关产品和服务信息。

阅读材料 2.15

微信小店

微信小店是基于微信支付，具备添加商品、商品管理、订单管理、货架管理、维权等功能的应用程序。店主可使用接口批量添加商品，快速开店，但必须是已通过微信认证、已接入微信支付的微信服务号，才可以在微信公众平台服务中心申请开通微信小店。

微信公众号可通过以下五个步骤来完成微信开店工作。

第一步：添加商品。

先选择类目，再按照指引填写商品的基本信息，包括商品名称、商品图片、运费、库存、详情描述等。

第二步：商品管理。

（1）商品分组管理。可以设置不同的分组来管理商品，分组可用于将商品填充到货架中。

（2）商品上下架。可以快速对商品进行上下架操作。

第三步：货架管理。

（1）货架的定义。货架是商家用于承载商品的模板，每一个货架是由不同的控件组成的。

（2）选择完货架之后，商家可以将商品分组管理里面的商品添加到货架中。

（3）发布货架。将编辑好的货架点击发布，然后复制链接，链接可以填入自定义菜单中，或者下发至商品消息中。

第四步：小店概况。

可以查看小店所有的数据信息，包括订单数、成交量等。

第五步：订单管理。

用户支付成功后会生成一笔订单信息，商家可以查询订单并进行发货等操作。

（资料来源：https://baike.baidu.com/item/）

5. 微店推广

微店是微信兴起后，基于移动客户端发展起来的又一新的电子商务模式。微信用户，通过手机号码即可开通自己的店铺，可一键分享到社交网络服务平台来推广自己的店铺，最终促成交易。

发展分销商是微店最有效的推广方式。

（1）分成推广。店主开通分成推广功能，让推广者可以通过转发得到佣金，店主只需为成功售出的产品支付佣金。分成推广的产品成交后，佣金自动从成交金额中扣除，转到推广者的账户中。

（2）设置佣金比例。开通分成推广后，点击“我要推广”，进入“分成推广”界面，按提示设置佣金比例。

（3）在朋友圈分享宝贝，让朋友和粉丝都看到自己的宝贝。

（4）发展分销商，让朋友和粉丝成为自己的分销商。分销商越多，微店的影响力越大。店主进入“我的微店”，选择要推广的宝贝，把宝贝分享到朋友圈、微博、QQ 空间等。朋友和粉丝在朋友圈、微博、QQ 空间等地方看到宝贝后，点击“点我有奖”，生成推广链接，转发并促成交易后就可以拿到佣金了。

任务小结

微信自 2011 年推出以来，以其强大的功能开创了一个新时代。微信既是一个即时通信工具，也是一个简化的 App，还是一个新的自媒体、一种新的营销工具。

微信推广方式包括：向“附近的人”进行广告推广、O2O 折扣式“扫一扫”、朋友圈分享、微信公众平台、微店推广等。

任务训练

1. 微信有哪些功能？
2. 微信的推广方式有哪些？

项目测试

测试 1：阅读下面案例，并回答问题。

把冰卖给爱斯基摩人

汤姆 · 霍普金斯被誉为“世界上最伟大的推销大师”，他曾接受一家都市报记者采访，记者向他提出挑战，要他当场展示一下如何把冰卖给爱斯基摩人。于是就有了下面这个脍炙人口的销售故事。

汤姆：您好！爱斯基摩人。我叫汤姆 · 霍普金斯，在北极冰公司工作。我想向您介绍一下北极冰给您和您的家人带来的许多益处。

爱斯基摩人：这可真有趣。我听到很多关于你们公司的好产品，但冰在这儿可不是问题，它是不花钱的，我们甚至住在这个东西里面。

汤姆：是的，先生。注重生活质量是很多人对我们公司感兴趣的原因之一，而看得出来您就是一个注重生活质量的人。你我都明白价格与质量总是相连的，能解释一下为什么你目前使用的冰不花钱吗？

爱斯基摩人：很简单，因为这里遍地都是。

汤姆：您说得非常正确。你使用的冰就在周围。日日夜夜，无人看管，难道您不同意吗？

爱斯基摩人：噢，是的。这种冰太多太多了。

汤姆：是的，先生。现在冰上有我们，那边还有正在冰上清除鱼内脏的邻居，北极熊正在冰面上重重地踩踏。还有，你看见企鹅沿水边留下的脏物吗？请您想一想，设想一下好吗？

爱斯基摩人：我宁愿不去想它。

汤姆：也许这就是为什么这里的冰是如此……，能否说是经济合算吗？

爱斯基摩人：对不起，我突然感觉不大舒服。

汤姆：我明白。给您家人饮料中放入这种无人保护的冰块，如果您真正感觉舒服必须得先进行消毒，不是吗？那您如何去消毒呢？

爱斯基摩人：煮沸吧，我想。

汤姆：是的，先生。煮过以后您又能剩下什么呢？

爱斯基摩人：水。

汤姆：这样你是在浪费自己的时间。说到时间，假如您愿意在我的这份协议上签上您的名字，今天晚上你的家人就能享受到爱喝的、干净的、卫生的北极冰块饮料。噢，对了，我很想知道你的那位清除鱼内脏的邻居，您认为他是否也乐意享受北极冰带来的好处呢？

【问题】

请为汤姆设计一个样品赠送促销方案，把冰卖给爱斯基摩人。

测试2：阅读下面一则样本赠送促销案例，并回答问题。

美国的高露洁牙膏在进入全日本这样一个大的目标市场时，并没有采取贸然进入、全面出击的策略，而是先在离日本本土最近的琉球群岛上开展了一连串的广告公关活动。

他们在琉球群岛上赠送样品，使琉球群岛的每一个家庭都有免费的牙膏。因为是免费赠送的，所以琉球群岛的居民不论喜欢与否，每天早上总是使用高露洁牙膏。这种免费赠送活动，引起了当地报纸、电视台的注意，把它当作新闻发表，甚至连日本本土的报纸、杂志也大加报道。

于是，高露洁公司在产品推广上就达到了这样的目的：以琉球群岛作为“桥头堡”，使得全日本的人都知道了高露洁牙膏，以点到面，交易额提高十分明显。

【问题】

（1）（　　）使用样品赠送促销效果明显。

A．新品牌上市　B．新产品上市　C．大众化的消费品　D．差异化的商品

（2）高露洁牙膏在琉球群岛的赠送，成功地利用了人们的（　　）心理。

A．利己性　B．贪利性　C．攀比性　D．懒惰性

（3）你认为高露洁牙膏在琉球群岛的赠送方式可以采取（　　）的方式。

A．直接邮寄　B．逐户分送　C．定点分发　D．媒体分送

（4）如果高露洁牙膏采取逐户分送的方式，可能发生的费用有（　　）。

A. 样品费　　B. 分送处理费　　C. 宣传印刷品费　　D. 包装材料费

(5) 试谈一谈在样品赠送的促销活动中，如何促进促销效果？

测试 3：阅读下面三则包装促销的案例，并回答问题。

案例一："太太"口服液，让女人更出色。

凡购买"太太"口服液一盒者，即可获赠放在产品包装内的高级化妆品一套。

案例二："福临门"食用油加护手霜，好油好手烧好菜。

滋润为全家操劳一年的双手：活动期间购买福临门食用油 1 瓶者，即可获赠东洋之花绵羊奶护手霜 1 支（40 克）。

案例三："红桃 K"给最爱的人，送最用心的礼。

在端午期间，购买红桃 K 关怀装一盒者，即可获赠特制绍兴黄酒一瓶，多买多送。

【问题】

(1) 案例一"太太"口服液采用了（　　）的方式。

A. 包装内赠送　　B. 包装上赠送　　C. 包装外赠送　　D. 可利用包装赠送

(2) 案例二"福临门"食用油和案例三"红桃 K"采用了（　　）的方式。

A. 包装内赠送　　B. 包装上赠送　　C. 包装外赠送　　D. 可利用包装赠送

(3) 当同类产品激烈竞争之时，（　　）可在零售点上塑造产品差异化。

A. 包装内赠送　　B. 包装上赠送　　C. 包装外赠送　　D. 可利用包装赠送

(4)（　　）可增加赠品在零售点展示的机会。

A. 包装内赠送　　B. 包装上赠送　　C. 包装外赠送　　D. 可利用包装赠送

(5) 运用包装促销在选择赠品时应遵循的原则是（　　）。

A. 易于了解　　B. 富有吸引力　　C. 具有相关性　　D. 品牌化商品

(6) 试对上面三则包装促销的案例进行点评。

测试 4：请根据下面案例，回答问题。

某品牌啤酒销售商策划了一个促销活动方案，名为"龙虎排行榜"，活动规则如下。

在一些大中型场所设置一块"龙虎榜"牌，客人用吸管吸完一支该品牌的啤酒，选出当晚所用时间最短的客人，将其名字写到"龙虎榜"的"龙"字下面，第二名写到"虎"字下面。一定时间内（当晚、一周、半月或一月，根据参与人员的数量来确定）评比一次，选出"龙""虎"名单，可获取奖品。当然，当晚参加比赛的客人也可以得到一份礼品。所参加的客人自带一支该品牌啤酒，在固定地点参加比赛（由区域市场的相关人员预先选好地点）。

奖品配置：最终获奖者的奖品，即"龙"和"虎"获得者的奖品。这两个奖品的金额可以设置高些，因为区域市场可以自行控制，根据参与人员的多少来确定兑奖时间，而且游戏配置的奖品金额大小直接影响到参与者的积极性。所以，在搭配该项奖品时金额可适当高一些，效果可能会更好。（建议：用现金的形式或一周一台微波炉；一个月一台电冰箱。）

所有参加者的奖品，可根据区域市场的实际情况配置。

【问题】

该活动的可取之处是什么？你认为该活动还存在哪些问题？

测试5：阅读下面促销案例，并回答问题。

2010年5月25日，北京华奥商厦门前举行了“2010华奥之夏服装设计大赛”颁奖仪式，获奖者穿上自己设计的服装，在T形舞台上，随着悠扬的音乐一展风采，而周围观看的群众则把舞台围得水泄不通。一位观看的女士对记者讲，在商厦自己选面料、自己设计、自己表演，还可以获奖，很新鲜，有一种参与感，很过瘾。

华奥商厦是一个中型商场，在购物环境和宣传攻势上，都不能与一些新兴的大商场相匹配。因此，华奥商厦认识到必须以特色经营突破重围。华奥商厦过去就有经营纺织面料的优势，现在经营各类面料2 300多种，月平均销售额140万元，在全市50余家大中型商场中同类商品中，销量一直居前列。所以，华奥商厦决定利用这一优势，组织一次竞赛促销活动，掀起夏季购物热潮。

这次竞赛促销活动名称为“2010 华奥之夏服装设计大赛”，凡在华奥商厦购买面料的顾客，均可报名参加，并且在选购面料时价格优惠5%，对参赛获胜者还给予奖品（实物）奖励。这项促销活动给每个消费者提供了展示才华的机会，得到了广大消费者的热烈响应，在短短20几天的时间里，有众多的服装设计爱好者报名参加，送交参赛作品40多件（套）。

为了保证大赛的公平性和群众的参与性，华奥商厦没有聘请专家评议，而是让顾客自己评选。活动举办人员将全部参赛作品向消费者公开陈列，并发送选票，请前来购物的顾客选出自己满意的服装。陈列展览的前两天内，共收到200多张选票。举办人员根据顾客的选票，评出各奖项的获得者。

这次竞赛促销活动收到了预期的效果。大赛期间，不仅商厦的纺织面料得到了促销，更为重要的是，在消费者心目中强化了华奥商厦的经营特色和竞争优势，为今后华奥商厦纺织面料的销售奠定了基础。

【问题】

（1）北京华奥商厦举办的这次“2010华奥之夏服装设计大赛”是（　　）促销活动。

A．抽奖　　B．竞赛

C．游戏　　D．竞赛、游戏与抽奖

（2）（　　）是一种请消费者运用和发挥自己的才华，去解决和完成某一特定问题的活动。

A．抽奖　　B．竞赛

C．游戏　　D．竞赛、游戏与抽奖

（3）竞赛促销通常需要具备三个要素（　　）。

A．奖品　　B．才华或学识　　C．参赛条件　　D．评选依据

（4）在一些西方国家，最受欢迎的大奖依次为（　　）和（　　）。

A．高额现金　　B．旅游观光　　C．赠送汽车　　D．健康消费

（5）企业促销时应注意哪些竞赛与抽奖的规则？

测试6：莱克啤酒在进入上海市场时，曾采用邮寄方式送给消费者1元的折价券，并在折价券背面印有填字游戏题，能正确回答问题者还可以参加抽奖活动。

【问题】

充分发挥自己的创意，为莱克啤酒促销设计一张折价券，并写出促销实施方案。

测试7：某食品公司生产鸡精、酱油、米醋和调味品。该公司的鸡精和调味品很受消

费者的喜爱和欢迎，但酱油和米醋却销量一般。公司打算趁春节之际举办促销活动，增加酱油和米醋的销量。

【问题】请你为该公司设计一个折价促销方案。

测试 8：阅读下面促销案例并回答问题。

巴比是一家新开的服饰店，在其开张之际，决定利用积分进行一次开业促销活动。

巴比服饰店推出了不同折扣商品券来吸引顾客参加会员促销活动，只需要在店内消费 150 元就可以获得会员资格，并可以获得 15 分的积分，同时还可获得“巴比”服饰店会员卡。凭此卡还可以参与积分，享受积分的一系列优惠政策。

顾客成为会员得到会员卡之后，以后每次来店消费均记录在会员积分资料里面，顾客根据消费金额可以得到不同的积分，50 元/5 分，100 元/10 分，200 元/20 分……不同的积分会享受不同的折扣或商品券。

此外，巴比服饰店还印制了 200 份会员资料册，专门准备了一个资料架，对会员资料进行编号并放在资料架上，而且每隔一段时间还会将会员的增长情况做成简单直观的图表，让顾客感到巴比服饰店的顾客很多，于是来参加活动的顾客也就比较踊跃了。

积分促销需要建立完善的会员数据库，因此除了会员资料册，巴比服饰店还建立一个比较完善的数据库，对参与活动顾客的消费情况进行详细的记录，同时也记录了每次顾客积分的情况。

【问题】巴比服饰店的哪些经验值得我们借鉴？

测试 9：阅读下面促销案例，并回答问题。

四川成都市蔟桥镇的梦之媚美容院将日常生活用品与美容院的服务项目、产品进行联合促销，多年来取得了骄人的业绩。其促销的具体方式如下：

（1）开设日常生活用品商店，店内设美容免费体验室；

（2）凡购买达到一定金额的日用品消费者均可获得免费美容；

（3）店庆或大型促销活动时邀请日常生活用品的商家一起参加。

通过常年细致有效地促销，该美容院已逐渐成为该镇较有影响力和较具经济实力的美容院，拥有四层、近千平方米的店面和近千人的消费群体，并取得店庆单日促销收入 12 万元的优秀业绩。

【问题】

（1）本案例中，梦之媚美容院之所以取得如此成功，是因为采取了（　　）的促销方式。

A．免费赠品　　B．公益促销　　C．联合促销　　D．会员卡促销

（2）从案例中可以看出，（　　）是联合促销的基本原则。

A．互利互惠　　B．团结合作　　C．取长补短　　D．互通有无

（3）梦之媚美容院促销的类型属于（　　）的促销。

A．不同行业间　　B．不同品牌间

C．制造商与经销商间　　D．同行企业间

（4）梦之媚美容院的这种促销比较适合促销（　　）的商品。

A．高价位　　B．低价位　　C．中等价位　　D．不同价位

（5）你认为梦之媚美容院的这种促销应注意哪些问题？

测试 10：阅读下面促销案例，并回答问题。

好利来创建于 1992 年 9 月，现为拥有上亿元固定资产，7 000 多名员工及北京好利来企业投资管理有限公司、北京好利来工贸有限公司、北京好利来商贸有限公司 3 家控股公司的大型食品专营连锁企业集团。

好利来的核心业务由两大体系组成：一是饼店连锁经营体系。以连锁店的形式，主营生日蛋糕、西点、中点、面包等产品。在全国 50 多个大中型城市开设了 500 多家连锁店，建立了庞大的连锁经营体系。二是包装食品制造体系。主营产品为好利来牌月饼及其他包装食品。目前在北京和沈阳建有大型现代化食品加工厂。

多年以来，好利来一直以行业领跑者的姿态迅猛发展，2000 年被中国名牌产品市场保护调查所列为“国家重点保护品牌”，2002 年成为食品行业首家被中国消费者协会授予“3 · 15”标志的企业，2003 年通过 HACCP 食品安全体系认证，并被国家食品质量监督检验中心列为食品行业唯一一家月饼生产过程全程跟踪的企业，并批准可以在产品外包装上注明“国家食品质量监督检验中心产品保证”字样。2002—2004 年，凭借自身强劲实力，好利来蝉联了全国月饼、蛋糕销量双冠王。

【问题】

为迎接中秋节的到来，好利来准备举办一次主题促销活动。

（1）一个好的促销主题就是一个（　　），要紧紧抓住消费者的需求热点。

A．由头　　B．点子　　C．卖点　　D．热点

（2）以特定节日为主题的促销活动，如（　　）。

A．春节　　B．清明节　　C．劳动节　　D．啤酒节

（3）一个有效的促销主题应符合（　　）的要求。

A．相关性　　B．统一性　　C．独特性　　D．传播性

（4）请为好利来拟订一个主题促销方案。

测试 11：阅读下面促销活动案例，并回答问题。

福州沃尔玛“小鬼当家”主题促销活动花絮

《东南快报》报道，2005 年 5 月 29 日上午，一场以“小鬼当家”为主题的促销活动，在沃尔玛超市大利嘉分店和名店街的百味厨房上演。有 20 名小朋友分别参加了“孩子走丢找爸妈”“推销粽子”“当采购员”“小厨师”“现场命题作画”等游戏活动。活动节目精彩纷呈，现场吸引了上百名顾客驻足观看。

花絮 1：10 分钟推销 20 多个粽子

“过来看一看，过来瞧一瞧，原价一斤 6.5 元的粽子，现在只卖 5.2 元。”“叉烧味、鲜肉味、豆沙味……所有的口味都在这里，要买的快点过来啦！”叫卖声此起彼伏。在沃尔玛超市粽子专柜旁出现了 6 个小促销员，他们正在向顾客推销冷冻的粽子。当一名顾客推着购物车过来时，10 岁的邱时佳赶紧冲上前，“阿姨，端午节快到了，买几个粽子回家给小孩尝一尝吧。”看着阿姨继续往前走，聪明的邱时佳又接着说：“这里的粽子可好吃了，不信你来尝一下蒸熟的粽子。”阿姨终于停下了脚步，当邱时佳听到阿姨说要买几个粽子时，甜甜一笑，接着就拿了一个食品袋，全然不顾粽子的冰冷，将一个个冰粽子装到袋子里，随后递给电子秤旁的服务员。这些粽子有 20 多个，一称有两斤多重。至此，距他们开始推销粽子时不过 10 分钟。

花絮2：通过广播找妈妈

当日上午，8名小朋友和爸妈一起逛超市，可突然间爸妈不见了，小朋友们遇到了寻找爸妈的“难题”。起初，小朋友们还十分兴奋。“我一定能找到”一个小朋友信心十足地说。可是跑啊跑，找啊找，小朋友们转了一大圈，却始终没见着自己爸妈的身影。已逛了好几圈的赖麒鸿小朋友，刚才还透着自信的笑容，此时正皱着眉头，用期待的眼神盯着每一个迎面而来的人，并时不时地喃喃自语道：“怎么办呢？怎么办呢？妈妈，你在哪里啊？”突然间，他像是想到什么似的，快速向服务台跑去。原来他想到了一个主意，就是向服务台的阿姨求助。“阿姨，帮我找一下我的妈妈，好吗？能在广播里帮我播一下吗？我叫赖麒鸿。”在服务员的帮助下，沃尔玛的广播里传出了赖麒鸿小朋友呼唤妈妈的声音。

花絮3：揣50元当小小采购员

小朋友们揣50元钱，拿着指定的购物清单，在超市当起了小小采购员。购买的物品必须要有苹果、梨、小西红柿和果冻，且购买的总金额不能超过50元。每个小朋友都要购买2斤小西红柿，可是货架上的小西红柿是已经打包好的。黄宏睿小朋友拿着两袋小西红柿去称，可是超过2斤。机灵的他赶紧将两袋小西红柿放到原处，挑了一袋大的以及一些散的小西红柿称，电子秤显示2.1斤。讲究购物效率的黄宏睿，将挑好的物品一一放在电子秤旁，交代服务员帮忙称。随后跑去寻找其他要买的物品，等他回到服务员身旁时，之前挑好的物品已经都称好了。而有的小朋友没有购物经验，提着篮子不知道到哪里找。更有小朋友缺乏判断能力，原本只需购买1斤的苹果和梨，却挑了七八个，重量明显超过购物要求。

花絮4：“美人鱼就是记者姐姐啦！”

在绘画比赛现场，只见6个小朋友围坐成一桌，紧握画笔，聚精会神地画着，小手脏了、笔帽掉了也顾不上。“怎样才能把‘六一’儿童节、东南快报以及沃尔玛超市三个主题画在一起呢？”参加这组比赛的张哲婷小朋友皱起眉头，思索着。终于在比赛结束前5分钟把画完成了，并获得了绘画比赛的冠军。在发表获奖感言时，她说：“水里的小鱼是欢乐的小朋友，美丽的人鱼就是东南快报的记者姐姐，我们大家一起在水下沃尔玛超市里度过了一个快乐的‘六一’儿童节。”

花絮5：制作水果沙龙

20个小朋友来到了位于名店街的百味厨房，在点心部黄厨师长的现场示范下，20个小厨师各显神通。5岁的黄炅小朋友“忙里偷闲”，把碟里自己拼凑的水果沙拉使劲地往嘴里塞，等到厨师长评比的时候，碟里的水果沙拉已被吃了一大半。还有的小朋友也干脆边吃边做，水果沙拉成为他们肚里的囊中之物。

经过5个环节的比赛，本次“小鬼当家”活动一共产生了8名小冠军。他们分别是5～6岁小朋友：赖麒鸿、黄炅、邱德昭；7～8岁小朋友：张哲婷（两次获奖）；9～10岁小朋友：黄宏睿、邱时佳、王艺璇。获奖者每人都得到由沃尔玛超市送出的价值200元的奖品，其他参赛小朋友也拿到由沃尔玛超市、百味厨房和乐百氏食品饮料公司提供的3份不同的纪念品。

（资料来源：http://www.leadshop.com.cn/www/Walmart/Walmart_news/）

【问题】

（1）主题促销是围绕一个主题而实施的促销活动，福州沃尔玛此次活动的主题是（ ）。

A．小鬼当家　　B．推销粽子　　C．当采购员　　D．现场命题作画

（2）这一活动属于（　　）的主题促销活动。

A．以商品为主题　　B．以季节特点为主题

C．结合特定节假日　　D．以特定事件为主题

（3）在这一主题促销中注意了（　　）。

A．主题的确定　　B．内容的设计

C．时间的安排　　D．媒体的运用

（4）你认为“小鬼当家”这一活动主题符合（　　）的要求。

A．相关性　　B．独特性　　C．统一性　　D．传播性

（5）你认为连锁企业举办主题促销活动的难题是什么？

测试12：阅读某酒店充值会员卡促销方案，并回答问题。

为了稳固并扩展酒店客户群体，将酒店各类产品整合推出，让客户在酒店各岗点都可以享受贵宾般的服务，更使其对酒店整体满意度提高，以便真正让客户享受到星级服务。

（1）充值会员卡发放范围。

① 与酒店签署《商务特惠协议书》的个人客户；

② 预存费用在酒店消费的客户；

③ 持有酒店赠卡的客户。

（2）充值会员卡类别。

① 一次性充值1万元（含1万元）以上为钻石卡；

② 一次性充值大于等于6 000元，小于1万元为金卡；

③ 一次性充值大于等于3 000元，小于6 000元为银卡。

（3）充值会员卡使用的范围。

餐饮部和客房部。

（4）充值会员卡在各部门的优惠政策。

餐饮部——出示本卡现金结算或使用本卡内充值金额结算可享受菜金（不含烟酒、饮料、海鲜）折扣优惠：钻石卡9折优惠；金卡9.5折优惠；银卡9.8折优惠。

客房部——入住客房出示本卡现金结算或使用本卡内充值金额结算可享受“客房协议”价格。

（5）其他说明。

① 为实现全员营销，各岗点推销出去的充值会员卡，给予充值金额的3%的现金奖励。

② 在办理每张充值会员卡时，均需向客人说明相关优惠政策，并请客人在《充值会员卡须知》上签字确认。

③ 持卡人可享受积分累计、会员特惠及酒店发放的各类消费信息的免费服务。

④ 充值会员卡充值后，卡内金额不得提取现金。卡遗失可补办，补办时每卡收取工本费20元，直接从卡内金额中扣除。遗失充值会员卡所造成的损失由客户自行负责。

（6）办理手续。

① 填写申请登记表后，可凭登记表到营销部办理购卡手续；

② 充值会员卡实行一人一卡制，需本人使用；

③ 为保证和维护会员的权益，申请人必须真实地填写会员登记表，并认真阅读《充值

会员卡须知》。

【问题】

（1）该充值会员卡向客户提供了哪些优惠政策？（　　）

A．价格折扣　　B．优质服务　　C．现金兑换　　D．礼品赠送

（2）你认为该方案的可行性如何，为什么？

（3）一家连锁酒店如果开展充值会员卡促销，你认为应该考虑哪些因素？

测试 13：阅读下面促销案例，并回答问题。

2011 年 7 月 5 日，《北京晨报》文章：揭秘团购旅游七大陷阱。

（1）低价入团要你购物。某团购旅游信息显示："原价 980 元香港海洋公园+迪士尼乐园三日游，仅需 158 元！包吃、包住、包车、包门票。"重庆晚报记者以游客身份核实时，得知原来需要进 3 个购物点。

（2）特价房限量。某网站团购产品称"挂牌价 700 元的客栈仅需支付 100 元"。一问，才知道需"提前 7 天电话预约"，而"预约是否成功以商家的最终确认为准"。

（3）使用期限有限制。某网站团购产品"原价 600 元的成都某酒店仅需 60 元团购"，使用期限 6 月 4—7 日，仅 4 天。而"某酒店原价 400 元，仅售 100 元"，后边注有小字"仅限周日至周二适用"。

（4）团购不退款。如果预订旅游线路后想改期，对方会表示票单已进入系统，无法调剂，也不退款。

（5）无服务质量与安全保障。目前九成团购网只聚集团购，不开具发票和签旅游合同，如果发生纠纷与意外，没有证据，维权也没有根据。

（6）价格误导。酒店客房团购中，往往会在显眼处用大字列明"挂牌价 2 000 元、团购价 200 元"。其实，非旺季时，酒店的前台散客价本来就很低。

（7）抵金券使用有限制。团购"旅游代金券 150 元"，但需"4 位客人及以上参团，才可抵用 1 张券"。至于"价值 100 元的酒店住宿券，消费 300 元以上才能抵用 1 张券""代金券 1 间 1 晚只能使用 1 张"等情况则属常见。

【问题】

（1）从文章中可以看出，网络促销的优势明显，但其缺陷也很明显：（　　）。

A．缺乏信任　　B．缺乏生趣　　C．缺乏安全　　D．价格敏感

（2）你认为参与网上团购的消费者有哪些特点？（　　）

A．追求时尚便利　　B．掌握消费主动权

C．追求个性化消费　　D．贪图便宜

（3）你对网上团购消费者的建议：（　　）。

A．注意时限　　B．注意地点　　C．阅读条款　　D．选择网站

（4）你对网上团购连锁企业的建议：（　　）。

A．选择合适的产品　　B．选择合适的对象

C．选择合适的伙伴　　D．选择合适的结算方式

（5）实施网络促销的程序是怎样的？

测试 14：阅读下面的电话促销案例，并回答问题。

一次失败的沟通

销售员："你好，李小姐，我是平安保险的高级顾问，我这里有一个送给你的奖品，不知道您周末是否有时间，我给您送过去？"

李小姐："你是谁？我的奖品？你怎么知道我的电话？"

销售员："你的电话是我们公司内部数据库中的。不过像你这么有名的专科医生，有你联系方式的人一定很多。这个奖品很难得的，只占用你 15 分钟的时间就行，你看可以吗？"

李小姐："什么奖品啊，到底是谁给你的电话？对不起，我很忙，没有时间，再说吧。"

李小姐挂断了电话。

【问题】

从这次失败的电话沟通中可以看出，销售员失败之处何在？你应该从中吸取什么教训？

项目3

促销应用

项目目标

促销活动无论是为了迅速打开新市场、整装开业、缓解库存压力，还是为了解决流动资金紧缺、市场冷淡、打击竞争对手等问题，首先应了解的是：当地市场情况及特征、当地市场的供求关系、企业在当地市场中的地位、目标消费群体及消费者行为、竞争对手状况等。通过对以上信息的分析，合理确定促销目的、促销方式。通过本项目的学习，试图达成以下目标。

知识目标：

- 认识促销环境对促销实施的重要性。
- 认识企业营销目标、营销文化对促销实施的重要性。
- 掌握根据促销背景、促销目的选择促销工具的方法。
- 掌握不同促销工具应用的执行策略。

技能目标：

- 能够根据促销环境、促销目标灵活选择促销方式或促销方式的组合。
- 不仅能够制定促销策划方案，更重要的是能够执行促销方案，保证促销效果。

情感目标：

- 在教学过程中，培养学生的学习兴趣，引导学生深入思考问题。
- 在教学过程中，培养学生合作学习、互相学习的能力，在合作中完成学习任务。
- 学生是学习的主体，让学生正确认识学习过程与学习结果的关系，并能够公平、公正地评价学习结果。

项目描述

在现实的促销活动中，仅仅有理论是不够的，我们不仅要把自己培养成理论专家，更要通过市场的检验成为实战专家。因此，希望在以下案例的分析中，在充分结合理论知识和企业背景、市场状况的前提下，找到促销过程中的问题所在，分析、总结、制定出一套最适合自身的促销方案。在现实的促销活动中，好的促销方案固然重要，但如何有效地将方案转化为强有效的执行力，则是促销活动成功的关键，本项目中将以连锁零售业、连锁餐饮业、连锁服务业促销活动的执行、监督与评估为例，对促销活动进行一一分析。

项目结构

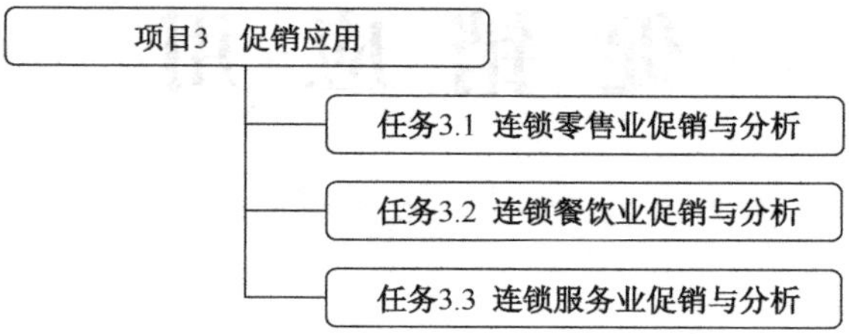

任务 3.1　连锁零售业促销与分析

任务导入

2017 年 11 月 11 日，我们发现那种大快人心的“双 11”价格战（“全场五折”）一去不复返了！

天猫、京东、苏宁在某种程度上达成默契，不约而同地摒弃了简单粗暴的价格战，转而在其他方面进行“双 11”促销活动，促销是必须的，只是改变了玩法。

简单地说，天猫自 2015 年试水娱乐圈尝到了甜头，2016 年继续主打娱乐牌，2017 年马云自己主演了电影《功守道》，超出人们的想象；京东继续充当务实派，在物流和品类上下功夫；苏宁则追随阿里巴巴的风格，2016 年自建无锡古购物城，美曰“城惠玩”，打通线上线下购物通道，2017 年“共享快递盒”的问世，提前赚足了眼球。

“猫狗大战”的主角改变了游戏规则，直接带动其他万千商家也不再只是局限于价格战，而是针对“双 11”促销活动，在布局上各有章法。

这些现象标志着我国电商业的成熟，众多商户也在不断成熟。这也给我们引发下列思考：

- 促销的实质到底是什么？
- 商业竞争体现核心竞争力的较量，核心竞争力是什么？
- 连锁企业应采取什么样的促销策略来应对竞争，并体现竞争价值？

任务实施

案例与分析：双F家私A店开业促销

1. 促销背景

双F实业有限公司（以下简称双F家私）始建于1989年，经过近30年的发展，现在已经成为一家占地面积约107万平方米、固定资产数亿元、员工万余人的大型企业，一家集设计、制造、营销为一体的现代大型家私企业。

双F家私旗下拥有板式、实木、金属、软体等几大类别数十个系列的家具和西部超大规模的家具展厅，展厅面积1.8万平方米，并拥有强大的销售网络和良好的市场发展前景。双F家私目前在全国有30家总经销商（区域批发商），其销售网络已覆盖全国31个省、市、自治区，销售网点达数千家。

双F家私A店于2017年10月开业，开业三天销量即突破400万元。

2. 促销方案

1）促销目标

双F家私A店经营面积约2 000多平方米，经营a、b、c、e、n、g等9个系列产品。卖场形象、经营管理、售后服务均符合双F家私品牌的形象定位，此次活动将借助著名影星张××参与A店开业的良好契机，通过明星效应结合一系列活动，塑造品牌良好形象，实现品牌的价值。配合终端的营业推广，提升产品形象和推动产品销量，达到短期利益和长期利益有效结合的目的。

2）促销活动内容

活动时间：2017年10月18—20日。

活动主题：双F开业庆，相约张××。

活动内容：

（1）双F家私携手代言人张××，召开A店开业新闻发布会；

（2）双F家私携手张××，举行捐资助学活动；

（3）召开双F家私代言人张××影迷会；

（4）举办双F家私A店开业仪式；

（5）举办双F家私产品特价、买赠活动；

（6）举办双F家私代言人张××签售活动；

（7）举办双F家私A店家具商圈联盟商谈会。

3）执行方案

当活动方案确定后，则需要对方案的实施进行统筹管理。采用WBS（Work Breakdown Structure）项目分解法，制定活动总体流程，确定工作时间和进度、人员职能分工及物料的统计工作。在活动结束后，还需对活动方案进行评估，制定产品销量分析表和媒体投放效果评估表等表格。

双F家私A店开业活动项目分解如下。

（1）活动流程安排。

当方案确定后，第一步工作将是制定活动流程安排表。活动流程表的主要功能是将方案精细化，使执行者一目了然地知道在什么时间、什么地点做什么工作。活动流程表的制定方法大多采用逻辑顺序法，即按事件的发生顺序制定。当方案的部分节点未确定时，可先制定框架流程表，然后逐步对每个节点制定详细的流程分表。双 F 家私 A 店开业活动流程安排表如表 3-1～表 3-3 所示。

表 3-1　双 F 家私 A 店开业活动流程安排表 1

地　　点	事　　项	时间（10 月 18 日）	参与单位及人员	交通工具	安保人数	医疗人员	备　　注
北京南苑机场—A 机场	接机	8：30～11：00	双 F 家私、新闻媒体、影迷团	奥迪 A6	8 名	医生、护士各 1 名	A 机场 14 号空军基地
A 机场—X 宾馆	入住	11：00～12：00	双 F 家私、新闻媒体、影迷团				入住 X 宾馆专家公寓
X 宾馆中餐厅	午餐	12：00～13：00	双 F 家私、新闻媒体、政府官员				品尝当地佳肴
X 宾馆专家公寓	午休	13：00～14：30	—				—
X 宾馆会议厅	新闻发布会	14：30～16：00	双 F 家私、新闻媒体、政府官员、影迷团、捐资者				双 F 家私专卖店开业、贫困儿童助学捐赠仪式信息发布
南湖小学	助学慰问	16：00～18：00	双 F 家私、新闻媒体、政府官员、捐资者				前往贫困学校，慰问学生
X 宾馆专家公寓	休息	18：00～19：00	—				—
双 F 家私家世界	张××影迷会	19：30～20：30	双 F 家私、新闻媒体、政府官员、影迷团				与各界人士进行简短的互动交流

表 3-2　双 F 家私 A 店开业活动流程安排表 2

地　　点	事　　项	时间（10 月 19 日）	参与单位及人员	交通工具	安保人数	医疗人员	备　　注
双 F 家世界	双 F 家私 A 店开业庆典	8：30～10：00	双 F 家私代表、新闻媒体、政府官员	奥迪 A6	8 名	医生、护士各 1 名	剪彩祝词活动
	双 F 家私 A 店签售会	10：00～11：00	双 F 家私客户				—
X 宾馆宴会厅	午餐	12：00～13：00	双 F 家私代表				—
X 宾馆专家公寓	午休	13：00～14：30	—				—
待定	参观景点	14：30～20：00	双 F 家私代表				视张××先生意愿，确定是否参观景点、开展影迷娱乐项目
X 宾馆	影迷娱乐	20：00	双 F 家私代表				

表 3-3 双 F 家私 A 店开业活动流程安排表 3

地点	事项	时间（10月20日）	参与单位及人员	交通工具	安保人数	医疗人员	备注
X 宾馆—A 机场	送离	10：00～11：00	双 F 家私代表、影迷团	奥迪 A6	8 名	医生、护士各 1 名	—

（2）流程节点细化分解。

一个好的活动方案，不仅需要制定活动流程，还需要对活动流程进行细化分解，制定流程节点细分分解表。双 F 家私 A 店开业活动流程节点分解表如表 3-4～表 3-8 所示，其中表 3-4 为新闻发布会流程表，表 3-5 为开业庆典流程表，表 3-6 为爱心助学流程表，表 3-7 为张××活动流程表，表 3-8 为张××影迷会流程表。表 3-6～表 3-8 详细内容省略。

表 3-4 新闻发布会流程表

时间（10月18日）		内容	地点
新闻发布会	14：30～14：50	嘉宾签到并进入会场	X 宾馆会议一厅
新闻发布会	14：50～15：00	双 F 家私代表、政府领导、张××步入会场席主台	X 宾馆会议一厅
新闻发布会	15：00～15：05	主持人宣读本次新闻发布会流程、张××A 地行程、爱心助学活动的目的及意义、会议注意事项等	X 宾馆会议一厅
新闻发布会	15：05～15：30	双 F 家私代表、政府领导、张××先生发言	X 宾馆会议一厅
新闻发布会	15：30～16：00	新闻媒体、影迷提问时间	X 宾馆会议一厅
新闻发布会	16：00	新闻发布会结束	X 宾馆会议一厅

表 3-5 开业庆典流程表

时间（10月19日）		事项	地点
开业庆典及签售会	8：30～9：00	暖场	双 F 家私家世界 A 店
开业庆典及签售会	9：00～9：05	主持人致辞、介绍嘉宾	双 F 家私家世界 A 店
开业庆典及签售会	9：05～9：20	政府领导、双 F 家私代表、张××先生致辞	双 F 家私家世界 A 店
开业庆典及签售会	9：20～9：30	剪彩仪式	双 F 家私家世界 A 店
开业庆典及签售会	9：30	开业仪式结束、派发礼品、邀请公众进店参观	双 F 家私家世界 A 店
开业庆典及签售会	10：00～11：00	签售会，张××与双 F 家私顾客签名、合影	双 F 家私家世界 A 店

表 3-6 爱心助学流程表

日期	内容	地点
10月18日	（略）	（略）

表 3-7 张××活动流程表

日期	内容	地点
10月18日—20日	（略）	（略）

表 3-8 张××影迷会流程表

日期	内容	地点
10月18日	（略）	（略）

（3）组织机构。

方案流程制定后，在解决了什么时间、什么地点、做什么以后，就要明确由谁去做、如何去做，根据活动流程制定执行团队的组织机构。组织机构分为：总指挥、副总指挥、各分项项目组。总指挥主要对活动进行宏观把控；副总指挥则进行微观把控，负责对整个项目进行分工、各组之间的协作工作，对整个活动流程进行管理和监控。分项组长则负责对分项内容进行分工、督导和执行管理。“双F开业庆 相约张××”组织机构图如图3-1所示。

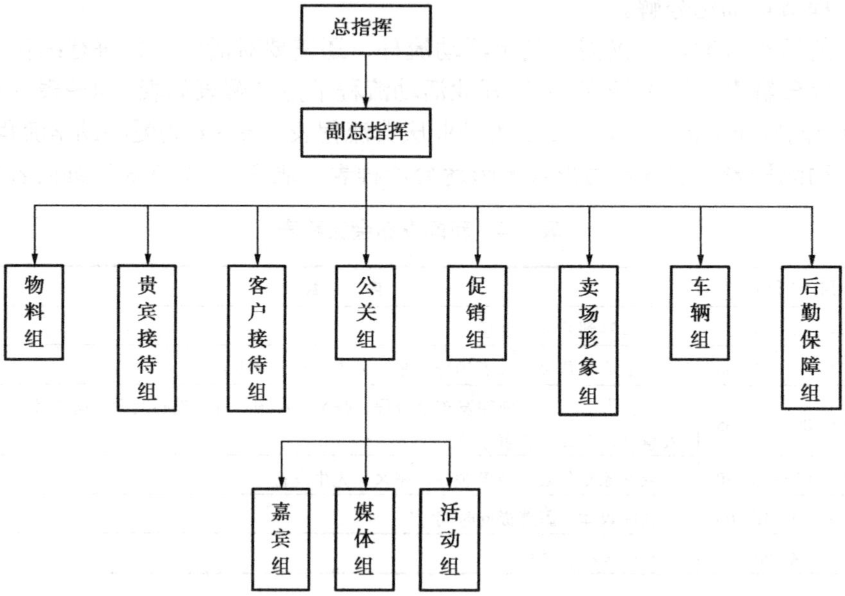

图3-1　“双F开业庆 相约张××”组织机构图

（4）执行要素。

每一个活动，最重要的执行要素是软件和硬件。软件指的是如何有效运用人和物以达到活动的目的，硬件指的是活动中所涉及的所有人和物料。

① 执行软件要素——项目分工、工作进度表。项目组织机构确定后，则需明确每个项目组的具体职能、工作内容和时间进程安排，以确定每个执行人员在活动中清楚自己需要做什么、如何做，并在什么时间完成。

项目分工、工作进度表的制定，便于对整个活动流程进行有效的统筹管理。按工作进展情况来举行定期的沟通会，对每个项目的进展情况进行总结和梳理，使每个人对整个活动的进展了然于胸，如某个点出现问题，能及时有效地做出调整，从而使活动有序、有效地按既定方案实施。双F家私A店开业促销活动项目分工、工作进度表如表3-9～表3-11所示。

表3-9　双F家私A店开业促销活动项目分工、工作进度表1

项目组	工作内容	时间进度	负责人
总指挥	1．统筹、管理整个项目的实施 2．协调、调配内外部关系及资源	10月18—20日	张总
副总指挥	1．负责整个项目的管理、实施、督导、协调、跟进工作 2．组织各组定期召开会议，督促、协调各组工作进度完成情况，并为各组在实施中所遇困难提供有效帮助	10月18—20日	李总

续表

项 目 组	工 作 内 容	时 间 进 度	负 责 人
物料组	1. 负责制作、采购各组所需物料，并在规定的时间内将物料投放给各组负责人	（见表 3-12～表 3-13）	王经理
	2. 负责除电视、报刊以外的所有广告投放工作		
	3. 负责各组物料的维护、仓储工作		
贵宾接待组	1. 负责制定张××的活动行程安排	10 月 18—20 日	刘经理
	2. 负责制定张××行程、路线等细节安保方案	10 月 18—20 日	
	3. 负责张××的欢迎仪式及接待方案的制定	10 月 18—20 日	
	4. 负责张××与内外部的沟通、协调工作	10 月 18—20 日	
	5. 负责张××医疗组的安排工作	10 月 18—20 日	
	6. 负责张××接待所需物料的投放工作	（见表 3-12～表 3-13）	
客户接待组	1. 负责制定客户参会人员统计表	10 月 18 日	胡经理
	2. 负责制定客户行程安排表	10 月 18 日	
	3. 负责制定客户车辆调度安排表	10 月 18—20 日	
	4. 负责客户到达时的接待、房间分配工作，负责制定和实施餐饮、行程、送离工作的方案	10 月 18—20 日	
	5. 负责客户接待所需物料的投放工作	（见表 3-12～表 3-13）	

表 3-10 双 F 家私 A 店开业促销活动项目分工、工作进度表 2

项 目 组		工 作 内 容	时 间 进 度	负 责 人
公关组	嘉宾组	1. 负责制定嘉宾邀请表	10 月 18 日	刘经理
		2. 负责制定嘉宾行程安排表	10 月 18 日	
		3. 负责制定嘉宾车辆调度安排表	10 月 18 日	
		4. 负责嘉宾接待、房间分配工作，负责制定和实施餐饮、行程、送离工作的嘉宾接待方案	10 月 18—20 日	
		5. 负责嘉宾接待所需物料的投放	（见表 3-12～表 3-13）	
	媒体组	1. 负责制定媒体邀请表	10 月 18 日	王经理
		2. 负责除电视、报刊以外的广告投放工作	（见表 3-12～表 3-13）	
		3. 制定媒体采访报道进度安排表	10 月 18 日	
		4. 负责新闻素材的整理、发放工作	10 月 18—20 日	李经理
		5. 负责新闻单位与各部的协调工作	10 月 18—20 日	
		6. 负责新闻单位采访所需物料的投放工作	（见表 3-12～表 3-13）	
		7. 负责开业活动的后续报道工作	10 月 20 日	
	爱心助学	1. 负责与受捐助者南湖小学确定爱心助学活动场地布置、参会人员、学生着装、欢迎仪式、张××参观路线及安保、捐赠方式等活动细节及实施方案	10 月 18 日	胡经理
		2. 负责爱心助学活动所需物料的投放工作	（见表 3-12～表 3-13）	
		3. 负责对爱心助学活动的组织管理及方案实施工作	10 月 18 日	
	旅游	1. 负责与旅行社确定张××参观路线及安保、导游人员等活动细节及实施方案	10 月 19 日	
		2. 负责爱心助学活动所需物料的投放工作	（见表 3-12～表 3-13）	
		3. 负责对张××A 地行程的组织管理及方案实施工作	10 月 19 日	

续表

项目组		工作内容	时间进度	负责人
公关组	影迷会	1．负责与双F家私家世界、电视台确定张××影迷会场地布置、参会人员、主持人名单、张××行走路线及安保、访谈内容等活动细节及实施方案	10月18日	李经理
		2．负责张××影迷会所需物料的投放工作	（见表3-12～表3-13）	
		3．负责对张××影迷会的组织管理及方案实施工作	10月18日	
	开业庆典	1．负责开业现场的气氛布置及营造、开业仪式、文艺表演等方案的制定工作	10月18日	
		2．负责开业庆典所需物料的投放工作	（见表3-12～表3-13）	
		3．负责对开业庆典的组织管理及方案实施工作	10月18日	

表3-11 “双F开业庆 相约张××”项目分工、工作进度表3

项目组	工作内容	时间进度	负责人
促销组	1．制定拜访重点客户的名单表	10月18日	胡经理
	2．确定拜访重点客户的工作人员名单及制订拜访计划表	10月18日	
	3．制定张××影迷会客户参与名单表	10月18日	
	4．负责对导购员及安装人员进行培训	10月18日	
	5．负责对张××签售环节进行组织和管理工作	10月19日	
	6．负责促销人员所需物料的投放工作	（见表3-12～表3-13）	
卖场形象组	1．负责卖场装修，产品、饰品的摆放和气氛营造工作	每天	李经理
	2．负责卖场环境卫生的维护、清扫工作	每天	
车辆组	1．负责张××专车的调度工作	每天	王经理
	2．负责经销商、嘉宾、工作人员的车辆调度工作	每天	
	3．负责车辆运营所需物料的投放工作	（见表3-12～表3-13）	
后勤保障组	1．负责张××餐饮、住宿的安排工作	每天	王经理
	2．负责经销商、嘉宾、工作人员的餐饮、住宿安排工作	每天	
	3．负责各组与酒店方的协调和沟通工作	每天	

② 执行硬件——物料完成、投放统计表。活动中所涉及的人和物繁多，因此，需要对其进行整合归类，明确所需物料的制作及采购负责人，并按物料使用时间制定物料的完成时间，之后按项目将物料进行分类，发放给项目组，项目组按物料使用时间，提前将物料分发到位。双F家私A店开业庆典物料完成投放统计表如表3-12～表3-13所示。

表3-12 双F家私A店开业庆典物料完成投放统计表1

制作组	物料		数量	完成时间	投放组	投放时间	投放地点
物料组	广告物料	电视广告片	3个	10月15日	新闻组	10月17—20日	省、市电视台
		报刊广告	4个	10月15日		10月17—20日	市日报、市晚报
		户外大广告牌	6个	10月17日	物料组	每天	双F家私家世界
		道旗	50个	10月17日		每天	福康路
		天桥广告	3个	10月17日		每天	双F家私家世界

续表

制作组	物料		数量	完成时间	投放组	投放时间	投放地点
物料组	广告物料	车身广告	12个	10月17日	物料组	每天	5路、10路公交车
		彩车广告	4个	10月17日		每天	福康路—昆仑路—北市街—西大街
		游行广告牌	4个	10月17日		每天	福康路—昆仑路—北市街—西大街
		充气拱门、充气老虎	3个	10月18日		每天	X宾馆、福康路、北市街
		横幅	6条	10月18日		每天	北市街、福康路、胜利路、西大街
	人员物料	DM单	50 000张	10月18日	促销组	每天	市区
		导购员服装	24套	10月18日		每天	重点小区
		产品图册	10本	10月18日		每天	重点小区
		邀请函	46封	10月18日		10月18日	重点小区
		礼品	46个	10月18日		10月19日	重点小区
		折叠雨伞（把）、双F家私T恤(件)	各1 000	10月18日		每天	双F家私家世界A店
		签字笔	1盒	10月18日		10月19日	双F家私家世界A店
		订货单	4个	10月18日		每天	重点小区
	促销物料	促销海报	500张	10月18日	卖场形象组	每天	双F家私家世界A店
		特价签	50个	10月18日		每天	双F家私家世界A店
		吊旗	50个	10月18日		每天	双F家私家世界A店
		特价款商品	50个	10月18日		每天	双F家私家世界A店
		饰品	若干个	10月18日		每天	双F家私家世界A店
		卫生用品	3套	10月18日		每天	双F家私家世界A店
	影迷会物料	口哨	300个	10月18日	公关活动组	10月18日	双F家私家世界A店
		主持人脚本	2本	10月18日		10月18日	双F家私家世界A店
		影迷牌	15个	10月18日		10月18日	双F家私家世界A店
		舞台背景画	1幅	10月18日		10月18日	双F家私家世界A店
		音箱设备	1套	10月18日		10月18日	双F家私家世界A店
		LED显示屏	1个	10月18日		10月18日	双F家私家世界A店
		双F沙发、茶几	各1个	10月18日		10月18日	双F家私家世界A店
		张××影视作品集锦	2套	10月18日		10月18日	双F家私家世界A店
		礼品	1个	10月18日		10月18日	双F家私家世界A店

续表

制作组	物料		数量	完成时间	投放组	投放时间	投放地点
物料组	影迷会物料	鲜花	1束	10月18日	公关活动组	10月18日	双F家私家世界A店
		茶水、果盘	4份	10月18日		10月18日	双F家私家世界A店
		文房四宝	1套	10月18日		10月18日	双F家私家世界A店
	开业庆典物料	充气拱门、充气老虎	各2个	10月18日		10月18日	双F家私家世界A店
		太阳伞	100把	10月18日		10月18日	双F家私家世界A店
		条幅	20条	10月18日		10月18日	双F家私家世界A店
		胸花	50个	10月18日		10月18日	双F家私家世界A店
		礼炮	8个	10月18日		10月18日	双F家私家世界A店
		签到台、签字笔、台卡、签名簿	1套	10月18日		10月18日	双F家私家世界A店
		舞台背景画	1幅	10月18日		10月18日	双F家私家世界A店
		主持人脚本	2本	10月18日		10月18日	双F家私家世界A店
		茶水、果盘	100份	10月18日		10月18日	双F家私家世界A店
		彩带、托盘、剪刀	1套	10月18日		10月18日	双F家私家世界A店
		礼仪人员	10名	10月18日		10月18日	双F家私家世界A店
		演艺人员	8名	10月18日		10月18日	双F家私家世界A店

表3-13　双F家私A店开业庆典项目物料完成投放统计表2

物料组	物料		数量	完成时间	投放组	投放时间	投放地点
物料组	客户接待物料	签到台	1个	10月18日	公关组	10月18日	X宾馆
		签到簿	1本	10月18日		10月18日	X宾馆
		签字笔	1盒	10月18日		10月18日	X宾馆
		签到区背景画	1幅	10月18日		10月18日	X宾馆
		嘉宾证	1个	10月18日		10月18日	X宾馆
		礼品袋	1个	10月18日		10月18日	X宾馆
		房卡	1张	10月18日		10月18日	X宾馆
		欢迎条幅	2条	10月18日		10月18日	X宾馆
	车辆运输物料	车贴	15个	10月18日	车辆组	10月18日	接待车
		路线图	若干张	10月18日		10月18日	接待车
	其他物料	活动流程表	50张	10月18日	物料组	10月18日	每位工作人员
		对讲机	13个	10月18日		10月18日	每位项目组长
		工作证	50个	10月18日		10月18日	每位工作人员

其他相关表格，例如，各种邀请表格如表 3-14～表 3-16 所示，表中详细内容省略。

表 3-14 双 F 家私 A 店开业庆典媒体邀请表

媒体单位	媒体人数	联系人	联系方式	行程安排
（略）	（略）	（略）	（略）	（略）

表 3-15 双 F 家私 A 店开业庆典嘉宾邀请表

嘉宾姓名	嘉宾身份	联系方式	行程安排
（略）	（略）	（略）	（略）

表 3-16 双 F 家私 A 店开业庆典客户邀请表

客户名称	来客姓名	联系方式	行程安排
（略）	（略）	（略）	（略）

3．方案分析

1）促销宣传分析

将双 F 家私 A 店开业庆典与著名影星张××的影迷活动进行联系，即将在双 F 家私专卖店购物即有机会与张××亲密接触，作为本次活动信息传播的核心诉求点。广告画面以黄色为主色体，A 地著名景点作为主背景，体现大气的特点。在画面右下角，以地图形式，注明双 F 家私专卖店的地理位置，比文字表达更具可视性和直观性。

电视广告方面，在地方 3 家电视台投入了 15 秒钟的促销广告，有效地覆盖了 A 地区及周边县区。广告内容以双 F 家私携手张××爱心助学捐款活动、张××签售、产品特价信息为主。

在户外广告方面，广告的投放区域主要集中在卖场周边，而市内各主干道和人流聚集地却缺乏投放。另外，投放周期短，从而使信息传播的覆盖面和时效性大打折扣。可充分利用卖场周边的广告资源来投放卖场广告，投放位置以消费者通过的必经之地为佳。卖场广告具有针对性强的特点，但传播范围较窄，虽然在消费者的购买决策过程中具有一定的影响力，但在购前的信息收集阶段具有局限性。

报刊广告具有受众面广、受众人群较为固定的特点，但时效性差。在投放报刊广告时，因报刊中信息繁多，消费者对其关注和记忆具有选择性。因此，广告内容应醒目，突出活动中最具吸引力的信息，争取在第一时间引起消费者的注意。

POP 陈列。在卖场周边及张××下榻的 X 宾馆，投放了太阳伞、充气拱门、充气 Logo 等广告陈列物料。由于投放点的辐射性不强，而且投放时间较短，同样存在信息传播范围窄和时效性不强的缺点。

DM 单派发。在活动前期，组织人员统一穿着印有双 F 家私的服装，在人流聚集区、各大商场、小区，先向消费者赠送印有双 F 家私公司标志的圆珠笔，再派发 DM 单，从而使受众愉快地接受。赠送印有双 F 家私公司标志的广告物品，对品牌的展现具有帮助。在 DM 单派发方面，对派发人员的监管工作一定要执行到位，不然会造成人力和物力的浪费，同时延误信息的传播时机。

综上所述，双 F 家私 A 店开业活动在广告宣传方面，虽然采用了较多媒介来宣传，但对各种媒介的优势运用不足。在电视和报刊广告方面，投放周期短、频率低；在户外广告方面，投放区域窄；在 DM 单派发方面，人员监管力度不够，出现了派发人员消极怠工的现象。幸而因明星效应，信息的关注度较高和口头传播效果较好，对信息的传播起到了一定的弥补作用。另外，在店内 POP 陈列方面，对双 F 家私企业信息的展示相对缺乏，应增加消费者对企业认知的渠道，如在专卖店放置关于企业介绍、企业实力展示等方面的陈列物。

2）推广宣传与促销策略分析

（1）推广宣传。在活动前期，派专人拜访重要客户，向其派发邀请函和产品图片供其参考。之后以回收产品图片为由，上门回访，从而根据其需求进行深度沟通。

在活动进行时，派优秀的导购员对重要客户进行一对一服务，从而保证了大单的签订。另外，在导购员的培训和管理上做得比较出色，这对销量的提升起到了很好的推动作用。

在进行宣传推广时，一定要注意导购人员应有统一的形象和标准，同时应具备良好的商务礼仪和专业导购技能。当消费者对品牌认知度不高时，往往会对导购员的印象和信任度，嫁接到对企业和产品的印象和信任度上。因此，活动前对导购员的培训尤其重要。

（2）促销策略。为快速提升产品在短期内的销量，在终端市场中，促销是最常用的手段。常用的促销方式有买赠、抽奖、折扣返点、捆绑销售、送优惠券等，其核心是通过优惠价格和各种让利措施来吸引消费者，刺激其购买欲望。

双 F 家私 A 店开业促销，主要采用了特价产品、价格“四舍五送”、明星签售、买赠的促销方式。

特价产品：将下线的产品作为主打特价产品，争取经济型消费者。活动期间提供了 6 款特价产品供消费者选择。

价格“四舍五送”：对销量、利润、款式较好、价格在 5 000 元以上的中档产品，主要针对中等收入家庭，采用价格“四舍五送”法。如价格为 8 760 元，就送价值 500 元的礼品，如价格为 8 450 元，就舍去 450 元。这种方式即不影响产品的价值，又让消费者感觉得到了实惠。

明星签售：对高价值产品，主要针对重点客户，采用与张××合影签售的方式，体现对重点客户的尊重，让其个人价值得到体现，满足了渴望得到人们尊重的心理需求。

买赠：凡金额达到一定额度，就可与张××面对面，获得其亲笔签名的礼品。因张××的介入，使礼品的附加值大大增加，对消费者更具吸引力。

3）公关活动分析

本次双 F 家私 A 店开业，开展的公关活动有“张××新闻发布会”“双 F 家私爱心助学活动”“张××A 地游”“张××影迷会”“双 F 家私 A 店开业庆典”“双 F 家私答谢宴会”等。

（1）“张××新闻发布会”活动。本次开业特别举办了“张××新闻发布会”活动，并邀请了地方电视台、报社等新闻媒体单位，向其介绍、通告“双 F 家私爱心助学”“张××行程安排”等活动信息，并回答了记者的提问。

（2）“双 F 家私爱心助学”活动。为塑造双 F 家私具有高度社会责任感的企业形象，关心支持西部的教育事业，特携手张××及社会各界爱心人士，开展了“双 F 家私爱心助学”活动。受捐学校组织学校师生，统一穿着双 F 家私文化衫，列队欢迎爱心人士的到来。双 F 家私领导、张××及 A 地教育部门领导一行先参观了学校教育设施，之后在学校操场举行了现场捐赠仪式。在现场捐赠活动中，双 F 家私 A 店、经销商及社会各界爱心人士捐款捐物近 10 万元。在活动中，张××现场挥墨，将写好的字画进行拍卖，共拍得 2 万元，并全数捐赠给学校。本次活动中，当地多家新闻媒体单位进行了全程跟踪报道。

爱心助学活动结束后，双 F 家私活动负责人及张××参观了当地的名胜古迹。让张××在人流聚集的公众场合出现，增加其曝光率。当地多家新闻媒体单位进行了全程跟踪报道。

（3）“张××影迷会”活动。与当地电视台栏目组合作，在双 F 家私卖场举行了“张××影迷会”活动，并邀请了双 F 家私客户及重点潜在客户参与，并与张××进行互动游戏。主持人通过对张××演艺事业的介绍，逐步将话题转移到双 F 家私身上，并通过张××之口传达出双 F 家私是一家具有社会责任感的企业，生产的家具款式好、质量好、环保健康，是老百姓喜爱的家具品牌。当地多家新闻媒体单位进行了全程跟踪报道。

（4）“双 F 家私 A 店开业庆典”活动。10 月 18 日，在双 F 家私 A 店门前，举行了隆重热烈的开业庆典活动，与会的嘉宾有双 F 家私领导、张××、A 市领导、经销商，各位嘉宾在致开业贺词后，进行了剪彩仪式，此时礼炮齐鸣，双 F 家私 A 店正式开业。当地多家新闻媒体单位进行了全程跟踪报道。

开业庆典仪式结束后，双 F 家私领导邀请市领导、新闻媒体和张××一起共进午餐，席间谈笑风生，气氛融洽。

总之，本次系列公关活动，充分利用了张××的明星效应，并将其效果最大化。通过新闻发布会，借新闻媒体单位以公众新闻的方式进行报道，提升了本次活动的影响力和公信力。“双 F 家私爱心助学”活动的圆满成功，塑造了双 F 家私具有爱心、社会责任感的品牌形象。以“张××A 地游”的活动方式来增加张××的曝光率，借助市民的口头传播来扩大信息传播的覆盖面和影响力。通过邀请双 F 家私客户参与“张××影迷会”活动，提升双 F 家私客户对双 F 家私的美誉度和认可度，既巩固了老客户，也影响了新客户。市领导、新闻媒体的参与提升了本次活动的规模和档次，提升了双 F 家私品牌的影响力，优化了双 F 家私品牌在当地的运作环境。通过邀请经销商参与本次活动，并与张××共进晚餐，增强了经销商对双 F 家私品牌的忠诚度和认可度。

任务小结

从双 F 家私 A 店开业促销活动成功的案例中，我们可以得到如下几点启示。

（1）良好的整合能力。对电视台、户外、移动等广告媒体的整合传播，对当地资源如政府资源、重点客户资源的整合利用，都体现了本次活动的良好整合能力。

（2）利用张××的明星效应，主打公关营销，极大地优化了双 F 家私品牌在当地的营销环境、良好的品牌知晓度和美誉度、良好的客情关系、良好的社会关系、良好的行业影响力，为双 F 家私品牌在当地获得长期利益打下基础。

（3）严格执行公司的长期营销战略计划：做大店，做大品牌。2 000 多平方米的卖场面积、款式多样的系列产品、专业化的导购队伍、完善的售后服务体系等都是双 F 家私 A 店取得成功的重要基石。

（4）长期坚决有效地执行产品的终端价格，不随意盲目的比价格，有效地维护了产品的价值，使消费者对产品价格具有较高的信任度。因此，在做促销活动时，使用买赠、特价、折扣等促销手段更具吸引力和说服力，让消费者真正感到机会难得，真正得到实惠。

（5）利用张××的明星效应，通过一系列公关活动，提升了双F家私品牌在当地的认可度和美誉度。将终端促销与系列公关活动进行有效的配合，如张××签售活动，邀请大客户参与影迷会等方式，提升了产品附加值和产品形象，做到了短期利益与长期利益的有效结合。

（6）专业化的导购人员，保证了人员促销的有效性。统一的着装、规范的服务用语、专业的家具知识，使导购员不仅仅是促销员，还是家居顾问，这是双F家私A店对导购人员严格培训的结果。

任务训练

1．促销方案一般包括哪些要素？

2．结合前面所学的知识，为林氏木业撰写一份“双11”促销活动方案。

任务3.2 连锁餐饮业促销与分析

任务导入

肯德基（中国）公司曾经推出“超值星期二”3轮秒杀活动，64元的外带“全家桶”活动价只要32元。当消费者拿着从网上辛苦秒杀回来的半价优惠券时，突然被肯德基单方宣布无效。与此同时，肯德基（中国）公司发表声明，由于部分优惠券是假的，因此取消优惠券兑现。不过对此，消费者并不买账，认为是肯德基“忽悠”了大家，肯德基陷入了“秒杀门”。

- “全家桶”优惠券究竟是否涉假？
- 肯德基单方取消活动构不构成欺诈？
- 你认为肯德基单方取消活动的真实原因是什么？

任务实施

案例与分析：××食品有限公司M店周年店庆

1. 促销背景

××食品有限公司M店是该公司的一个加盟店，开业之初业绩斐然，曾在公司业绩排行中名列前茅。但在开业五个月后，出现了业绩下滑、客户流失、员工跳槽、顾客投诉等现象。M店店主感到难以为继，要求退出，希望公司接手。××食品有限公司为了维护和挽回品牌的美誉度和原有顾客群，在该店开业后第九个月时收回并接手了该店。

但是，积重难返，经过数月的整理整顿，该店的业绩提升微乎其微。在M店开业一周年来临之际，由该公司业务部孙经理报请经理办公会批准，在M店进行以“周年店庆”为主题的为期两天的促销活动。

2. 促销方案

1）店庆促销活动时间

2017年7月5—6日，为期两天。

店庆促销活动的具体时间：每天上午9:00～12:00、下午2:00～4:30。

2）促销地点

××食品有限公司M店。

3）促销主题

××食品有限公司M店“周年店庆”。

4）人员及分工

孙经理（公司业务部经理）负责活动整体方案的策划和实施，包括促销方式的制定，DM宣传单的制作及投放的整体安排、监控，活动现场布置，活动现场整体调控等。

M店员工，负责店庆活动的具体执行，包括顾客接待、直接销售、收银、蛋糕西点制作及卫生、铺货等内务处理工作。

临时促销人员，负责DM宣传单的定时定点投放、赠品分装与上货、纪念品发放、抽奖的辅助性工作及其他临时性工作。

小王（公司行政部文员），负责赠品和奖品的发放及安全、抽奖箱的安全、现场顾客的引导、DM宣传单的核对及回收工作。

小蔡（公司技术部裱花师），负责活动现场巨型蛋糕的现场制作及分发工作。

小马（公司业务部职员），负责DM宣传单的发放工作。

5）费用预算

本次促销活动预计总投入5 978.90元。

（1）宣传费用1 603.80元，包括：

① DM宣传页10 000份（0.085元/份），计850.00元；

② 喷绘布两块（2.96m×1.50m）（10.00元/m^2），计88.80元。

③ DM宣传单投递费用（30.00元/天），活动前一天5人发放1天，活动当天3人发放半天，计195.00元。

④ 宣传车一辆，使用两天（160.00元/天），计320.00元。

⑤ 彩虹门一个，使用两天（75.00元/天），计150.00元。

（2）促销费用3 960.10元，包括：

① 奖品675.10元。其中，一等奖1名，奖200.00元贵宾卡1张，计200.00元；二等奖2名，奖欧式蛋糕1个（88.00元/个，按照零售价格60%计算成本费用，52.8元/个），计105.60元；三等奖5名，奖高档纪念杯1个（9.50元/个），计47.50元；四等奖20名，奖寿桃蛋糕一斤（6.00元/斤，按照零售价格60%计算成本费用，3.6元/个），计72.00元；纪念奖50名，奖5元现金券一张，计250.00元。

② 赠品3 135.00元（自制食品按照零售价5折计算）。其中，纪念品500个（0.85元/个），计425.00元；桃酥（买一斤赠半斤），赠送190斤，计1 140.00元；福堡蛋糕（买一斤赠半斤），赠送70斤，计420.00元；生日蛋糕（买一赠一），赠送同款生日蛋糕券约16张，成本费用约850.00元；面包（买二赠一），赠送价值约300.00元的面包；

③ 巨型生日蛋糕，价值150.00元。活动当天现场制作1.50m×2.00m巨型裱花蛋糕一个。

（3）其他费用415.00元，包括：

临时促销人员3人，30.00元/人/天，计180.00元；包装袋200只（0.40元/只），用于包装赠送的自制食品，计80.00元；DM投递人员及公司协助人员交通费，共计65.00元；活动期间工作人员午餐费，共计90.00元。

6）促销效果预估

活动期间，到场顾客约750名，实现营业收入3 255.69元。其中，现金消费2 965.24元，卡消费120.45元，券回收170.00元。

3．方案分析

1）店庆活动的准备工作不充分

从活动的立项、计划、审批到执行，基本上没有经过周密的思考和安排，更没有意识到要通过控制工作过程来提升工作效率。只是想当然地认为，只要举办促销活动就一定会有效果，盲目、盲从、茫然的心理主导了本次活动的始终。

（1）DM 宣传单未能定时定量并保质保量地发放完成。活动当天上午 9：00，当顾客到达该店时，尚有约 3 000 份 DM 宣传单分别堆放在店内收银台、地面、快餐桌、储藏间各处。

顾客到场时，绝大多数顾客手里有 2 份或 2 份以上的 DM 宣传单，更有重复登记、重复领取纪念品的状况。

临时促销人员在 DM 宣传单投放时，口碑宣传不到位，或对部分顾客没有进行有关活动内容、时间、优惠措施的口碑宣传，致使部分顾客对活动细则存有歧义。

（2）员工未经过本次活动的相关培训。活动前，应对员工进行定员定岗、分区作业、销售话术、精神面貌、店面环境卫生、个人仪容仪表、活动规则等方面的系统培训。从活动现场看，员工着装混乱，店内卫生没有彻底打扫，对活动细则每个人描述不一，对优惠措施更是多头理解，活动现场的各项工作脱节，员工顾此失彼。

（3）产品准备不足。截至 6 日上午 10:00，蛋糕类产品已经基本销售一空，面包类产品余货量价值不足 150 元，活动用的小西点准备不足。

（4）赠品没有提前分装。顾客到达现场时，仍有人在分装赠品，收取 DM 单、抽奖、兑奖及外部协调工作没有人做，致使活动开始得很突然，活动现场秩序混乱。

（5）活动现场的相关设施没有落实。两块活动细则的喷绘布，根本就没有悬挂起来。悬挂的活动宣传条幅是公司其他店开业活动的条幅，而非本次本店周年店庆活动的条幅。在抽奖处的地上，有一条绸制条幅被现场工作人员踩在脚下。

2）活动现场组织和调度不当

（1）现场一片混乱。当顾客到达该店时，店员仍正在铺地毯、打开遮阳雨篷，最终两个雨篷仅打开一个，另外一个被放置在现场的一辆电动三轮车上。

两块有关活动细则的喷绘布没有悬挂起来，一块被铺在兑奖处的桌子上，另一块干脆被顾客铺在地上席地而坐，成了临时休息的道具。

门头宣传横幅，悬挂的是公司其他店的开业促销活动的内容，而非本次本店店庆活动的内容。

音箱在播放有关活动细则的内容时，突然被换成摇滚音乐。在播放 30 分钟后，因短路音箱失声，没有后续补救措施。

DM 宣传单的投递地点，经过调整后改为在店面周围 1 千米范围内的超市、菜市场、人员聚集相对较多的重点地区。

（2）人员安排不合理。当参与活动的顾客人数达到高峰时，现场的调度和控制出现真空状况。兑奖处有 3～4 人、收银台 2～3 人、裱花间 2 人，现场对顾客导购、活动解释、上货理货等岗位没有人具体负责。

（3）顾客的情绪没有及时得到疏导和安抚。店长在现场抱怨没有得到有力支持，收银员数次同顾客因为活动规则发生争执，有的顾客最后没有达成购买，虽然引起了围观顾客的骚动但没有人及时进行安抚工作。

（4）工作反馈机制差。有效工作时间过于短暂，午休时间过长，而且负责人没有利用午休时间对活动进展和员工工作进行合理的调整和重新布局，更没有对已经出现的问题进行分析总结，也没有对员工心理进行疏导，导致战斗力大幅削减。

（5）现场管理不到位。在诸多促销措施刺激下，活动的第二天出现了顾客大幅增加的情况。但是，组织者和店长、员工显然对此准备不足，80%的产品没有及时补货，致使货架不仅不丰满、充盈，反而显得空空荡荡，导致顾客高兴而来，扫兴而去，影响了活动的销售量。

3）活动规则制定存在瑕疵

（1）促销措施过多，例如，入店即有赠品，前 100 名购物顾客赠送自制食品（第二天前 50 名），多个产品买二赠一、买一赠一，购物满十元参加抽奖等。

（2）活动规则规定不明确，比如，赠送的桃酥在店外领取，但是赠送的面包要在店内领取，面包买二赠一的规则只是针对部分品种，增加了营业员和收银员的反复解释工作，极大地消耗了员工的工作热情以及有限的精力和时间，单位时间内顾客接待率低下。另外，“十元抽奖”活动和其他赠送活动叠加累计参加，导致活动的盈利能力极其低下。

任务小结

××食品有限公司 M 店周年店庆活动无疑是一次失败的促销活动。失败的原因种种，但可归结为一点，没有按照 PDCA 工作流程来完善各项工作，以致严重影响了促销效果。

PDCA 工作流程是能使任何一项活动有效进行的一种合乎逻辑的工作程序。P、D、C、A 四个英文字母所代表的意义如下：

P（Plan）——计划，包括方针和目标的确定以及活动计划的制订；

D（Do）——执行，就是具体运作，实现计划中的内容；

C（Check）——检查，就是要及时总结执行计划的结果，及时发现问题，找出原因，明确责任，及时解决问题，评估促销活动效果；

A（Action）——行动，就是对总结检查的结果进行处理，成功的经验加以肯定，并予以标准化，或制定作业指导书，便于以后工作时遵循；对于失败的教训也要总结，以免重现。对于没有解决的问题，应提给下一个 PDCA 工作流程循环中去解决。

任务训练

1．请按 PDCA 工作流程方法，将本任务中的活动方案进行改写。

2．你认为如何提升连锁企业促销策划的执行力？

任务 3.3　连锁服务业促销与分析

任务导入

月月是一个美容师，每月业绩 10 万元以上，月收入过万元。经过 5 年的奋斗，来自农村的她在城里已经买了一套属于自己的房子。她之所以能有这么好的业绩，并不是她的销售能力有多强，也不是她的产品或项目有多好，而是她把顾客当作自己的亲人去服务，而且是用心服务，站在顾客的立场上为顾客着想，为顾客提供超越期望的服务。例如，顾客每次来店，除了做指定的护理，她还会为顾客免费做一些诸如美甲、修眉、手护等额外的服务，自己还花钱买一些小礼品送给顾客，在顾客生日或顾客孩子生日时，她都会送上鲜花祝福，顾客有困难时她都会尽力帮助，令顾客特别感动。因此，她介绍的产品和服务顾客都非常认可，并愿意买单。有了大家的帮助，每个月的高业绩也就是顺理成章的事情了。

通过这个案例，请大家思考这样几个问题：

- 月月从事的是美容服务业，服务促销与产品促销有什么不同？
- 月月促销无疑是成功的，其成功的奥秘何在？
- 你认为连锁服务业应该如何促销？

任务实施

案例与分析：M-Y 摄影工作室“三八”妇女节活动方案

1．活动背景

在“三八”妇女节到来之际，女性消费成为热点关注的话题。当代的女性在懂得保护自我权益的基础上，越来越独立，特别是经济上，她们都拥有足够自我支配的权力。因此，她们也更加追求自我个性的张扬和展示。作为艺术摄影工作室，M-Y（Memory Young）要唤起她们的自我意识，让更多的女性发现她们自身的美，不论是少女、中年妇女或是老年妇女，每个阶段的女人都散发出不同的魅力，我们要挖掘她们独特的美并以摄影的方式呈现出来，让更多的女性认可这种表达方式，并让她们参与到其中来，善于发现自己的美。M-Y 摄影工作室将帮助她们记录岁月的痕迹，做她们幸福人生的见证人。

2．活动方案

1）活动主题

寻找最美的自己。

2）活动宗旨

赞美女性，宣扬女性，让她们认识到每个阶段的自己都有独特的美，每个阶段的美都可以通过富有创造力和感情的专业摄影来完美地记录和展现。

3）活动目的

“寻找最美的自己”活动目的是为了扩大宣传力度、提升 M-Y 摄影工作室知名度，让更多的人认识 M-Y 摄影工作室。本次活动以女性作为主体消费者，用精美的作品和美好的理念来打动她们，让她们对艺术摄影有更深刻的认识。

4）活动内容

（1）活动时间：2017 年 2 月 20 日至 2017 年 3 月 20 日。

（2）前期宣传。

店内宣传：印制 X 展架放在店门口显眼处，批量印刷宣传单并派发。

合作店面配合宣传：在合作店面挂放印有精美顾客照片（经客人同意）和活动宣传文案的海报。将工作室摄影师的一些作品（包括风景、静物、人物）制作成卡贴，放在合作店面作为消费礼品赠送。

网络论坛、微博宣传：关注微博，成为粉丝，以“寻找最美的自己”为话题，发布一张自己满意的照片，并发送到 M-Y 摄影工作室微博，便可以在“三八”妇女节当天到店内或展台免费领取神秘礼品一份。

（3）活动优惠。

预订婚纱照者，赠送“寻找最美的自己” 艺术照体验卡一张，内容包括：免费提供服装一套、化妆造型一次，免费提供专业文艺实景影棚拍摄基地，免费提供专业拍摄照片 10～15 张，免费赠送底片 5 张，免费赠送印有自己照片的精美卡贴两张（同底），免费赠送精美版画一幅。一对一全程贴心服务，只为你的美。

预订婚纱照、情侣照或艺术照两套及以上者，可获赠“独家记忆”艺术照体验卡一张，内容包括：预订当天赠送专业摄影棚拍照体验，专业助理为您服务，让您拍摄只属于自己的专属照片，不花钱让您体验不一样的拍照感觉（体验时间不超过 15 分钟）；预订即送您自己拍摄体验的所有底片；预订即送“独家记忆”纪念册一本，记录您专属的独家记忆。

（4）互动环节：“你最喜欢自己身体的哪个部位”互动抽奖活动（限“三八”妇女节前）。

互动方式：制作调查卡片，填写包括顾客基本信息、最喜欢的具体部位、一句对未来的自己说的话等信息。活动期间只要进店或入座的客人都可以填写，3 月 8 日当天来参加现场抽奖活动。活动当天采取随机抽奖的方式，每小时抽一次。

活动奖励：

最美奖 3 名，被抽中的顾客将成为下一季主题样片的模特，底片版权归顾客所有。

一等奖 1 名，免费赠送价值×××元的艺术照一套。

二等奖 2 名，预订就送价值×××元的小熊玩偶一对，价值×××元的 20 寸板画一幅。

三等奖 3 名，预订就送价值×××元的 7 寸精美卡米拉一个，价值×××元的水晶摆抬一个。

3. 活动分析

1）活动主题分析

宣传“寻找最美的自己”这个主题，用言语打动顾客，同时把工作室的理念传达出去。理念的宣传很重要，这不是立即能体现实质价值的，是通过长期的活动效果累积起来的，要将品牌的概念建立起来。可以这样来宣传工作室的理念：女人没有不爱美的，没有丑女人，只有懒女人，艺术照可以通过不同的方式来发现不同的自己，等你老了，就有个纪念。想想你的爸爸妈妈，现在你想看看他们年轻时候的照片都看不到，不是吗？你现在觉得好像没有必要，等你过了这个最美的时期，想将时间倒回来就没办法了。虽然你们自己平时也可以自己拍，但是这种专业的艺术拍摄是你们自己无法完成的。谁都不会天天来拍艺术照的，一两年拍一次留个纪念还是有必要的。

2）前期宣传分析

关于微博活动的宣传，可以这样进行：在交流的过程中或介绍产品的时候，当客人提到有什么活动的时候，可以顺带告诉他们我们微博线上也在做活动，告诉他们微博活动的内容。有手机的可以当场加粉丝发微博活动信息，当场就送她小饰品一个。

3）活动内容分析

（1）把实惠让给顾客。如果是很注重实惠型的顾客，除了介绍我们的优势，还得加强活动对她的吸引力，把活动说得非常划算、非常诱人。例如，预订婚纱照送艺术照体验卡，就可以说以后怀上小宝宝了，你就可以来拍大肚妈妈照，完全免费的。如果你觉得到时再考虑，也可以拍婚纱照的当天就使用。在你订单的套系上加送艺术照也可以的，相当于免费得到艺术照，这些艺术照你在后面单独拍摄的话需要花费×××元，等于就是在帮你省去这笔费用。另外，再加上“独家记忆”体验卡里面的内容，真的是相当划算，基本上就是在原本的基础上升值了一个价格档次。

（2）用服务和质量保证活动效果。大多数顾客除关心摄影品质本身以外，还是注重价格和服务质量的，尤其是对拍摄婚纱照的顾客，一定要突出强调我们的服务，提升我们的价值，拍照不只是产品，更是一种服务体验。例如，我们的摄影棚才营业没多久，很多服装、场景都是新的，而且我们是全程一对一的服务。我们的一对一服务意味着什么，就是说我们一组摄影师拍摄婚纱照，一天只能拍一对客人，艺术照一天最多只能拍摄三位客人，拍照过程中，就是专门只为你服务，一切都是以你为中心的。我们不是流水化的模式，是创作型的，而你就是这个创作过程中的主角，我们每位客人拍出来的感觉都不一样。

（3）互动环节培养了顾客的忠诚度。关于互动活动环节，对签下订单的顾客，尽量让其填写调查表，同时注意让气氛轻松愉快。填表的目的，一是可以比较轻松地收集客人的资料，二是利用这个表格让她们对比之后有再回头的打算。例如，有些犹豫的客人，可以先说如果今天定了，就可以参加“三八”妇女节的抽奖活动。还有就是两张体验卡，本来是“三八”妇女节才能送的，如果今天你们定下来，我就跟我们经理申请一下，把这个优惠提前送给你们。如果一直在犹豫，那就说：“这样吧，看你们还是很有诚意的，我就给你们开个特殊后门，你们就先填一张我们的‘寻找最美的自己’抽奖调查表，3 月 8 日我们会有抽奖活动，本来是预订的人才能抽的，你们先填一张，届时如果真的抽中大奖，就可完全免费拍一套艺术照哟！”

任务小结

与有形产品的营销不同，服务营销有着自己独有的特性：无形性、异质性、不可分性和不可储存性。因此，服务营销组合除了传统的4P，即产品、价格、渠道和促销，还应包括另外3P，即人（People）、实物证明（Physical Evidence）和接受服务的过程（Process）。

概括地说，服务行业特别是连锁服务业，其成功的关键在于要做好点、线、面。连锁服务业的“点”，是指样板店，样板店是连锁服务业成功的关键；连锁服务业的“线”，是指连锁经营支持体系，包括营销体系、营运体系、管理体系、品牌体系、财务体系、人力资源体系等；连锁服务业的“面”，是总部可持续发展的知识平台，包括品牌体系、供应链体系及连锁服务的运营和掌控能力体系等。

任务训练

1．有人预测，连锁服务业是21世纪最具前景行业，你怎么看？

2．分析活动策划方案，应从哪些方面着手？

项目测试

测试1：阅读下面案例并回答问题。

2012年5月30日，中国最大的家电连锁企业——苏宁电器在南京召开媒体通报会，宣布从5月31日起启动跨越整个夏季的“ALL-STAR全明星派对”大型促销活动。活动期间接连推出“10亿会员积分回馈”计划、“万台银行尊享特惠机型”计划以及覆盖全国的80场“欧洲杯、奥运会主题巡演”计划。苏宁电器实体店、易购、定制渠道将三线并发、联动促销。

苏宁夏季全明星百日促销“ALL-STAR全明星派对”活动从5月31日开始，至9月上旬结束，跨度100天。活动划分为四个阶段：第一阶段从5月31日起持续至六月上旬，以国家家电节能补贴新政为契机，结合欧洲杯赛事热点，重点主打平板电视、空调产品促销，全面铺开节能家电的推广；第二阶段贯穿欧洲杯赛程及端午节小长假，以家电节能补贴新政为促销推广核心，把握端午节小长假的促销时机，将整个阶段打造为夏季电器的促销季，并在全国全面启动暑期促销；第三阶段将以伦敦奥运会全球体育盛会为促销起点，重点打造观赛装备的促销，开始第二波平板电视、计算机、平板电脑、智能手机等设备的促销活动；第四阶段在奥运会结束之后，针对下半年启动的家装旺季，顺势启动全品类促销活动，这也是苏宁电器100天夏季促销的收尾阶段，而计算机、智能手机、数码产品的促销活动将持续至9月份！

这将是一场空前的卖场促销活动。

【问题】

（1）请分别为促销的四个阶段确定促销主题。

（2）通过学习国家节能家电补贴政策，请给出你对苏宁电器促销的建议？

（3）“苏宁电器实体店、易购、定制渠道将三线并发，联动促销。”这意味着线上线下统一售价，你对此怎么看？

测试2：阅读下面麦当劳促销案例并回答问题。

麦当劳促销，有“0”就优惠。只要出示带有“0”字样的非麦当劳优惠券，就能以9折的优惠价格购买板烧鸡腿堡。不论优惠券来自哪里，是火锅店、咖啡店，还是便利店、书店、服装店，通通适用。只要是印有“0”字样，麦当劳带来的惊喜绝对0水分！不用担心发现不了“0”字样，请睁大双眼看“躲”在角落的日期，是不是藏着好几个“0”。日期也算？当然！只要是“0”字样，麦当劳就会火速兑现。

【问题】

（1）你认为麦当劳促销的这一创意如何？

（2）请为麦当劳制订一个“有‘0’就优惠”的促销计划。

测试 3：阅读下面案例并回答问题。

西安某美容院为吸引顾客，赢得市场，推出了“先体验，后付款”的促销活动。凡在本店体验任何美容服务项目，可根据自身的感受酌情付款，最高体验价格 25 元。活动推出后，消费者趋之若鹜，美容院生意直线上升。一个月后美容院产品销售额翻一番，顾客数量增加了 70%。

【问题】

（1）试对“先体验，后付款”的促销活动进行成败分析？

（2）请给出你对该美容院“先体验，后付款”的促销建议？

参 考 文 献

[1] 卢泰宏，朱翊．实效促销 SP．北京：清华大学出版社，2003.
[2] 张雪飞，丁浩．成功促销技巧．北京：中国纺织出版社，2003.
[3] 张自利．促销实战手册．北京：中国纺织出版社，2003.
[4] 李胜利，李晶晶．店铺促销．北京：民主与建设出版社，2002.
[5] 张金城．店铺促销实战手册．北京：中国大地出版社，2004.
[6] 赵彬．促销手册．北京：中国华侨出版社，2002.
[7] 汪劲松，赵义祥．顶尖促销术．北京：石油工业出版社，2002.
[8] 靳俊喜．促销管理与策划．大连：东北财经大学出版社，2001.
[9] 刘永矩．实战促销．北京：机械工业出版社，2006.
[10] 白国林．细节决定旺铺．北京：人民邮电出版社，2006.
[11] 祝文欣．促销实战攻略．北京：机械工业出版社，2006.
[12] 邓创．美容院经典促销策略与案例．沈阳：辽宁科学技术出版社，2007.
[13] 陈榴．商场促销策划手册．北京：经济科学出版社，2006.
[14] 林成安．促销管理．北京工业大学出版社，2004.
[15] 唐•舒尔茨，著．黄漫宇，译．促销管理的第一本书．北京：中国财政经济出版社，2005.
[16] 吴运亭．成功促销．北京：中国经济出版社，2006.
[17] 林正修，曾新穆，邱文政．零售业促销方法与案例．北京：企业管理出版社，2004.
[18] 凌宁．促销策划．北京：中国经济出版社，1996.
[19] 周景姝．促销王——销售促进策划与设计．北京：首都经济贸易大学出版社，1997.
[20] 陈觉．餐饮促销百例．沈阳：辽宁科学技术出版社，2005.
[21] 陈泰中．商战促销兵法详解．北京：中国经济出版社，2006.
[22] 方玲玉．网络营销实务．3 版．北京：电子工业出版社，2016.